保険学における
一般性と特殊性

小川浩昭 著

九州大学出版会

はしがき

　本書の問題意識は，保険学が注目されてよい局面にもかかわらず，軽視されている点にある。すなわち，リスク社会という言葉が違和感なく受け入れられている現代社会においては，リスクへの最有力な対応手段である保険をめぐる研究が盛んになってよいにもかかわらず，そうなっていないと思われることである。保険学の研究が停滞しているのは，従来の保険学に対する批判から，保険学離れが生じているためであると思われる。そこで，このような研究の状況がどのようにして起こってきたのかについて考えたい。それは，漫然と従来の保険学とされてきたわが国の伝統的保険学が，どのようなものであるかを明らかにするという作業を伴うものでなければならない。そこで，本書では伝統的保険学の形成過程を考察し，それがいかなるものであるかを明らかにし，それに対する批判として保険学の現状を把握し，保険学の再生の道を探る。

　まず伝統的保険学の特徴をみるために，戦前戦後に出版されたテキスト的文献を取り上げる。第1章で戦前の文献を取り上げ，第2章で戦後の文献を取り上げる。第3章では，従来の保険学において非常に重要な保険本質論の考察を行い，保険学説名を確定させる。第4章では，第3章で確定させた保険学説名を踏まえて，第1，2章の考察からこれまでの考察パターンを導き出し，伝統的保険学がいかなるものであるかを明らかにする。第1～4章の考察自体が伝統的保険学の形成過程の考察であり，わが国保険研究の動向の重要な一面を示す。また，第3章の学説名を確定させるような地道な作業が，伝統的保険学に対する批判＝保険本質論に対する思考停止によって，従来から残された課題の一つであったのではないか。

　第5章は，伝統的保険学離れがどのように進み，どのようにファイナンス論優位の米国化・金融化に向かったのか，伝統的保険学に対する批判を取り上げることによってみる。本章では，わが国の保険学会＝日本保険学会の動向もみ

第6章では，本書の問題意識について確認しつつ，わが国保険学の現状を明らかにする。問題の所在は，米国化・金融化の流れで保険学の過度な一般性重視が保険学の没個性化をもたらし，保険学を危機的状況に追いやっていることにあると考える。

　第7章では，前章でみた保険学の現状＝危機的状況を打破するためには，過度な一般性追求に対して保険の特殊性を重視すること，保険・保険学のアイデンティティを確保することが必要であるとする。現在の米国化・金融化による過度な一般性の追求ではなく，保険の個性を踏まえた，保険学の特殊性に立脚した一般性の展開が必要であろうとの見解を本書の結論として提示する。

　2013年4月より西南学院大学の商学部長職にあり，ほとんど研究ができていないが，前著『現代保険学――伝統的保険学の再評価』（九州大学出版会，2008年）後に進めてきた研究がそれなりにまとまってきたこともあり，研究者としての緊張の糸を切らないために1冊の本にまとめることとした。ところが，なかなか出版助成が得られず，当初予定していたよりも発行が大幅に遅れた。本書が専門書ではなく，文献サーベイと誤解されたようである。文献研究で伝統的保険学の特徴を導き出し，伝統的保険学の評価，伝統的保険学離れの動向を追っている。その特徴を保険本質論重視と保険の二大原則（給付・反対給付均等の原則，収支相等の原則）による把握とした。保険本質論については保険学説名を確定する作業を行い，二大原則については，印南博吉先生をキーパーソンとして，レクシスの原理についての解釈の推移をみながら，その定着を考察している。今日ほとんど疑問の余地がないように思われているレクシスの原理をめぐる論争も取り上げ，筆者なりの見解を示し，二大原則的捉え方のルーツを保険数学に求めるなど，様々な独自の見解を提示している。伝統的保険学に対してなおざりにされているこれらの問題の解明を試みているにもかかわらず，文献サーベイとされたのは大変残念である。幸い西南学院大学学術研究所より助成を受けることができ，九州大学出版会に出版をお引き受けいただき発行の運びとなった。記して，西南学院大学学術研究所，九州大学出版会に感謝申し上げます。特に，九州大学出版会の査読評価では，実に本書をよく読んでくださり，有益なコメントをたくさん頂戴した。ようやくきちんとした査読に出会うことができ大変うれしく，また，有益なコメントに基づき，特に結

論部分を修正した。査読をしていただいた先生に，感謝申し上げます。

　本書は思わぬ展開の産物でもある。前著に対して，一橋大学大学院教授米山髙生先生が，書評会を設けてくださった。私と全く逆の立場に立つ先生方の前で報告することとなり，大変良い経験となった。当初前著の後の研究は，こうした先生方，本書のタイトルを使えば，保険学の一般性を追求する先生の背中を追いかけることであった。ところが，前著に一区切り付けた頃に，所属の商学部のカリキュラム改正の旗振り役の一人とされ，そのために保険教育について過去の保険学界の動向を調べることとなり，調べ出すと止まらなくなり，結局1冊にまとめるまでになってしまったのが本書である。米山先生の背中を追いかける予定が狂ったが，この間も米山先生は常に私の頭を刺激してくださった。先生は，ソルベンシー・マージン規制の改正に関わり，新保険法に関する大著を編まれ，わが国の保険研究の方向性を示す重要な翻訳や独自のテキストを発行するなど，八面六臂のお働きである。現在最も注目すべき保険研究者にして，わが国保険学界を牽引している実力者である。先生を中途半端に追いかけたため，結論が中途半端になってしまった。先生のご労作の考察が中途半端であり，方向性として結論らしきものを示したが，具体性に欠け，中途半端なものという点で，二重の意味で中途半端なものとなってしまった。この点お詫び申し上げるとともに，本書がこうした不十分さを持ちながらも保険研究史として多少は意味を持つのではないかと思い発表する次第なので，お許し願いたい。先生からいろいろとご指導していただけたことが本書の発行に結びついた。米山先生には，心よりお礼申し上げます。

　また，本書はある論考を意識して執筆したものでもある。恩師日本大学教授真屋尚生先生の「生命保険の国際性」（庭田範秋編［1990］，『保険における営業性と福祉性』東洋経済新報社に所収）である。先生の著作，論文には，いつも大変な刺激を受けるとともに，およそ社会科学の文献では感じることができないような感動を覚えるが，特に感動したのがこの論考である。奇をてらったような記述がなく，周知のものとして流しがちな術語，用語をしっかりと定義づけながら，身近な事例を紐解き，論争相手を着実に追い込んでいくような筆致の迫力に魅了された。本書はその足元にも及ばないが，これまで見落とされていた身近な題材を丹念に分析しながら，説得力ある議論を心がけた。誠に恩師とはありがたいもので，幾つになっても，灯台のように進むべき路を示してくだ

さっている。学生時代からの変わらぬご指導に，衷心よりお礼申し上げます。

　本書の執筆，特に保険本質論考察のためには，国内外の古い文献が必要であり，本学の図書館をはじめ様々な方面よりご支援頂いた。特に日本生命保険図書館にお世話になった。ドイツ語の非常に古い貴重本などをお貸しいただき，そうしたご支援がなければ，本書出版は不可能であった。記して，心よりお礼申し上げます。

　最後に，私事にわたって恐縮であるが，妻千早に感謝したい。本書執筆時は3人の子どもそれぞれの進路について親として大変悩ましい時期であったが，妻が子育て，家事一切取り仕切ってくれ，仕事に集中することができた。この環境がなければ，本書出版は不可能であった。

2014年晩秋　百道浜にて

小　川　浩　昭

目　次

はしがき ………………………………………………………… i

第1章　戦前の保険研究の動向 ……………………………… 1
1. 問題意識 ……………………………………………………… 1
2. 保険学の歩み ………………………………………………… 2
3. 戦前のテキスト ……………………………………………… 5
4. パターン化した考察 ………………………………………… 51

第2章　戦後初期の保険研究の動向 ………………………… 53
1. 問題意識 ……………………………………………………… 53
2. 戦後初期のテキスト ………………………………………… 53
3. パターン化した考察 ………………………………………… 82

第3章　保険本質論研究の動向 ……………………………… 83
1. 問題意識 ……………………………………………………… 83
2. 戦前の文献の保険本質論 …………………………………… 84
3. 戦後初期の文献の保険本質論 ……………………………… 94
4. 保険本質論の文献 …………………………………………… 101
5. 先行研究としての保険学説 ………………………………… 107
6. 独自の保険学説 ……………………………………………… 118
7. 保険学説名の精査 …………………………………………… 129

第4章　伝統的保険学の形成 ………………………………… 133
1. 問題意識 ……………………………………………………… 133

2. チェック項目の設定 …………………………………………… 133
　3. 分析結果 ………………………………………………………… 137
　4. 保険原理と二大原則 …………………………………………… 147
　5. 二大原則の定着 ………………………………………………… 155
　6. 二大原則的把握の原点 ………………………………………… 161
　7. 二大原則の確立と伝統的保険学の形成 ……………………… 172

第5章　伝統的保険学への批判 ……………………………………… 173
　1. 問題意識 ………………………………………………………… 173
　2. 伝統的保険学批判の流れ ……………………………………… 173
　3. 日本保険学会の動向 …………………………………………… 180
　4. 戦後初期以降の保険研究 ……………………………………… 187
　5. 伝統的保険学への批判とテキスト …………………………… 201

第6章　保険学の現状 ………………………………………………… 203
　1. 問題意識 ………………………………………………………… 203
　2. 保険教育の状況 ………………………………………………… 203
　3. 保険に関連する学会の動向 …………………………………… 214
　4. 自由化と学問 …………………………………………………… 217
　5. 隣接科学の動向 ………………………………………………… 231
　6. 保険学の現状 …………………………………………………… 265

第7章　保険学の課題 ………………………………………………… 267

参考文献 ………………………………………………………………… 281
初出一覧 ………………………………………………………………… 291
事項索引 ………………………………………………………………… 293
人名索引 ………………………………………………………………… 301
学説名索引 ……………………………………………………………… 303
機関名索引 ……………………………………………………………… 305

第1章
戦前の保険研究の動向

1. 問題意識

　わが国の学問は輸入学問が多く，保険に関する研究，保険学も同様であった。保険は経済的保障に関わる西欧の合理主義的な制度として導入され，この点でわが国の近代化において導入された他の制度と同じであるが，わが国の伝統的な保障制度や保障文化に対して極めて異質であるため，保険の研究において保険そのものを考える保険本質論重視のわが国独特の保険学が形成された。この独特の保険学，伝統的保険学の内容が必ずしも明示されないまま，時代遅れなものとして否定されてきた。しかし，保険学が停滞する状況に対して，伝統的保険学の何が問題であるかを把握する必要があると思われる。その問題の解決によって保険学の再生がなされるのではないか。そのために，まず伝統的保険学がいかなるものであるかが明らかにされることが求められる。保険学プロパーの研究動向を把握する必要がある。

　具体的な考察方法として，それぞれの時代のテキスト的な文献を取り上げて分析を行うこととする。その理由は，次のとおりである。テキストと専門書・研究書の大きな違いのひとつは，前者は通説を体系的に整理し理解しやすさが重視されるのに対して，後者は特定の分野について独自性のある掘り下げた考察がなされることにある。しかし，もともとテキスト的文献は，一定の方向で進められた研究成果の集大成でもあり，体系的考察がなされるので研究動向を探るのに適切であろう[1]。テキストの傾向を探ることで，研究動向が明らかとなるのではないか。本章では，戦前のテキストについて考察する[2]。

　なお，戦前のわが国において，特に保険に関する学問自体の形成時期は，外国の保険学の輸入という側面が強いので，出版された文献は総じてテキスト的

な色彩が濃い。反面，通説が確立していないので，テキストではあっても，論争的，専門書的色彩も濃い。したがって，論争的な内容も含みながら，保険研究の動向を探るのにテキスト的文献は最適である。

本章では，保険学の歩みについてみた上で，下記のテキスト的文献を取り上げる。

（１）奥村英夫［1912］，『保険通論』第3版，東京博文館（初版は1903年）。
（２）粟津清亮［1921］，『保険学綱要』改訂版，巖松堂。
（３）志田鉀太郎［1927］，『保険学講義』明治大学出版部。
（４）小島昌太郎［1929］，『保険学要論』日本評論社。
（５）柴官六［1931］，『保険学概論』賢文館。
（６）末高信［1932］，『私経済保険学』明善社。
（７）酒井正三郎［1934］，『保険経営学』森山書店。
（８）三浦義道［1935］，『保険学』改訂11版，巖松堂（初版は1924年）。
（９）磯野正登［1937］，『保険学総論』保険経済社。
（10）勝呂弘［1939］，『保険学』叢文閣。
（11）近藤文二［1940］，『保険学総論』有光社。
（12）印南博吉［1941a］，『保険経営経済学』笠原書店。
（13）西藤雅夫［1942］，『保険学新論』立命館出版部。
（14）園乾治［1942］，『保険学』慶應出版部。

2. 保険学の歩み

保険の研究は，個々具体的な保険の成立と関連して，その保険に特有な研究が現実の必要に基づいて自然発生的に進展したものといえる（大林［1995］

1）体系的な考察がなされず，単なる解説をする授業のノートのようなものを積み重ねて本にしたようなものに時々出会うが，それはテキストとして使用されていても，本来のテキストの要件を充足しておらず，テキストとはいえないと考える。本書ではそのようなものは，テキストとは認識しない。
2）本章で取り上げる文献の選定にあたっては，特に，次の文献を参照した。粟津［1921］pp.107-120，柴［1931］p.246，酒井［1934］pp.175-194，三浦［1935］pp.49-50，大林［1995］pp.275-285。

p.260)。保険は,地中海貿易の発達を背景に海上保険として成立したといえるが,これは言うまでもなく原始的保険である。原始的保険とは,契約的には保険といえるが制度的には保険といえない保険であり,保険契約的には近代保険と遜色ないが,確率計算を応用した公正な保険料の支払いに基づいた保険団体が形成されていない点で原始的な保険である。原始的海上保険取引が慣行化していったのでこれを理解し応用するため,また,海上保険取引に関して生起する訴訟事件に対処するために海上保険の研究が行われた。それは,現実的要請に応える商業学的保険学であり,海上保険の契約条項の考察を中心とした保険法学としての海上保険論といえ,初期の文献としてSanterna[1552],Stracchae[1569]があげられる(同p.255)[3]。

17世紀になると統計学・確率論が発達し,人の生死についてのデータ整備と相俟って,18世紀には生命保険経営に基礎を与える保険数学が確立した。保険数学はさらに発展し,アクチュアリー学と呼ばれる教科となり,19世紀半ばには各国にアクチュアリー協会が設立された(同p.256,亀井[1993]p.4)。こうして保険学は海上保険・損害保険では保険法学が,生命保険では保険数学が中心を占めることとなった。ただし,生命保険においてもその実行が法律行為として行われるため,保険法学が重要であることに変わりはない。また,商業学的保険学では,商人として必要な保険の知識が研究されるとともに,各種の保険を事業として経営するのに必要な知識も研究され,アクチュアリー学は後者に属するといえる。

19世紀後半になると,社会保険の登場によって,ドイツでは保険の国家学的立場からの研究が行われるようになり,保険の経済学的研究,集合科学的把握がなされ,ドイツ流の総合保険学が形成された。それはまた,保険の本質を重視する研究ともいえ,保険の本質との関係で保険研究の沿革をみれば,海上保険創始の時代は法律的研究が中心で賭博保険契約との法律的差別論から本質論が研究され,生命保険が起こると数理的統計的見地からの本質論研究がなされ,損害保険と生命保険の統一的把握が問題になると漸く経済学者の保険研究

---

3) Santerna, Petrus [1552], *Tractatus de assecurationibus et sponsionibus mercatorum*, Venezia. Stracchae, Benvenuto [1569], *De assecurationibus*, Ventiis. 出版年はStracchaeがSanternaに遅れるが,原稿はSanterna[1552]より前にできていたともいわれる(小島[1929]p.27)。

が進み，社会保険の台頭によって社会政策学者の関心をも引くようになり，分化的研究から保険本質論は迷宮に入り，総合的な研究が指向されるようになったといえよう（三浦［1935］pp.6-7）。

しかし，集合科学的把握は単なる知識の寄せ集めで科学ではないとされ，総合保険学を保険法学と並んだ保険経済学，保険経営学として樹立しようとの試みもみられた。このようなドイツの動向に対して，イギリス，フランス，アメリカでは，保険種目別の研究がなされ，海上保険論，火災保険論，生命保険論，社会保険論，新種保険論が登場するに至った（亀井［1993］p.5）。

保険は本来経済制度であるから経済学的研究が先行してよさそうであるが，実務的研究が盛んとなりながら法学，数学が先行し，また，集合科学的な把握が試みられるほどに保険が様々な分野と関わるため，学問としての体系性に欠ける傾向があった。これは，今日でもみられる保険学の不安定性として，指摘することができよう。

このような世界的な保険研究の流れに対して，わが国では福沢諭吉が1867年に『西洋旅案内』で保険を紹介しており，これがわが国で保険を体系的に紹介した最初の文献とされる（小林［1989］p.291）。さらに福沢は，1868年に行われていたといわれるウェーランド（Francis Wayland）の経済書（The Elements of Political Economy, 1837）を使った講義において，保険を教えたようである（小林［1997］pp.175-176）。経済書に出てくる保険の考察であり，保険そのものの考察が目的ではないが，おそらくこれがわが国の保険教育の始まりといえるのではないか。もっとも，明治初期の各学校では保険は独立した講座を与えられておらず，福沢のような経済学との関係よりも，法律の分野で海商法，海上法の科目で海上保険を中心に講じられていた（小林［1994］p.37）。1885年頃福沢は保険科目を専門科目に指定し（同p.33），1890年には大学部を設け，理財科を設置した。この理財科の主任教授にドロッパーズ（Garrett Droppers）が招かれ，経済学的に保険を講じた。明治初年のわが国における保険の講義は前述のとおりであるが，主として外国人講師の，しかも商法学系の学者が法学面を中心として行っていたのが一般的なようなので，ドロッパーズの講義は，法学ではない経済学的な保険学の始まりとされる（小林［1989］p.306）。このように福沢は，日本における保険の啓蒙に大きな役割を果たした。

しかし，わが国の保険学としての教育は，1893年の高等商業学校（現在の一

橋大学の前身）における村瀬春雄博士の保険学講義に始まるとされる（大林 [1995] p.258）。翌 1894 年には東京帝国大学法科を卒業した志田鉀太郎，玉木為三郎，粟津清亮の三大学者によって保険の研究を目的とした会合が持たれ，1895 年には保険学会の名をもって『保険雑誌』（1921 年に『保険学雑誌』に改題）が刊行された。以後，現在の東京大学，一橋大学を中心に保険論が登場したが，それはドイツ流の総合保険学を保険総論，イギリス・フランス・アメリカ流の個別保険学を保険各論と位置づけるもので，戦後にも伝統として継承されている（亀井 [1993] pp.5-6）。1940 年には保険の経済的研究を目的とした「日本保険学会」が成立し，戦争のため一時休止となったが，1950 年に保険法，保険数学，保険医学などをも含めた総合的保険学会を目指して活動が再開され（大林 [1995] pp.258-259），保険学会の『保険学雑誌』を継承・復刊し（木村 [1983]），今日に至る。

このような流れの中で，わが国の保険研究においては，1900 年代に入るとテキスト的な文献が発行されるようになる。そのような文献として，先に示した文献を取り上げて考察しよう。

3. 戦前のテキスト

本章で取り上げるとした戦前発行されたテキスト的文献それぞれの概要を把握しよう。

(1) 奥村英夫 [1912]，『保険通論』第 3 版，東京博文館（初版は 1903 年）。

奥村 [1912] は，保険に関する知識は多面であり，医学，法律学，経済学，農業，建築術，航海術などと関連するとして，今日の総合保険学的把握に連なる考察がなされる（奥村 [1912] 序）。

第 1 編「保険の歴史」は，保険を設備と捉え，保険に類似する設備は歴史中最古より存在していたので，保険の淵源も深遠にして議論が多く，保険史の考察を行うことで保険概論の総論とする。「保険は偶然なる危険に因りて生する経済的損害を塡補するを目的とせる設備の一つなり」（同 p.3）と定義づける。保険の淵源は，冒険貸借と，中世欧州北部で発生しギルドなどに発達したものの二つとする。なお，ここで取り上げられている史実は，今日のテキストでも

取り上げられている史実とあまり変わらない。

第2編「保険の普通本体」は，保険の本質について考察する。保険の目的は，危難の偶然的発生による経済的損害の除去または軽減にあるとする。その目的を達成する設備である保険の本質的要素を同一危険の団体，損害の分配とする。本編では保険の種類（分類）についても考察している。その内容は図表1.1のとおりであるが，分類基準は今日とあまり変わらないものの，「単面保険」，「資金保険」など今日ではみられない名称が用いられている。また，「危難」という用語も，今日ではみられないものである。

図表1.1　奥村［1912］における保険の分類

分類基準	分類
保険者の種類	相互保険と単面保険
危難の客体または存在場所	海上保険と陸上保険
保険金支払いの方法	資金保険と年金保険
保険金の性質	損害保険と定額保険
危難の客体の種類	人保険と物保険とその他の保険

（出所）奥村［1912］pp.127-129の論述から，筆者が作成。

第3編「保険技術論」は，保険事業の隆盛をもたらしたとする保険技術について考察する。保険技術は目的を便利に達するすべての知識および完成するに要する一切のものであり，一種の経済技術とする。したがって，数学，統計学，医学，工学，農学，経済学，法律学など種々なる知識が含有されるとする。なお，本編は106頁もの考察となっている。

第4編「保険法論」は，保険活動を強制的に限定する一切の法律規定である保険法を考察する。保険契約法と保険監督法に分けて考察する。今日の通説とは逆に，保険を射倖契約ではないとしているのが注目される。

保険の本質を重視しているが，保険学説を取り上げ比較検討しつつ自らの保険本質論上の立場を明らかにする（保険を定義する）ということは行われていないことが注目される。また，保険の団体性が強調され，本質把握が損害に基づくこと，相互扶助性が強調されていないことも注目される。保険技術を重視する点に特徴があるといえるが，保険の要件，保険の分類の考察がみられる。

(2) 粟津清亮［1921］,『保険学綱要』改訂版,巖松堂。

粟津［1921］は,経済学から保険の原理,政策に加えて各種保険の組織を論ずる保険の総合的研究を目指す。大きく第1編緒論,第2編総論に分かれる。

第1編第1章「保険の字義と観念」は,保険は「危険を保証する」という意味で用いられたとの紹介がなされるが,「ホショウ」の漢字が「保証」となっているのが興味深い。また,保険の根本観念として相互扶助ないしは団体の存在を主張する者が多い中で,これを否定する見解が紹介され,両者を比較するが,著者（粟津）は前者の立場であるとする。なお,粟津［1912］では生存保険の説明に優れているので今日いうところの「入用充足説」を支持したが,この観念では広範過ぎるので同書ではほとんどの保険に適切な災害または危険を重視するとする。

第2章「保険の起源」は,現代的保険,原始的保険という分類に対して,原始的保険を太古の思想的保険に限定し,中世以後と分けて,原始的保険,中世的保険として考察する。原始的保険についてはコレギア・テヌイオルム（Collegia Tenuiorum）などを紹介し,保険の思想は人類の本性に存する思想とする。続いて中世的保険を紹介するが,ここで冒険貸借も取り上げている。ギルドも取り上げ,中世のギルドを現代の諸種の保険の起源とすることに異論がないとしているのが興味深い（粟津［1921］p.22）。もちろん,この見解が保険の相互扶助性重視の見解と結びつく。

第3章「保険類似の制度」は,第2章で考察された保険の起源的な制度を保険類似制度とできるがそれらを考察するのではなく,現代において保険事業と類似する制度を考察する。ここでは救済組合を三つに分けて考察する。

第4章「保険の講究」において,ようやく保険の考察をする。保険の考察は本来経済学的になされるべきであるが,スミス（Adam Smith）は取り上げているもののスミス以後のミル（John Stuart Mill）などの英米経済学者にはほとんどみるべきものがないとする。その理由を保険がすでに発達した一種の専門企業であることに求め,一般経済学者の関心に結びつかなかったとする。続いて,分化的講究として,アクチュアリー学,保険医学,保険法,労働保険の考察がなされる。続く総合的講究では,保険の経済学における地位,大学などの教科,国内外の文献を紹介する。

第2編第1章「保険の要素」では,保険を次のように定義づけた上で,保

険の要素（必要元素）を危険の前提，多数人員の結合，出資に求める。

　保険とは同種の危険を恐るる所の多数の人員が集合して団体を作りその一員が被りたる損害を総員が分担して補償する所の行為なり。（同 p.121）

　第1編第1章で災害または危険を重視するとしたが，その立場から保険本質論上は損害塡補説の立場に立ったと思われる。危険については，危険に必要な条件を考察し，不慮なることをあげる。不慮なることとは，発生の時期がわからないこととされるが，それには絶対的と相対的の区別ありとする。絶対的とは予知ができないことであり，相対的とは放火，盗難などの人為的危険であるが，この区別は根本的ではない（同 p.123）としているのが興味深い。また，同種類の危険であることを要するとする。多数人員の結合については，保険を多数人員の結合をもって損害補償の目的を遂行するものとする。出資については，現在の保険は友誼人情を必要としない各人の利害の一致を基礎とする純然たる経済制度にして，危険の程度に相当する出金，保険料，掛け金・拠出金の支払いを不可欠の要素とする。確かにそのとおりであるが，保険料の拠出を「出資」と表現してよいのかは疑問である。

　第2章「保険と類似行為の移動」は，いわゆる保険類似制度の考察で，賭博，保証，貯蓄，奇捨が考察される。

　第3章「保険の組織」は，保険制度の構成に不可欠な多数人員の集合について，どのように集合するか，団体の性質はどのようなものか，各員相互間の関係をどうするか，事務の担当者をいかに定めるかなどが問題になるとし，保険組織の種類として多数人員の直接団結による相互保険組織と間接的な結社である営業保険組織に分かれるとして，考察する。もっとも，混合保険組織を指摘しており，それは営利保険組織であるにもかかわらず団体各員に利益の一部を分配し，または，相互保険組織であるにもかかわらず株式会社のような確定保険料方式をとる組織とする。しかし，これは混合保険組織として捉えるよりも，相互会社と株式会社の収斂現象として捉えるべきものであろう。保険本来の組織は相互組織とし（同 p.154），また，保険事業の本来の性質は相互救済の媒介に過ぎず，資本の効用はもっぱら保証の力と一時必要なる融通にあるのみ（同 p.169）として，保険を相互扶助制度と捉えていること，保険資本が担保資本

としての意味ぐらいしかなく，創業資本が僅少ですむことが示唆されている点が注目される。

　第4章「保険の行わるる範囲」は，保険成立の限界について考察する。至大なる危険，過小なる危険，多数の人が一般に感じることのない危険，頻度の高い危険，統計しがたき危険，数学的危険の過多なる危険に対しては，保険は成立しがたいとする。最後の数学的危険の過多なる危険とは，偏差の大きい危険という意味に思われる。

　第5章「保険の種類」は，保険の分類（区別）を行う。危険の種類を基準として疾病保険，火災保険，盗難保険，損害の性質を基準として損害保険，利益所有者の定額保険，単純なる定額保険，保険契約の方法を基準として超過保険，一部保険，全部保険，協同保険，重複保険，同時保険，順次保険，集合保険，包括保険，継続保険をあげる。そして，保険の目的の性質の基準が経済学的には最適であり，この基準に基づいて現在の保険を列挙するとして，物保険，人保険，無形利益の保険に大分類して各種保険を列挙する。

　第6章「保険経営の主義」は，営利主義と非営利主義，公立主義と私立主義，自由主義と強制主義，平均保険料主義と等級保険料主義，集金主義（賦課式）と前納主義について考察する。ここでも，保険事業には相互救済を媒介することと他人の損害を引き受けることの二方面ありとして，相互扶助を強調する（同 p.214）。

　第7章「保険の利益」，第8章「保険の弊害」は，保険のメリット，デメリットを考察する。「保険の利益」では，直接利益，間接利益に分けられ，間接利益では社会に巨大なる資本を供す，社会の信用を発達させるなどとして，いわゆる今日みられる保険の機能や効果の考察といえる。また，同書を通じて保険金融に関する言及が少なく，ここで「巨大なる資本を供す」（同 p.242）として言及するぐらいである。「保険の弊害」では，今日いうところのモラル・ハザードに関わる指摘がなされる。

　理論，政策，歴史がバランスよく体系的に配置されているわけではなく，理論を中心に歴史についてもある程度詳しく論述されているといえる。保険本質観として，相互扶助性と保険団体を重視しているといえる。しかし，保険団体の形成について，保険の二大原則への言及はない。今日パターン化されている保険類似制度や保険の分類，保険の機能・効果についての考察などが行われて

いるのも注目される。

(3) 志田鉀太郎［1927］,『保険学講義』明治大学出版部。

保険学を保険という経済制度を研究する科学とし, 経済学の一分科に属するとする。保険は様々な学問と関わり, 保険法学, 保険数学, 保険統計学, 保険医学などがあるが, これらが保険学を構成するのではなく, 保険学の補助学とする。かかる保険学は, すべての保険に共通なる法則を研究する保険総論と個々の保険種類に固有なる法則の研究をする保険各論に分かれ, 同書は前者のみとする。

第1章「保険の意義」は, 独自の保険の定義文に基づき, 保険の要件を導き出し, 要件を個別に考察する。その定義とは, 次のとおりである。

保険とは偶然性を有する特定の原因事実を予見し之に因り惹き起こさるべき財産を予定する多数の人々が結合し其原因事実の発生したる際予定せる財産入用を充足するため各自が計算上公平なる分担に任ずる経済制度なり。(志田［1927］p.8)

財産入用説（入用充足説）の立場に立ち, 保険の要件として偶然性, 財産入用, 多数人の結合, 公平な分担, 経済制度があげられる。保険の定義文→保険の要件という形での保険の把握という今日みられるパターンの始まりであろうか。

第2章「保険の分類」は, 保険の要件とした五点から保険の分類を試みる。その分類は, 図表1.2のとおりである。

第3章「保険に類似する制度」は, 保険類似制度を考察する。保険類似制度として, 自分保険, 貯蓄, 保償, 救済, 信託, 無尽, 博戯・賭事その他の射倖契約が取り上げられる。「自分保険」という用語が注目されるが, 従来「自己保険」,「自家保険」と呼ばれたものを「自分保険」とするとしているが, 肝心の理由が明らかにされていない。また, 保険は, 保険加入者も保険者も偶然事実の実現することによって利益を得るものでもなく, 実現しないことによって不利益を被るものではないので, 射倖性を有さずとしているのが注目される。保険の射倖性把握は保険法学にみられ, このような把握は形式的法律学の短所と批判する（同 p.60）。しかし, 保険者についていえば, 偶然事実が実現すれ

図表1.2 志田［1927］における保険の分類

分類基準	分類
偶然性を有する特定の原因事実	絶対的偶然事実保険と相対的偶然事実保険
偶然性を有する特定の原因事実	火災保険，海上保険，運送保険，生命保険，その他の保険
偶然性を有する特定の原因事実	人保険と財産保険
財産入用	損害保険と定額保険
財産入用	任意保険と強制保険
財産入用	原保険と再保険
多数人の結合	普通保険と社会保険
多数人の結合	国家保険，株式会社保険，相互保険
公平なる分担	有限責任保険，保証責任保険，無限責任保険
公平なる分担	賦課保険と定料保険
公平なる分担	持寄保険と集金保険
経済制度	公保険と私保険
経済制度	公共保険，相互保険，営利保険

（出所）志田［1927］pp.24-48 の論述から，筆者が作成。

ば保険金を支払わなければならず，実現しなければ支払わなくてよいのであるから，この点は明らかに誤りである。射倖性を損得と結びつけて把握するのではなく，偶然性によって資金の受け払いが発生する点に求めるべきで，このような理解に立てば，今日の通説のように保険契約は射倖契約とすべきであろう。だからこそ，モラル・ハザードに注意すべきとの議論にもなる。なお，「保償」という漢字も注目される。通常，「ホショウ」は「保障」，「保証」，「補償」のいずれかである。今日では，「保証」を保険類似制度として捉えるのが一般的である。さらに，救済を保険類似制度に含めているのも注目される。救済についての考察で，社会的連帯は相互救済ではなく相互依存であり，保険を単純な相互依存としてその相互扶助性を否定しているのも注目される（同 p.69）。

第4章「保険の効用」は，保険の効用を経済上のものと一般社会生活上のものとに分けて考察する。経済上の効用については，経済を私経済，公経済，国際経済の三種に大別する。私経済上の効用として，経済生活の安定，信用の増進，所得の維持及び構成，資本の維持及び構成，企業欲の増進をあげる。国民経済上の効用としては，私経済上の効用の反射（資本，労働，土地，企業の安定），多数私経済間の連鎖，加入者分担額の集積，保険の国営をあげる。国際経済上の効用としては，私経済上及び国民経済上の効用の反射作用として国際経済上の安定，進歩，発達をあげる。一般社会生活上の効用としては，健全な

る社会精神の鼓舞，自制心の発達，耐忍力の要請，新種の気性の滋養，家庭生活の安定，災厄を避止する方法の発達の促進をあげる。

第5章「保険の濫用」は，保険の濫用について保険加入者側，保険者側に分けて考察する。保険加入者側については，モラル・ハザードという用語を用いてはいないが，いわゆるモラル・ハザードについてである。保険者側については，保険加入者の保険料を原資とする保険資金を自己のものとして勝手に処分するという資金運用上の危険性や保険の専門性から虚偽的な説明をする危険性である。

第6章「保険の発達」は，保険史の考察である。保険の形態は，冒険貸借をはじめとする海上リスクを処理する制度の発展，利己心の発展によって完成したとする。海上保険がまず完成して，火災保険，生命保険が直接，間接の影響を受け，逐次完成した。保険の将来として，社会化，国家化，国際化を指摘する。

第7章「保険の拡張」は，保険の将来について，学理的に研究する。保険の限界を超えて拡張がなされるので，保険の限界の考察である。なお，1906年ベルリンで開催された第5回保険学会で「保険可能の限界」という問題が議論され，わが国では粟津が『保険学要綱』で「保険の行われる範囲」としてこれを紹介してからは定番になったとする（同 pp.103-104)。

第8章「保険事業の構成」は，事業を人的構成と財的構成に分けて考察する。本章では人的構成を考察し，第9章「保険事業の経営」で財的構成を考察する。

第10章「保険政策」は，保険の政策について考察する。権力団体が権力を行使して行うのが政策であり，権力団体には国家と国際団体の二種があるため，国家政策と国際政策の二種となるが，国際政策はいまだ十分に発達していないので，国家政策としての保険政策のみを取り上げる。保険経済政策，保険財政政策，保険社会政策，保険刑事政策，保険教育政策に分けて考察する。

保険の定義文→保険の要件という今日パターン化された考察をするが，保険学説自体の考察は行われない。保険の本質がそれなりに重視される。また，保険を相互扶助とはしない。今日定番といえる保険の分類，保険類似制度，保険の効果，保険史を考察する。保険政策を独立した章として設けているのが注目される。

保険の定義分から保険の要件を導き出し，その要件によって保険類似制度の

考察を行うなど今日パターン化した考察の多くが同書によって確立したといえよう。

(4) 小島昌太郎［1929］,『保険学要論』日本評論社。

従来の研究は海上保険，生命保険，社会保険といった個別的研究であり，また，法律的もしくは数理統計的なもので科学的研究といえず，科学的研究とは保険の本質に立脚した科学的な成果であるべきとして，同書はこのような意味での科学的研究として取りまとめたものとする。

第1章「緒論」は，経営，経済との関係から保険がいかなるものであるかを説明する。保険を経済準備の一形態とし，交換原則のもとに行われるとする。なお，本章で保険者，保険契約者，被保険者，保険料率などの基本用語の解説も行われる。保険料率を算定する技術を保険技術としているのが興味深い。全体の収支を均衡させるための保険料の算定に特殊な技術が必要とされるとの認識に基づくもので，全体の収支の均衡を重視すると思われる。しかし，単なる保険料算定に留まらず，再保険の利用や資金運用なども含めて全体の収支をいかに均衡させるかを保険技術とすべきではないか。

第2章「保険学」は，保険学について考察する。保険は偶然の克服のために偶然を利用するので，この特性故に他の経済現象と異なるため，保険学は経済学のうちにおいて独立の一部門を構成するとする。ドイツ流の集合科学を明確に否定する。

第3章「保険の本質」は，同書の核心部分である保険の本質について考察する。保険の本質は，人間行為，人間の作ったある種の仕組みの二つの方面から言い表すことができるとする。前者は動態に着目したものであり，後者は静態に着目したものであるとする。従来の解説は静態に着目していたが，著者は保険を現在より未来への準備をなす現象と動態的に捉えるとする。すなわち，動態に着目して，「吾々の経済生活が，未来に於て偶然なる変化に遭遇することあるも，なお，その所要の物的資料を確実に獲得使用する方法として，同じ事情の下にある多数人を共同して，現在より未来への準備をなす」（小島［1925］p.54）がごとき経済準備を保険とする。しかし，他方で小島［1925］における定義「保険とは，経済生活を安固ならしむがために，多数の経済主体が団結して，大数法の原則に従い，経済的に共通準備財産を作成する仕組みである」（同

pp.54-55）を静態に着目した定義とする。動態的定義で述べる目的を達成するための工夫としてできたものが静態的定義に述べる仕組みであるとする。大変興味深い定義づけであるが，動態，静態という関係よりも，保険の持つ時代を超えた超歴史性と，あくまで資本主義社会における制度としての保険の歴史性をいかに関連づけて把握するかという問題とすべきではないか。

　保険を経済不安に対して安定させるための工夫として捉え，経済不安の中身を考察し，その原因を偶然的事件とする。そこで，偶然の考察を行い，保険は偶然を必然化することによって成り立つとする。それは大数の法則にしたがって経済準備をなすことによって実現するので経済準備について考察する。経済準備とは，準備財産を作成することとし，準備財産を考察するが，その考察において，銀行預金，郵便貯金も準備財産ではあるが一種の放資であるとして，純粋無色の準備財産は保険のみとしているのが注目される。保険と金融商品の類似性を認めつつも，本質的に異質としているといえ，保険と金融の同質性と異質性の議論といえよう。

　なお，本章では保険成立の可能範囲，保険類似制度についても考察している。前者においては，保険成立の条件として，多数の経済主体の結合，相互主義，準備財産作成の標識となる事件が同時発生するものではないことの三つをあげる。後者においては，技術的手段として予防，鎮圧，防衛，経済的手段として貯蓄，無尽または頼母子講，富籤賭博，投機，保証との比較がなされる。

　第4章「保険学説の発展」は，従来の諸学者の保険学説について紹介，批評する。「元来，この保険の本質に関する学説発展の跡を調べるということは，保険学の研究に於て最も根本的の基礎をなす」（小島［1929］p.150）とし，「欧米の書物の如きに至っては，保険学と題するものであって，保険の本質の何たるかを論述せざるものが頗る多い。そのこれを論述せざるは，これを研究して居ないからである。保険の本質の何ものたるかを研究することなくして，保険を論じ，保険学を建設せんとするが如きは，到底，これを以て学問的な態度と認むることが出来ない。保険の本質の何ものたるを闡明せられて，初めて保険学がその固有の立場を確立し，その本来の領域を明確にすることを得るものである」（同 p.150）としているところに，保険本質論を非常に重視する伝統的保険学の特徴がうかがえる。

　第5章「保険の歴史」は，保険史の章である。保険類似の制度は種々なる態

3. 戦前のテキスト

様をもって現れ，14世紀の後半に海上損害塡補契約が「保険」という名称を持つようになったとし，これを原始的保険とする。海上保険は冒険貸借にはじまり原始的海上保険となり，現代保険に発展するまで一元的な系統を示すとする。これに対して生命保険と火災保険は，全く趣が異なるとする。合理的な保険料算出により，保険事業が冒険事業の域を脱するのをもって原始的保険から現代的保険への移行とするが，1720年ごろ海上保険が原始的保険の状態を脱し，現代保険になったと見做す。その具体的表象を The London Assurance Corporation, The Royal Exchange Assurance Corporation の設立に求める。今日テキスト的な文献で取り上げられる史実はほぼカバーされており，「近代保険」ではなく「現代保険」という用語を使用しているが，保険の近代化について明確に論述している。

第6章「保険の種類」は，いわゆる保険の分類について考察する。本章の目的は，あくまでも現存する保険の種類の概説である。学問的分類と名称はその本質に従って立てられるが，実世間の種類は沿革的な理由と実用上の便宜とによって存するので両者は一致しない。そこで，まず学問的分類について解説してから，実際の種類について考察する。なお，学問的分類と実際の種類は，今日風にいえば，理論的分類と便宜的分類となろうか。

学問上の分類・保険分類論（同p.267）として，図表1.3のような分類を行うが，これらは保険そのものの分類とはいえず，保険の分類は経済生活の不安定を引き起こす原因である事件の種類によるとするのが注目される。かくして，人保険と財産保険の二大別がもっとも基本的分類とする。これに対してわが国商法の生命保険，損害保険という分類は，非理論的な分類であり，これ以外の保険は保険と認められない問題のあるものなので，根本的解決機運にあるとす

図表1.3 小島［1929］の保険の理論的分類

分類基準	分類
経営者の法的性格	公営保険と私営保険
公法上か私法上か	公法上の保険と私法上の保険
加入の動機	強制保険と任意保険
社会政策の一つ	社会保険（労働者保険）
経営主義	営利保険と相互保険
営利保険の企業形態	個人経営と株式会社経営
相互保険の企業形態	組合組織と相互会社組織

（出所）小島［1929］pp.264-265の論述から，筆者が作成。

る。なお，再保険は独自の種類を構成せず，元保険が人保険，財産保険いずれに属するかで種類が分かれるとする。今日の元受保険，再保険という分類をしない。

続いて網羅的に各種保険について触れるため，120頁もの章となっている。保険各論といってよいであろう。

第7章「保険料」は，保険料の考察を行う。保険は，偶然を利用して偶然を除くことによって共通準備財産を作るものであり，そのための醵金が保険料であるから，保険料は偶然の必然化ということの具体的表象とする。蓋然率がかなり正確にわかる生命保険は，数理的統計的研究によって偶然の必然化が行われるが，火災保険，海上保険は生命保険に比べて蓋然率を根拠とする程度が劣るとする。しかし，火災保険については，競争と協定と反復連続が合理的料率に導き，偶然の必然化が行われるとする。いわゆる「価値循環の転倒性による過当競争の危険性」と同様な見方もみられるが，それを保険経済の特殊性と認識するのではなく，偶然の必然化のプロセスの一つとして捉えているといえよう。

第8章「保険事業の経営形態」は，保険者について考察する。保険事業の経営形態は，保険者の企業主体としての資格と事業を実行する組織により定まるとする。保険は保険団体が形成されて初めて成立するものであるから，企業主体が国家，公共団体，私人，株式会社などの場合は企業主体と保険団体が同一ではないが，相互保険組合または相互保険会社の場合は両者が一致するとする。さらに，国営保険，私営保険に分けて各経営形態について考察する。

保険本質論を重視するといえ，そこにおいて相互主義が重視され，保険者が単なる運営者として捉えられている。また，保険金融に関する論述がほとんどないことも注目される。理論・政策・歴史という観点からは，政策がほとんどなく，その点で体系性に乏しいが，120頁にわたる保険の種類の考察は，保険の網羅的考察として他を圧倒するものがある。また，今日定番の考察といえる保険の要件，分類の考察がみられる。

(5) 柴官六［1931］，『保険学概論』賢文館。

同書は，従来はもっぱら保険の経済的機能のみが取り上げられる傾向にあったが，倫理的または政治的見地からの研究も必要なので，この方面に研究を進

3．戦前のテキスト　　17

めるとする（柴宜六［1931］「はしがき」）。

第1編「概念論」，第2編「経営論」，第3編「政策論」よりなる。

第1編「概念論」第1章「保険の観念」は，保険の本質について考察する。冒頭で保険を次のように定義する。

保険とは人類が共通危険を緩和補正する為に団体を作り，その共栄を図ると共に団体員が蒙りたる損害を総員に於て分担救援する制度である。（同 p.3）

第1節は「保険の意義」となっているが，保険学について考察している。保険学については，経済学の一分科であるか総合科学であるかの議論があるが，著者は後者の立場に立つとする。なお，前者の立場に立つものとして，志田鉀太郎，小島昌太郎，米谷隆三，後者の立場に立つものとして粟津清亮，三浦義道をあげる（同 p.7）。

保険を自由平等の間に相互扶助思想を教育するのに適切であり，合理的な制度とし，権力を用いずして共存共栄の目的を達成するのに最も理想的な制度とする（同 pp.11-13）。そして，保険の要素を危険，協力，準備とする。ここで危険とはリスクのことであり，「将来発生するの惧ある人の災厄」（同 p.13）であり，「災害の発生せざる事前の脅威状態」（同 p.13）であるとする。また，保険の対象となる危険を「発生が事前に予測し得ない偶発的なもの」（同 p.14）として，絶対的偶然性に限定しているのが注目される。協力に関連して，保険制度を「相互扶助若くは社会連帯の実現である」（同 p.16）としているのが注目される。準備は定義には直接現れないが，保険は大数法則の応用により危険に予め備えることを主な観念とする。保険の定義文→保険の要件というパターンに基本的に属するといえよう。なお，「危険の対策には鎮圧的方法と予防的方法とがある。そして保険が予防的手段の一であるとは普通に学者の説明するところである」（同 p.17）とするが，今日のリスクマネジメント手段の体系からは誤りといわざるを得ない。

第2章「保険の特質──類似制度との比較」は，保険類似制度を考察して保険の特質を浮き彫りにする。保険類似制度として，賭事，保証，貯蓄，慈善，自家保険，頼母子，無尽講，共済組合を取り上げる。賭事の考察で被保険利益を保険の前提としているのが注目される。また，保険を「相互救済制度」（同

図表1.4　柴［1931］の保険の分類

分類基準	分類
生活利益	人的保険と財的保険
塡補額の確定方法	損害保険と定額保険
－	原保険と再保険
経営主体	公営保険と私営保険
保険の性質	純正保険と中間保険

（注）原保険と再保険については，それぞれの保険の意味は記載されているが，基準は明示されていないので「－」とした。
（出所）柴［1931］pp.26-41の論述から，筆者が作成。

p.21），「相互扶助組織」（同 p.22）としながら事前の考察において「保険は自助的行為」（同 p.23）としているのは矛盾しないか。

　第3章「保険の種類」は，保険の分類を行う。

　総合保険学の立場に立ち，保険の目的を災害とし，相互扶助が強調されているのが特徴の一つである。すなわち，保険を相互救済制度とする。

　第4章「保険制度発達論」は，保険史を考察する。道義的発達時代，物質的発達時代，精神的発達時代の三時代を経過して発達したとする。保険の必要が主張されるようになったのは近代としつつも，この三時代と近代の関係について考察されず，保険を近代の制度，歴史的産物とする視点に弱い。もっとも，わずか4頁の考察であるから，大した考察は不可能である。

　第5章「保険価値論」は，保険の個人的・社会的な倫理的価値を考察する。これは，従来の考察が経済的効果に注目していたのに対して，精神的，倫理的価値などにも配慮すべきとするものである。個人的価値，社会的価値，国家的価値に分けて考察するが，経済生活の安定策，信用向上策などの指摘は，保険の経済的効果と変わらないのではないか。

　第6章「保険に関する学説」は，保険学説の考察を行う。損害契約説，損害分担説，危険転嫁説，生命保険否認説，統一不能説，偶発的欲望充足説，経済生活確保説が取り上げられるが，わずか3頁の考察である。

　以上で第1編の考察が終わり，第2編「経営論」となる。第2編第1章「経営形態──相互会社－営業保険」は，保険団体を構成する方法による分類「相互保険組織」，「営業保険組織」に基づき考察する。前者を直接的な団結，後者を間接的な団結とし，「直接結合」という用語はないが「間接結合」という用語はあり，水島一也[4]の先行研究であろうか。

第2章「経営主義」は，経営するにあたっての事業方針の考察である。営利主義と非営利主義，公営主義と民営主義，自由主義と強制主義に分けて考察する。非営利主義の経営目的を公益とするが，非営利＝公益とはできないのではないか。「本来保険事業は共同救援の精神に基づくものであるから之が経営は非営利主義によるのが最も適切と謂わねばならぬ」（同 p.66）としているのが注目される。

　第3章「経営の基礎（保険数理学一斑）」は，保険数理も含めながら，保険料，保険料の支払い方式などについて考察する。保険数理に関しては，死亡生残表，予定利率，責任準備金，保険料積立金などについて考察する。

　第4章「保険資産の計理と運用（保険財務学一斑）」は，計理と運用に関する一般知識を考察する。資産の経理ならびに運用業務は，保険事業の生活安定的意義と相互扶助的使命が宣伝されたため金融事業の方面が見過ごされ，付随的業務と見做されてきたとする。今日の保険金融論といえるが，経理とのセットと考えていること，相互扶助使命を強調して付随的業務としているのが注目される。また，保険資産運用原則として，確実性，分散性，有利性，適応性，還元性，永続性，公共性をあげているのも注目される。そして何より，保険金融論の考察がほとんど行われていて，61頁にもわたる考察をしていることが注目される。

　第5章「保険事業の統制並に監督（保険法学一斑）」は，保険に対する規制について考察する。保険法は，保険公法と保険私法に大別される。

　第6章「保険技術」は，技術的知識としての危険選択および事業管理について考察する。保険は倫理的規範の学問として研究されるべきであるが，経営上各種の専門技術の応用に俟たねばならぬとする。危険選択については，「保険学一斑」として，生命保険に限定した考察となっている。事業管理については，保険会社の組織図を使った考察がなされるが，これも生命保険に限定した考察となっている。

　第7章「特殊保険」は，一般に行われる「普通保険」に対して特殊な保険について考察する。保険制度は単なる相互扶助組織であるばかりでなく，国家的

4）戦後のわが国保険研究の代表的な研究者の一人である水島一也は，保険団体の考察において，多数の経済主体の結合様式として，直接的結合と間接的結合があるとする（水島［1979］pp.10-15）。

ないしは社会的に各種の政策を加味して実施されるようになったとして，社会政策としての簡易保険，健康保険，産業政策としての家畜保険，森林保険，交通保険としての航空保険を特殊保険として例示する。個別の保険としては，簡易生命保険，郵便年金，小児保険，健康保険，弱体保険，団体保険，家畜保険，森林保険，自動車保険，航空保険が取り上げられる。今日では主たる損害保険種目である自動車保険が，特殊保険として取り上げられているのが注目される。なお，本章で第2編の考察が終わるが，末尾に保険経営に関する参考書として，次の文献が紹介されている（同 p.246）。

　　三浦義道『保険事業論』
　　粟津清亮『改訂保険学綱要』
　　三浦義道『保険法論』
　　村上隆吉『簡易生命保険事業論』
　　森荘三郎『社会保険概論』
　　熊谷憲一『健康保険法詳解』
　　高山圭三『火災保険及其経営』
　　篠原昌治『通俗生命保険医学』
　　深萱宗助『信用及担保貸付論』
　　小川鐵堂『投資物の比較研究』
　　太田哲三『貸借対照表作り方と見方』
　　太田垣士郎『公社債放資の研究』

　保険学を総合保険学とするだけに保険医学の本がみられたり，保険金融に関わる本も複数含まれているのが注目される。
　第3編「政策論」第1章「保険国営是非論」は，保険事業の経営は国営組織，民営組織いずれをもってするかの議論について考察する。保険制度発達の初期は国家が保険思想啓発の目的で着手し，中世では君主が国庫収入を得るために保険を利用し，近世では自由主義的経済思想の影響を受けて民営保険が原則であるとされるようになったが，最近になって事業の性質上社会公共の福祉に影響するところ多大であるという理由から，国営保険が主張されるようになったとする。
　第2章「保険業者の福祉運動と精神運動」は，保険業者の防火運動，保険運動などについて考察する。精神的より物質的へ，さらにまた精神的へという歴

史的過程は，あらゆる事象を通じる帰趨であり，保険についても見受けられるとする。そのような精神的なものへという現象として，保険会社の組織的運動などを取り上げる。

第3章「新種保険と数理的根拠（再保険の必要）」は，新種保険に言及しつつ再保険について考察する。新種保険に言及するが，保険数理の不安定性などとの関連から再保険に結びつけた議論ではなく，両者の結びつきがあまりない考察である。したがって，今一つ本章の意図が理解できない。

第4章「保険資金の経済界に於ける重要性」は，保険資金の増大を背景とした国民経済における保険金融の重要性について考察する。量的に銀行には及ばないものの，資金蓄積の成長率は銀行を上回るとする。銀行，信託会社との比較も交えた保険金融についての考察である。

第5章「保険と貨幣価値下落の問題」は，第一次世界大戦後のインフレの影響を意識して，貨幣価値下落の影響について考察する。準備金の蓄積と分散投資が対策として強調されているのが注目される。

第6章「保険の募集政策を論ず」は，募集戦といえるほどの熾烈さを極める募集の弊害が少なくないので，それに対する政策について考察する。

第7章「保険事業の将来」は，最終章として保険事業の将来を展望する。しかし，中身はなぜ過去50年近くわが国の保険が発展を遂げたかを考察しており，将来の楽観的な見方が紹介されるが，展望は提示されていない。発展の第一の要因を保険思想の普及としているのが注目される。

相互扶助が基本とされていること，保険金融がかなり大きく取り上げられていること，独立した政策論があることなどが同書の特徴といえよう。

(6) 末高信［1932］，『私経済保険学』明善社。

同書は，大学の参考書として位置づけられるが，617頁にも及ぶ大著である。第1編「総論」，第2編「生命保険」，第3編「火災保険」，第4編「海上保険」，第5編「雑種保険」で構成されており，第1編保険総論，第2編以下保険各論という構成といえる。保険総論，保険各論が1冊に収められているため大著となったのであろう。

第1編「総論」第1章「保険の概念」は，保険の意義と限界を考察し，保険の本質に迫るが，保険類似制度，保険の分類，保険の効果などのパターン化

した考察も含まれ，さらに保険学について言及する。保険学説を紹介，検討した上で，保険の本質を明らかにするための保険の要素を考察する。その際重要な点は，保険が契約であるか施設であるか，保険の職能，保険の手段であり，保険を経済生活保全のために共通準備財産を形成する施設とする。次に，保険類似制度について考察するが，保険類似の行為，施設に分けた考察となっており，類似行為として，貯蓄，保証，賭博，慈善，自家保険，類似施設として救済組合をあげる。保険の限界については，経済生活が一定の程度以上の段階にいること，危険の性質による限界としており，経済的限界と技術的限界の観点から考えているといえよう。続いて，保険の分類について考察する。その分類は，図表1.5のとおりである。

図表1.5　末高［1932］における保険の分類

分類基準	分類
わが国の商法採用	生命保険と損害保険
ドイツ保険契約法採用	損害保険，生命保険，傷害保険
アメリカ各州の保険法採用	生命保険，火災海上保険，災害保険
スイス保険法採用	傷害保険と人保険
保険の目的物の存在場所	陸上保険と海上保険
保険の行われる経済階級	私経済保険と社会保険
保険の目的物	人保険と財産保険
保険経営の主体	公営保険と民営保険
経営上の独占性	独占的経営の保険と競争的経営の保険
経営の指導精神	（営利保険と非営利保険）
保険事故	生命保険，傷害保険，火災保険，海上保険など
加入の自由	強制保険と任意保険
保険金給付の基準	損害保険と定額保険
保険事故の数	（単一保険と混合保険）

（注）営利保険と非営利保険という名称が使用されていないが，内容から判断して筆者が使用したため括弧書きとしている。他の括弧書きも同様である。
（出所）末高［1932］pp.33-51の論述から，筆者が作成。

保険経営の主体を基準とする分類で公営保険，民営保険に分類しつつ，細分類として民有にして公営なるもの，半公有なるものを指摘し，また，経営の指導精神を基準とする分類で営利か否かが重要なので公営，私営の分類に類似するが両者は一致するとは限らず，公営にして営利を目的とするもの（イタリアの1913年以後の生命保険），民営にして営利を目的としないもの（相互組織保険）について指摘しているのが注目される（末高［1932］p.39）。

図表 1.6　末高［1932］による保険の体系的把握

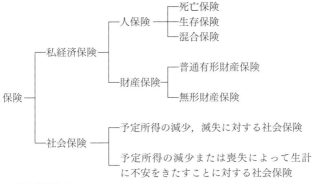

（出所）筆者作成。

図表 1.7　末高［1932］における保険の影響（効果・弊害）

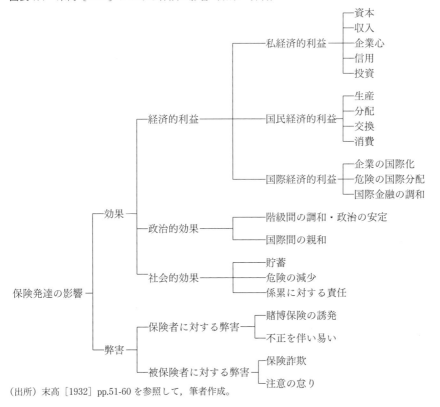

（出所）末高［1932］pp.51-60 を参照して，筆者作成。

以上の保険の分類の考察をしたのち，保険を体系的に把握するために保険の分類を生かしつつ図表1.6のような把握をする。今日の考察においても，ただ単に考えうる分類基準を示すのみの考察が多いが，それはそれで意義があるものの，究極的な目的は現代保険を把握するためにそれをどう生かすかであって，末高［1932］はこの点が重視されている。

　保険の影響として保険の効果のみならず，弊害についても図表1.7のとおり，包括的に考察している。

　最後に保険学についても考察する。ドイツの総合保険学を社会科学的部門と自然科学的部門の混和に終わり，科学的方法論の立場からは科学といえないとしつつ，保険経済学を重視する（同p.64）。

　第2章「保険の発達」は，保険史の考察である。前史（古代・中世）－合理的料率を基礎としない相互救済の一手段，本史－保険形成時代（14世紀～17世紀），保険完成時代（18世紀～19世紀前半），保険普及時代（19世紀後半以降）に時代区分する。近代保険の成立に関し，海上保険は1700年頃合理的な料率のもとに海上保険業が経営され，1720年のロイヤル・エクスチェンジ，ロンドン・アシュアランスの設立で営利主義的海上保険の完成をみたとし，1666年のロンドン大火後近代的営利火災保険の完成，生命保険は1700年前後の生命保険会社設立，死亡表の作成などを背景として近代生命保険が成立したとする（同pp.85-86）。

　第3章「保険の経営」は，保険企業形態，保険経営の技術について考察する。保険企業形態は，大きく公営保険，私営保険に分けて考察する。公営保険を営利保険，相互保険，狭義の公営保険に細分類する。営利保険は一見矛盾するが，資力乏しい階級の生活保障としての私営保険を公営保険としての営利保険とする。相互保険も本来私営保険の一形態であるが，資力に乏しい階級に対して強制で一部国家の拠出が行われているものは公営保険の一経営形態とする。しかし，これは経営形態というよりも私営保険に公営保険が提唱するような性格の保険があるとすべきであろう。保険企業の設立，運営，組織全般にわたって，再保険なども含めて幅広い考察がなされる。

　第4章「保険政策」は，国家が保険および保険事業に直接影響を与えることを目的とするすべての手段について考察する。保険の果たす保障機能は国家の職能の一部なので，保険の発達をはかるのは，国家の職責とする。国家の保険

監督方法を公示主義，準拠主義，実質的監督主義に分けて，イギリスを除く各国が実質的監督主義によるとする。

　以上が第1編の考察で，保険総論に相当しよう。前述のとおり，第2編から保険各論に入る。総論，各論とも歴史的な面を含めて主要国の状況もカバーされている点で大変充実しており，また，各論の切り口も生命保険，損害保険とせずに，火災保険，海上保険，雑種保険として網羅的にカバーしているために，大著となっている。ただし，各論において公的保険もしくは社会保険を取り上げていないのが注目される。総論で公営保険としてそれなりに考察をしたので外したのかもしれないが，損害保険を細分類して詳細に扱っているだけに，公的保険を各論に含めないのが気になるところである。なお，同書は，保険の分類，保険の機能・効果の有力な先行研究といえよう。

(7) 酒井正三郎［1934］,『保険経営学』森山書店。
　同書は，商業学に対する危機意識に基づいていることが特徴である。すなわち，学問としての最低限の要請である組織的知識体系という要請すら商業学が達成しておらず，特に特殊商業学においては，「問題が常にその特殊の形態においてのみ考察せられて，全体的関係において広く事物を考察するという態度と努力が失われていること，これである。しかるに，このことは問題の一般性についての理解を放棄することのみならず，その個別性についての明確な把握すらをさまたげる。けだし，普遍的認識の地盤の上にのみ，真の個別的認識が可能だからである」（酒井［1934］序文 pp.i-ii）とする。戦後しばしばみられた，保険学の一般性と特殊性の問題を考えるにあたって必要な基本認識が凝縮されているといっても過言でないほどの優れた指摘である。
　同書は，第1編「総論」，第2編「保険組織論」，第3編「海上保険交通論」で構成され，海上保険を基本とした考察がなされる。
　第1編「総論」第1章「経営学としての海上保険学」は，海上保険学という学問について考察する。商業主義段階では，営利を前提とした商業学が重要であり，交通，取引の問題が重視されたとする。そこでは，外国貿易に関わり保険証券の形式ならびに法律知識，保険料の知識などが求められ，海上保険契約論として発達したが，産業革命後は経営，組織の問題も重要となり，経営学が重要となってきた。保険においても，従来から発達している保険契約論の他

に保険組織論が必要とされ，それらによって構成される保険経営学が重要になってきたとする。

　第2章「海上保険の基本観念」は，海上保険の概念について考察する。著者は，一般性と特殊性の関係を重視し，本章ではまず一般論としての保険の本質を考察してから，特殊な海上保険へと考察を進める。従来損害填補の契約と定義されることが多かったが，契約の集合体として，組織として眺める傾向が強くなってきた。これら二面の総合的考察が必要であるとする。保険を保険者を中心とする経済機構とみないで被保険者の構成する社会的な仕組みとみた点において優れているマーネス（Alfred Manes）の保険本質論を評価しつつも，保険の欲求が利己的個人的欲求によらずして相互的個人的欲求によるとの誤解をもたらす恐れがある点を批判して，自らは「多数経済の間接的・内部的金融の仕組み」とする。保険の本質は保険団体に拠出された共通準備財産から欲求の充当を受けることとし，この仕組みが内部的金融の仕組みとする。この点において，保険本質論としては共通準備財産説に近いといえるが，財産の形成自体ではなくそこからの取り崩し・資金の流れの仕組みを重視している点で保険金融説とすべきか。このように保険の本質に関する一般論を展開した上で，海上保険を次のように定義する。

　海上保険とは海上の危険に脅かされる海上企業関係者の生活安定を目的とする間接的・内部的金融の仕組みである。（同 p.21）

　なお，偶然性についても言及しており，生命保険によって偶然的要素の保険に占める重要性が減じつつあるとし，この傾向を「保険の貯蓄化」とする。

　第3章「海上保険の沿革」は，海上保険史の考察である。発生の時期，場所，起源が問題であるとする。起源の問題として，共同海損説と海上貸借学説の二者があるが後者が妥当であるとし，海上貸借が中世教会の高利取締法に抵触し，保険貸借となり，これが進化して保険契約になったとする。その時期は発見されている保険証券から推測して14世紀後半，場所はイタリーとする。しかし，これは保険契約の成立であり，合理的保険料率が発見されて，収入価額と支払価額との均衡が得られるようになるのは18世紀イギリスとする。具体的には，1720年設立のロンドン・アシュアランス・コーポレーションとロイ

ヤル・エクスチェンジ・アシュアランス・コーポレーションをもって近世保険企業の基礎を確立したとする。

第2編「保険組織論」第4章「保険事業概論」は，本編の主題について説明する。経営形態は，企業形態，家計形態，財政形態，協同形態のいずれかであるが，経営学の対象としては企業形態とすべきとする。

第5章「海上保険の企業形態と会社支配形態」は，企業形態＝資本組織の究明を試みる。企業形態を個人企業形態，組合企業形態，会社企業形態に分けて考察する。

第6章「海上保険会社の経営組織と経営原則」は，本店の経営組織支店および代理店の統制組織，経営原則について考察する。経営原則については，受動的業務に関して，保険料率合理化の原則，危険同質性の原則，能動的業務に関して資本運用多様化の原則を取り上げる。保険会社の業務を本来的業務としての保障業務と付随的業務の資金運用業務に分けたとき，前者を受動的業務，後者を能動的業務としているのが興味深い。また，能動的業務に関する考察は，保険金融論といえる。なお，最後に事業収益論として利益の源泉に関わる考察をしている。

第7章「海上保険会社の批判と統制」は，業績を図る方法についてと保険行政について考察する。後者については，公示主義，準則主義，実質的監督主義に分けて考察する。

第3編「海上保険交通論」第8章「海上保険契約概論」は，海上保険契約の概要が示され，その構成要件として，被保険利益，保険事故，保険期間を指摘する。

第9章「被保険利益論」は，保険価額，保険金額などの用語から始まり，各種保険や再保険，告知義務，担保責任などを考察する。

第10章「海上危険論」は，海上危険について考察する。危険を「偶然的な出来事」（同 p.115）とし，偶然的とは，必然的でないこと，故意的でないことを意味するとする。いわゆる絶対的偶然性，相対的偶然性という分け方からすれば，前者を想定しているといえ，生命保険が除外されることになる。また，確率論的にいえば，偶然的とは必然的（確率1）でないばかりではなく，不可能（確率0）であってもならない。こうした点を考えると，著者の重視する一般から特殊の展開において，危険一般の規定にかなり問題があるといわざるを

得ない。また，海上危険＝航海に関する事故とするが，このように考えるならば，ここでいう危険はペリル（peril）となろう。もっとも，第8章で提示した海上保険契約の構成要件を第9章以下でそれぞれ考察するという流れになっているので，本章は「保険事故」に関する考察となり，ペリルの考察となるのは当然である。ただし，実際「海固有の危険（Perils of the Sea）」，「海上に於ける凡ゆる危険（Perils on the Sea）」（同 p.116）などの記述もみられるが，「海上危険という語をば，海上事業に損害をもたらすべき関係の可能性と解するを正当と信ずる」（同 p.117）としており，この場合は「可能性」としていることからリスク（risk）と捉えることとなり，危険という用語についてやや混乱していると思われる。

第11章「海損塡補論」は，保険契約の構成要件として指摘した「保険期間」を考察する。そうであるならば，本来「保険期間論」とすべきであるが，保険期間は保険者の責任存続期間でその間に起こった海損について保険者に責任が発生するのであるから，海損を同時に扱うのが合目的的であるので，「海損塡補論」とする。

以上が同書の内容であるが，この後に附録Ⅰ「船舶保険普通約款」，附録Ⅱ「積荷保険普通約款」，附録Ⅲ「文献解説」が続く。「文献解説」は大変充実しており，同書を貫く一般性と特殊性との関係を考えるにあたっても有益である。先に引用したとおり，一般性と特殊性に対する鋭い洞察に基づくといえるが，各章でそれがどのように生かされているのかがあまり理解できない。海上保険は保険の原基形態といえるので，一般性と特殊性の考察に適した題材ともいえるが，この点に関して著者がどのように考えているかもわからない。

（8）三浦義道［1935］，『保険学』改訂11版，巖松堂（初版は1924年）。

同書は，保険の総合的研究を目的とする保険学の書であり，粟津［1921］に負うところが大とする（三浦［1925］序）。

第1章「緒論」は，保険学の意義，目的，特質など保険学について考察する。「保険学は保険制度の本質を闡明し，此の制度の運用に関する理論を攻究する科学である」（三浦［1935］p.1）とする。保険学の摂取すべき分化的知識は，経済学の他に法律学的・統計学的・数学的・医学的・工学的知識などで，これらを総合する独立的総合科学であるとする。保険制度は本来経済制度であるか

ら，保険学は経済学，広義の経済学の一部であるとする。なお，保険は経済生活における防衛性の行為として利用されるので，純利得性に乏しい相互救済の趣旨による団体的保障行為としているのが注目される。相互扶助性，団体形成を重視する特徴を有する。もちろん，これは粟津と同じ立場である。

第2章「保険本質論」は，保険類似制度，保険可能の範囲の考察を含み，保険の本質について考察する。人の経済生活は経済的需要の充足の連鎖であるとし，保険制度は経済上生産，消費，交換いずれでもなく，特殊の需要である保障需要充足の一つの方法とする。保険の本質は，偶然的経済需要の充足を目的とする相互的保障に存するとする。

保険類似制度としては，貯蓄，個人的保証，自家保険，慈善，賭博・富籤，頼母子講・無尽，終身定期金契約，共済組合を取り上げる。

続いて保険学説を考察するが，そこにおいて，現代保険と原始的保険を合理的料率の算出によって分けることに対して，偶然率の制度という漠然としたものを判断基準とするのは困難であるとして，批判しているのが注目される。保険学説としては，需要説（経済生活確保説）を支持する。

そして，偶然率を重視しながら，保険可能の範囲について考察する。

第3章「保険形態論」は，前章で考察した本質を持つ保険が，いかなる形態で現れるかを考察する。相互保険と営利保険では，相互組織と株式組織が比較検討され，両者の接近が指摘される。国立保険と私立保険では，様々な国の国立保険と個人，組合，会社形態の私立保険について考察する。続いて，保険の種類について考察する。損害保険と定額保険という分類を取り上げるが，物（的）保険と人（的）保険が比較的便宜とし，この分類に基づいて網羅的に様々な保険について考察する。ここで，主たる保険について，簡単ではあるが，歴史的考察がなされる。

第4章「保険技術論」は，「生命保険の技術論の理解は損害保険の技術を理解するの根底である」（同 p.206）として，生命保険技術の考察を行う。保険技術として重要なものは，保険料の計算（通常生命保険は長期の契約となるので保険料の計算には金利上の割引計算を含む），準備金の計算，選択の技術であるとして，それぞれについて考察する。特に，保険数理について，かなり詳しく考察する。

第5章「保険経営の基調（保険制度運用の基礎理論）」は，保険事業経営の

基礎理論を考察する。基礎理論ではあるが，文化との関係も論じられる。

　保険学説，保険の種類・分類，保険可能の範囲は，パターン化した考察といえよう。また，保険の本質を重視し，個々の保険学説の考察を行いながら，自らは需要説の立場に立つ。保険の本質を重視し，相互保障としている。ただし，原始的保険，現代保険の比較において，両者の違いを合理的保険料に求めることに否定的であることが注目される。

　(9) 磯野正登 [1937]，『保険学総論』保険経済社。
　保険学の目的を保険制度の本質の解明とその運用に関する知識の講究とする。その目的を達成するためには，経済学，法律学，統計学はもとより医学やその他の自然科学の知識を必要とするので，保険学はこれら諸科学内における保険に必要な部分の総合的研究となるとする。保険学を独立した科学とできないとする見解もあるが，様々な科学と密接な関係を有しても認識対象が保険制度の研究に統一される以上，保険学を独立した一科学とできるとする。そして，保険学の研究は関係的知識の融合が重要であるが，保険制度の根本を究めようとすれば，まず法学的知識が先決問題となるので，同書の大部分は法学的知識によるとする。
　第1章「保険の沿革」は，保険の起源を考察し，保険の意義，特徴を導き出す。保険の起源を冒険貸借，ギルドとし，少数の団員の損害を多数の団員に分担している制度といえるので，保険を相互扶助とする。そして，現代的保険の特徴としては，強固な企業により営まれる，保険料は蓋然率に基づく合理的で公平な計算による，国家の監督は厳重である，があげられる。
　第2章「保険の種類」は，保険の分類を考察する。その基準を保険の目的（保険の対象）にすべきとし，物保険，人保険，無形利益の保険に分ける。図表1.8のように多くの保険を列挙するが，それぞれの保険に関する説明はほとんどない。また，元受保険と再保険，現行商法上の区分についても考察するが，様々な基準により保険を分類するのではなく，体系的思考から分類を行っているといえよう。
　第3章「保険の本質」は，保険学説を考察したのち，類似制度との比較を行い，さらに保険可能の範囲を探る。類似制度との比較，可能範囲の考察いずれも保険の本質を究めるための考察としていることが注目される。保険学説は

図表1.8 磯野［1937］における保険の分類

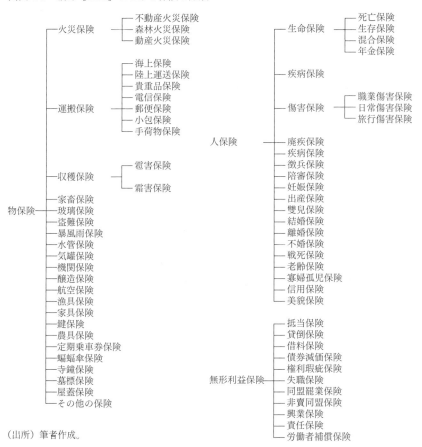

(出所）筆者作成。

20以上あり，その中心は損害保険と生命保険の統一的説明にある。これらの学説のうち重要なものとして，損害説，生命保険否認説，技術説，不利益説，統一不能説，所得構成説，共通準備財産説，需要説を取り上げ，需要説を支持する。類似制度との比較では，賭博，保証，貯蓄，奇捨，自家保険を取り上げる。保険可能の範囲の考察においては，保険事故発生の蓋然率が算出できることが保険が実行されるための前提条件としつつ，その前提条件が充足されても次のような危険は保険実行が困難または不可能とする。過大危険，過小危険，大衆の感知欠乏，稀有危険，道徳的危険の過大，数学的危険である。

第4章「保険の利弊」は，保険の利益，弊害を考察する。利益として，知識および道徳の向上，貯蓄と勤勉の奨励，国際協力の思想の滋養，個人の信用の増大，財界に対する貢献，事故発生防止運動の発達をあげる。弊害として，保険者側の弊害として，賭博的行為の誘発，共同資産の悪用，悪経営，加入者側の弊害として，道徳的危険をあげる。

第5章「保険の契約」は，保険契約について考察する。保険契約を一樹木とすればそれが集まった保険制度は森に相当するとする。前述のとおり，同書は主として法学的知識によるとしているが，第4章までの考察はあまり法学的知識によらない。本章は判例なども取り上げられ，法学的知識による。また，給付・反対給付均等の原則（レクシス（Wilhelm Lexis）の原理）についても考察する。ただし，「レクシスの原理」という名前は登場しない。

第6章「保険契約の内容」は，保険契約に伴う権利義務について考察する。商法，普通保険約款などを取り上げた考察であるが，約款は資料という面が強い。保険法学的考察であると同時に，保険各論的考察となっている。

第7章「保険企業形態」は，保険企業の所有者を基準とした図表1.9のような企業形態の分類に基づき，保険企業を考察する。

法学的知識を土台とするというよりも，第4章までは保険総論的な内容で必ずしも法学的知識によらず，第5，6章は保険法学的な保険各論といえよう。保険各論のみ法学的色彩が濃くなるという点に同書の特徴があるといえよう。

図表1.9　磯野［1937］における保険の企業形態

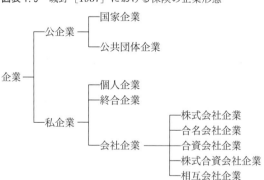

（出所）筆者作成。

3. 戦前のテキスト

(10) 勝呂弘 [1939],『保険学』叢文閣。

同書は，保険学講義の教材を基本として執筆されているが，入用充足説に基づきながら考察する。第1編「総論」，第2編「各論」で構成され，保険総論と保険各論による。

第1編「総論」第1章「保険の概念」は，保険の本質，可能範囲，類似制度について考察する。不時の入用をもたらす危険への対策が必要と認識されるようになると貯蓄が行われたが，それが不経済であることがわかると相互的充足準備の方法がとられ，確率を応用した公平な分担や営利心に刺激されて，様々な技術的困難を克服し，合理的な経済制度として生成したのが保険であるとする（勝呂 [1939] p.12）。保険の生成の視点から保険をこのように捉えた上で，保険の本質の考察を行う。保険学説を取り上げるが，保険学説史上ワグナー（Adolf Wagner）の「損害塡補説」が画期的であるとするが，その後諸説に分かれ，いくつかの説を批判的に検討した上でゴッビ（Ulisse Gobbi）の「偶発的欲望説」も画期的であるとする。その理由は，「欲望」という観念にまで遡ることによって，保険学の研究を一般経済学の研究と同一の出発点に置き得たことになるからとする。いわば，保険学における一般性の点から高く評価しているといえる。この学説の「欲望」を「入用」に改め，高めたのがマーネスであり，これを保険学説史上の進歩とする。それは，「欲望」に関する理論体系を樹立することは国民経済学においても容易に成就し得ない難問であるから，特殊経済学たる保険学においてこれを問題とすることは不適当であるという正当な理由に基づいているからであるとする。マーネスは特殊性の配慮から用語の修正を行ったといえる。ここに保険学における一般性と特殊性の葛藤がみられる。さらに，著者自身の定義はヴェルネル（Gerhard Wörner），志田の定義を考察し，自らは次のように定義する。

保険とは，偶然的入用を予見し，之を相互的に充足せしむる目的を以て多数人団結し，各自公平なる分担に任ずる経済制度を謂う。（同 p.30）

この定義に基づき，保険の要件を次の五つとする。

1．偶然的入用の原因たる一定の危険

2．偶発的入用の予見
3．偶発的入用の相互的充足を目的とする多数人の団結
4．団結した各自（各加入者）が所期の目的を達成するために為す公平なる分担
5．経済制度

続いて，要件ごとに考察を深める。特に3に関連して，相互主義に基づき保険団体が形成されるとし，結成方法に直接結成の方法と間接結成の方法の二つがあるが，たとえ後者でも構成員が自覚しているかいないかを問わず偶発的入用を相互的に充足する仕組みをもって構成員を糾合しているのであるから，相互主義が貫徹するとしていることが注目される（同 pp.41-42）。また，4に関して，$P = wZ$（P 分担額の総和，w 蓋然率，Z 予見した偶発的入用の総和）を「給付反対給付平準の法則」または「収支均等の原則」としており，当時はまだレクシスの原理に対する正しい理解ができていなかったことがわかる。

保険可能の範囲については，保険可能の前提，経済的制限，技術的制限を考察する。また，保険類似制度については，予防ないし防止施設，自家保険，貯蓄，保証，無尽（または頼母子），共済組合，恩給制度，射倖契約をあげる。

磯野［1937］第3章と同様に，保険本質論と保険可能の範囲と類似制度の考察が一つの章で行われている。磯野［1937］と同様，保険の本質を見極めるための考察として，保険可能の範囲，保険類似制度の考察が位置づけられているのであろうか。

第2章「保険の分類」は，本質上の観点からの分類，商法の分類，第2編各論を展開する際の分類について考察する。本質上の観点からの分類法は，「危険」による分類，「入用充足」の方法による分類，「多数人の結合」による分類，「公平なる分担」による分類，「経済制度」上よりの分類とする。商法の分類は生命保険，損害保険で理論的に問題ある分類とし，現実の処理への言及もなされる。第2編各論に向けた分類方法は，危険の客体による分類（財産保険，人保険）→危険自体の種類により細別というもので，図表1.10のとおりである。

第3章「保険の発達」は，保険史の考察である。海上保険成立にはじまる歴史を保険の本史とし，それ以前の保険と若干の思想的連鎖を保つ古代，中世の各種制度に関する歴史を保険前史とする。保険本史を第1期14世紀中葉から17世紀中葉の保険契約が整頓される保険の形成時代，第2期17世紀末葉より

図表1.10 勝呂[1939]による保険各論に向けた保険の分類

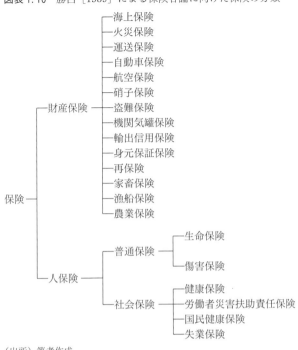

(出所) 筆者作成。

19世紀初葉の保険会社が相次いで設立される保険会社勃興時代，第3期19世紀中葉より現代に及ぶ社会保険の出現，協同組合保険の台頭，保険国際化の傾向，保険の大経営化などの保険拡張時代に分ける。第1期の考察において，海上保険を商人的打算の結果生じたのに対して火災保険をゲルマン系の素地より発育し，共益的見地より形成され，現代的保険になるにおいて営利心が大いなる刺激を与えたとしているのが注目される（同 pp.116-118）。第2期の保険会社成立をもって現代的保険の成立とする。海上保険は1720年 The Royal Exchange Assurance Corporation, The London Assurance Corporation, 火災保険は1680年 Fire Insurance Office, 生命保険は1762年 The Society for the Equitable Assurance on Lives and Survivorships（ただし相互組合組織）とする。第3期については，特徴それぞれについて考察する。続いてわが国の保険史を考察する。わが国保険史は，第1期創業時代（創業前後から日清戦争まで），第2期保険

会社の濫設とその整理時代（日清戦争より日露戦争まで），第3期第1次躍進時代（日露戦争より世界大戦前まで），第4期第2次躍進時代（世界大戦より関東大震災まで），第5期第3次躍進時代（震災後より現今まで）の5期に分けられる。

第4章「保険事業の構成」は，保険事業の主体として保険企業形態，客体として保険契約者・被保険者など，保険事業の補助機関を考察する。

以上で総論が終わり，各論は，前述のとおり，図表1.10の保険の分類に基づき各種保険を考察する。

参考文献の充実，保険法学の位置づけなどの違いはあるが，かなり磯野［1937］と同様な構成となっている。

(11) 近藤文二［1940］,『保険学総論』有光社。

同書は保険総論としての入門書であるとしつつも，単に保険に関する経済，法律，技術その他一切にわたる網羅的な叙述に終始する従来の保険総論に対して，保険の経済学的研究を行うとする。

第1編「序論」第1章「保険学の本質」は，保険学総論の性格や課題を明らかにするために，保険学の本質を明らかにする。保険の実際的ないし技術的研究は古く，保険とともに発生したといえ，海上保険に関する法律論的研究が16世紀中葉にみられ，17世紀には生命保険の基礎となるべき数理，統計的研究が行われたが，一つの学問としてまとまった姿をみせたのは19世紀イギリスで，1848年ロンドンにアクチュアリー協会が設立されたこととする。アクチュアリー学は経営学的要素を取り入れて，当初の応用数学の域を脱するが，生命保険論の域を脱することなく，英米における保険研究は保険各論以上に出るものではなかった。これに対して，総論的な保険学が登場したのがドイツであるので，ドイツ流の保険学を取り上げる。

第2章「保険学総論の問題と体系」は，マーネス，シュミット（R. Schmid），ワーゲンフュール（Horst Wagenführ）の見解を取り上げた後に，著者独自の保険学の体系を図表1.11のように示す。

また，保険学総論は次のような体系と問題をもって展開されるべきであるとする。①保険学の本質，②保険の本質，③保険の発展，④保険の形態，⑤保険と生産，⑥保険と流通で，①は第1編で考察したので，②以下を第2編以下

3. 戦前のテキスト

図表1.11 近藤［1940］における保険に関する学問

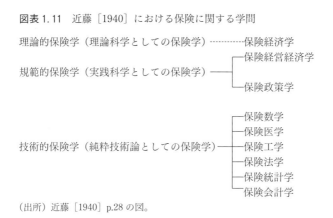

(出所) 近藤［1940］p.28 の図。

で考察する。

　第2編「保険の本質」第3章「保険本質論の発展」は，保険学説を検討する。損害填補説，損害分担説，賭博説，生命保険否認説，欲望満足説，欲求充足説，客観的危険説，貯蓄説，交換取引説，確率説を取り上げる。

　第4章「保険の本質」は，前章の保険学説の考察を踏まえて，保険の概念規定を行う。従来の保険学者が保険の本質において最も頭を悩ましたのは，保険の目的であったとする。それは，経済生活の確保あるいは確保欲望の満足に求められるべきであり，「保険は偶然が齎すところの経済生活の不安を除去せんとするものである」(近藤［1940］p.86）として，保険と偶然の考察を行う。偶然を考える場合，危険事件の偶然性と保険を必要とする偶然，すなわち，経済生活を不安定にする偶然とを区別する必要があり，保険における偶然は後者で，事実の発生もしくは発生の時期が予知することが出来ない事実をいう。そして，その偶然は資本主義社会を前提とすることに注意を喚起する。かくして，「保険の目的は，資本主義社会において偶然が齎すところの個別経済の不安定を除去せんとすることにある。」(同 p.92）また，その基礎をなす指導的精神は個人主義的精神であり，その結果においては，技術的に一種の相互主義を実現するとしていることも注目される。保険技術について，レクシスの原理に言及する。

　続いて，第4節として「保険の限界と保険類似の制度」を考察する。保険の限界については，簡単に技術的限界を述べるのみである。保険類似制度は，貯

蓄,賭博および富籤,投機および保証,自家保険を取り上げる。以上の考察に基づき,保険を次のように定義する。

　保険とは,資本主義社会において偶然が齎らす経済生活の不安定を除去せんがため,多数の経済単位が集まって全体としての収支が均等するように共通の準備財産を形成する制度である。(同 p.133)

第3編「保険の発展」は保険史を考察する。第5章「保険の生成」は,保険史の生成過程について考察する。ただし,これに先立って方法論的考察を行い,経済社会の発展過程を統一的に理解するためにはこれを発展段階的に考察するのが正しい方法であるので,特殊経済社会組織体としての保険の発展もこれに倣うことが正しい方法であるとする。このような方法に基づき,図表1.12のように時代区分する。

図表1.12　近藤［1940］における時代区分

$$\begin{cases} \text{原始的保険時代} \\ \text{現代的保険時代} \begin{cases} \text{単純合理的保険時代} \\ \text{金融資本的保険時代} \\ \text{社会統制的保険時代} \end{cases} \end{cases}$$

(出所)近藤［1940］p.145の図。

この時代区分に沿った考察に先立って保険の起源について考察し,海上貸借を起源とする。古代の海上貸借が中世の冒険貸借となり,これら資金の融通と危険転嫁を兼ねた取引から危険転嫁のみの保険貸借または準保険と呼ばれるものとなり,さらに金利の受け払いのない売買形態をとる仮装売買契約となった。これは実質的な損害填補契約であり,ほどなく海上損害填補契約が登場したとする。そして,通説に従い14世紀後半イタリーの諸都市で保険が登場したとする。しかし,それは原始的保険である。

第6章「保険の発展」は,現代保険の成立を考察する。イタリーに出現した原始的海上保険は15世紀にイギリスに伝わり,1720年にRoyal Exchange Assurance Corporation, London Assurance Corporationの設立により現代的保険への発展の第一歩をしるしたとする。しかし,現代的保険への発展を推し進めたのはこの2社ではなく,2社に対抗するロイズであったとする。火災保険は

1666年ロンドン大火後に火災保険会社が登場し，この点で海上保険よりも現代的保険確率の基礎の形成が海上保険よりも早かったとの観が無きにしも非ずであるが，確率論が火災保険にも採用されるべきであるとの主張がなされたのが1842年なので，現代的火災保険の出現は海上保険よりも遅いとする。生命保険は，1762年に年齢別保険料率を採用した The Society for the Equitable Assurance on Lives and Survivorships が近代生命保険事業の嚆矢であり，1780年のノーザンプトン表の採用で近代的保険料率の基礎が確立したとする。このように，近代保険はそのすべてが，18世紀後半から19世紀にかけてイギリスにおいて成立したとする。現代的保険の初期単純合理的時代には，保険の本質と現象形態はほぼ一致した。19世紀末葉から第一次世界大戦前後は金融資本的保険時代となる。特に生命保険の発展が目覚ましく，金融資本としては銀行資本よりも勝っているといえるので，簡易生命保険の登場も少額所得者階級の要求に応じたというよりも，飽くこともなき金融資本が保険会社を通じて零細なる貨幣を吸収しようとしたとする。保険資本の金融資本化もしくは保険資本の金融資本制覇である。社会保険が国際的な保険として一台飛躍を遂げた第一次世界大戦以後を保険の最後の発展段階である社会統制的保険時代とする。

　第4編「保険の形態」は，保険の分類と保険の経営形態を考察する。第7章「保険の分類と種類」は，保険の分類の考察である。保険の歴史的考察が，保

図表1.13　近藤［1940］における保険の分類（形態的分類）

分類基準	分類
目標：消費経済の安定，営利経済の安定	家計保険と企業保険
保険団体の構成員	階級保険と個人保険
保険団体の運営	共同経済保険と営利保険
保険団体の運営者	相互保険と保険者保険
保険団体の運営者	公営保険と私営保険
保険団体への加入	強制保険と任意保険
危険の客体	人保険と財産保険
危険の原因	自然的危険保険，人為的危険保険，社会的危険保険
保険金の大きさの確定性	損害保険と定額保険
保険事件発生の確定性	確定保険と非確定保険
保険料の徴収手続き	賦課式保険と保険料式保険
保険期間の長短	長期保険と短期保険

（出所）近藤［1940］pp.242-244の論述から，筆者が作成。

険の形態および本質の縦の考察であるとすれば，保険の分類は横の考察であるとする。従来の保険の分類は，保険の種類を体系づけようとした技術的分類論であるが，一定の確固たる基準による分類でなければならないとする。保険の形式的本質を中心にすると，図表 1.13 のような分類が成立するとする。

図表 1.13 の形態的分類に対して，保険の効用を基準とした図表 1.14 のような実体的分類も行う。

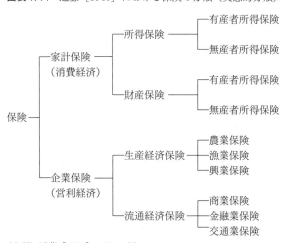

図表 1.14　近藤［1940］における保険の分類（実態的分類）

（出所）近藤［1940］p.247 の図。

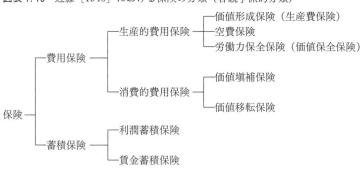

図表 1.15　近藤［1940］における保険の分類（客観学派的分類）

（出所）近藤［1940］p.252 の図。

次に，保険の種類を一瞥するとして，次のような個々の保険について考察する。

財産保険－海上保険，火災保険，運送保険，自動車保険，航空保険，盗難保険，身元保証保険，硝子保険，機関気罐保険，風水害保険，家畜保険，農業保険，財産生命保険，輸出信用保険，責任保険，同盟罷免保険その他

人保険－生命保険，徴兵保険，傷害保険，疾病保険，廃疾保険，出産保険と家族所得保険，失業保険

第8章「保険の経営形態」は，保険経営形態を分類して考察する。まず，営利保険と共同経済的保険に分類し，共同保険と再保険にも分ける。営利保険を提供する経営形態には，個人保険業，株式会社，相互会社の他にイギリスがかつて実施した郵便局保険のような国営保険も含めている。共同経済的保険を提供する経営形態は，相互組合，協同組合である。共同保険と再保険については，両者を企業形態とするが，両者はあくまで保険の一種であって企業形態ではないのではないか。保険企業の集中傾向についても言及する。また，国家と保険として，保険国営論なども考察する。

第5編「保険と生産」は，保険と生産との関係を問題とする。第9章「保険の生産性」は，保険が価値を形成するか否かという根本の問題を明らかにしつつ，その生産性を考察する。価値形成的な保険とそうでない保険があるとする。保険の生産性を論じるにあたって社会保険を大きく取り上げているが，社会保険が個人保険と異なり生産政策的側面を有することを重視しているからであると思われる。

第10章「保険と資本蓄積」は，保険金融に関わる考察である。従来，保険資金の投資運用は一般金融機関の場合と同様でなんら特殊性を持たないとして軽視されてきたが，保険の金融的機能は銀行や信託会社のそれとは同一視し難いとする（同 p.351）。損害保険の金融的機能を否定しないが，社会的重要性は生命保険が圧倒的に大きいので，生命保険金融の考察となっている。生命保険資金は一定の予定利率を前提とする長期の資金であり，これを前提として生命保険資金の投資原則である安全性，換金性，収利性が理解できるとする。

第6編「保険と流通」は，保険と流通過程との関係を考察する。第11章「保険の価格形成」は，保険を商品とし，保険料をその価格として考察する。保険は債権といえ，それゆえ擬似的に商品と捉えることができるとする。保険商品

の価格である保険料は，需要と供給によって価格が形成されるとする自由競争の下でも技術的制約を受けるとし，独占の場合もアウトサイダーの存在や保険カルテル内部の暗黙の競争があるので大差がないとする。

第12章「保険と景気」は，景気変動と保険の関係を考察する。先行研究をカバーした上で，わが国の生命保険と景気変動の関係の実証分析を行い，数学的関数関係はみられないがある程度の照応を示しているとする。さらに，世相を反映して，保険と恐慌，インフレーションの関係も考察する。

ドイツ保険学を主たる先行研究として保険本質論を重視しながら，一貫して経済学的立場から考察されているといえる。特に，第5編の考察は，これまで取り上げてきた書物ではほとんど扱われていない内容である。

(12) 印南博吉［1941a］，『保険経営経済学』笠原書店。

同書は，当時経済学界で注目の的となっていたゴットル（Friedrich von Gottl-Ottlilienfeld）の理論によりながら，経営経済学的立場から考察する。

第1章「経営経済学の性質」は，経営経済学について考察する。経営経済学は，企業の形態をとる目的形成体の運動を対象とする経済学であるとする。

第2章「保険事業の本質」は，保険ではなく，保険事業の本質を考察する。「保険思想は人類それ自身と共に古くから存した」（印南［1941a］p.34）との見解は誤りであるとする。この見解は保険の相互扶助性の主張と結びつくことが多いので，この点から著者は保険の相互扶助性をも否定していると思われる[5]。保険事業にとって最も重要なことは，多数の加入者が糾合することによって保険料が射倖的対価から合理的対価に転化していき，保険事業そのものも射倖性を減じて合理性，確実性を加えるに至ったとする。そして，多数の加入者の糾合は，資本主義によって可能となったとする。この見解は誤りではないが，危険率に言及していない点で，極めて不十分な見解である。危険率に基づく保険料こそが合理的保険料であり，それを現実にするのはそのような算定を可能とする保険数学やデータの整備という保険料算出技術と合理的理論値に実際の保

---

[5] 今日でもわが国では保険の相互扶助性の主張が強くみられるが，生命保険業界に関わる代表的な主張である生命保険文化センターの『生命保険物語——助け合いの歴史』（生命保険文化センター［1977］）は，引用文と同様な立場で保険の相互扶助性を主張する。この点については，小川［2008］p.80を参照されたい。

険金支払いがなるような多数の加入者の糾合＝保険団体の形成とすべきだからである。

志田鉀太郎の入用充足説の定義文に従い，保険事業の本質的任務を保険料を徴収して偶発的入用の充足のために保険金を支払うこととし，したがって，保険事業は産業経営経済でも商業経営経済でもなく，貨幣取引経営経済とする。これは保険の本質を金融とする見解[6]と親近性を有するが，保険金融説は肝心の金融概念が曖昧であり，保険は払込額と受取額が甚だしく相違するなどの特徴を有する点で特殊であるとする。ここで，レクシスの原則「給付反対給付均等の原則」（das Prinzip der Gleichheit von Leistung und Gegenleistung）も取り上げる。

次に，保険加入目的を問題とする。加入目的といった主観的な事柄で保険の本質を把握すべきではないとする学説もあるが，加入目的は本質理解に不可欠な一要素とする。小島昌太郎，近藤文二による保険学説の網羅的研究により，ワグナー・損害分担説，ヘルマン（Emanuel Herrmann）・賭博説，エルステル（Ludwig Elster）・生命保険否認説，クロスタ（Benno Krosta）・客観的危険説，ヒュルセ（Friedrich Hülsse）・交換取引説，ウィレット（Allan H. Willett）・静態論的保険本質論，リーフマン（Robert Liefmann）・交換取引説，イェッセン（Gerhard Jessen）・財産保全説，リンデンバウム（J. Lindenbaum）・現在欲望説，ヘルペンシュタイン（Franz Helpenstein）・確保説，ローテ（Bodo Rothe）・確保入用充足説などの代表的保険学説が，それぞれ特徴を有しながらも何らかの欠点があることを知りうるとする。こうして，ゴッビを源とする入用充足説，フプカ（Joseph Hupka）に始まる経済生活確保説の二説のみが問題に足るとする。強力な経済生活学を建設したゴットルが入用概念を経済学的思考の出発点としたように，入用概念が適切であるとする。やや限定されてはいるが，保険学説考察の章ともなっている。

第3章「保険事業の分類」は，事業主体，保険種類を基準に保険事業を分類する。前者については，危険団体についての考察から始まり，それを保険の目的とすると共同体として捉えることと結びつくが，相互利益主義に基づいたものであり，保険の方法とすべきとする。事業主体を基準とした分類という点か

6）たとえば，米谷［1960］p.127，小島［1928］p.445 がある。

らは，危険団体は無関係な議論に思えるが，社会保険のように事業主体によって共同的保険への動向を示すものがあり，事業主体と危険団体の関係を重視する。こうして，相互保険組合，協同組合から保険相互会社，保険株式会社へと考察を進める。後者については，保険の種類の相違は保険料算定の前提である発生確率に影響を与えるので重要とする。この場合は危険の性格に応じた保険の分類とでもいうべきものを基準としているに過ぎず，パターン化している保険の様々な分類基準との関係で問題とされるのではなく，本章では保険経営の影響と関係する保険の分類が重視される。

　第4章「保険企業の経営組織」は，保険企業の経営組織について考察する。まず，保険資本を銀行資本と同様貨幣取引資本と貸付資本との総合と捉えるが，保険資本にとっては貸付資本の機能が副次的とする。この資本の働きから保険企業の経営組織は，蓄積貨幣の蒐集と保管および貸付，支払いという三つの機能を中心に形成されるとする。統括業務，徴収業務，資金運用業務，充足業務を考察する。

　第5章「保険企業の経営動態」は，保険企業の経営過程について考察する。設立，解散，合併などを考察する。自由競争の下では過当な競争が発生し，社会問題となるので多くの国で何らかの制限を行っており，保険事業は独占的事業になっているとする。カルテル，コンツェルンなどについて，わが国の保険業界を取り上げて考察する。

　第6章「安全維持の手段」は，保険事業における企業危険への対応手段を考察する。保険事業における企業危険として，数学的危険，多数契約の獲得維持，経済界の変動による影響をあげる。このうち多数契約の獲得維持に関しては前章で触れているので，本章では数学的危険，経済界の変動による影響について考察する。

　第7章「保険企業の収益及び合理化」は，収益は内部的合理化の度合いに比例すると考え，経営比較についても論及しつつ収益について考察する。第一生命保険相互会社の貸借対照表，損益計算書を使って考察する。資産売却及評価損益は貨幣価値変動によるところ大であり，運用利回りを計算することにおいては除外することが望ましいとしているのが注目される（同 pp.226-227）。保険業法第86条に象徴されるように，当時キャピタル・ゲインは利益に非ずというのが通念と思われる[7]。なお，本章で簡単ではあるが保険金融について考察

している（同 pp.256-261）。

　第8章「保険企業の批判」は，保険の本来の役立ちに対して保険企業に正しい在り方を認めうるか否か，いかなる批判がなされねばならないかについて考察する。損害保険は企業保険の性格が強く加入者と保険者が対等の地位に立つのに対して生命保険は加入者が弱者の地位にあるので，生命保険に対する批判の余地が大きいとして，利用者的批判として生命保険について考察する。続いて，当時の高度国防国家を目指す新体制と保険事業との問題を考察する。志田が示した保険の要件（志田［1927］p.11）に基づいて行う。最後に，保険は協同体から離れて自由になった個別経済体が間接的に協同体的庇護を求めたことに基づいて出現したものなので，保険事業の存在は究極において協同体の立場から是認されるが，その反面保険事業の存在の仕方が存在理由を裏切る場合は，そのままの存在は否定されなければならないとする。

　テキストとして書かれているが，ゴットル理論による経営経済学的立場からの考察なので，かなり特異な構成となっている。レクシスに注目し，保険の原理を取り上げている点が，非常に重要である。今日の保険の二大原則に結びつく式が登場している点で当時の類書に対して卓越しているといえるが，レクシスの原理を類書と同様に保険団体の次元の原則と捉えるという誤りを犯しているのが残念である。しかし，戦後印南はレクシスの原理の正しい解釈を求めながら，保険の二大原則的把握に画期的な貢献をすることになる。この時点ではその印南でさえ，レクシスの原理の理解が不十分であったことが特筆される。

(13) 西藤雅夫［1942］，『保険学新論』立命館出版部。
　同書は，保険の本質を機構として捉えるという新しい観方に基づくため，「新論」と題するとのことである。3編で構成され，中心をなす機構の分析は第2編「保険の本質とその機構」であり，第1編「保険の意義とその職能」はこの本質論に向けた序論であり，第3編「保険の経営とその制度」は附論とする。
　第1編「保険の意義とその職能」第1章「保険の基礎概念」は，保険成立の要素，限界を考察したのち，保険理論の二面性について考察する。保険を次のように定義する。

　7）この点については，小川［1987］を参照されたい。

保険とは，偶然なる事件のうちにありて，なお経済生活の確保のために，多数人が共同して，貨幣を獲得するところの仕組みである。(西藤［1942］p.4)

この定義から保険の要素を四つ導き出し，四つの要素の必要性を保険類似制度の考察により明らかにする。保険類似制度として，貯蓄，頼母子講または無尽，賭博または富籤，保証，自己保険をあげる。次に，国民経済的，企業経営，法律制度の点から保険の原価について考察する。企業経営に関して，同時性の危険，過大な危険，過小な危険などが保険の限界としてあげられているので，通常技術的限界として指摘されるものを保険企業の観点からの限界としていると思われる。交換の原則が基本的限界を与え，その成立には貨幣経済の発達，信用の発達を要するとする。さて，その本質を機構として把握できる保険とするが，加入者の立場に立てば経済生活の確保という消費者の効用として捉えることができ，保険企業の立場に立てば保険料と保険金との交流の操作という生産者の技術という側面から捉えることができるとする。この効用と技術という二面性を保険理論の二面性とする。

第2章「保険の効用」は，保険の目的について考察する。欲求とその充足の持続的調和に対する阻害である経済生活の不安定を除くことが保険の目的であり，保険の効用であるとする。マーネスの欲望説などとの比較がなされ，保険金の支払いによって欲望が満足されるのではなく，保険金の支払いの有無にかかわらず確保の欲望が満足されるということとする。

第3章「保険の技術」は，保険という機構運営の操作である保険特有の技術について考察する。保険についてはしばしば相互性が指摘されるが，技術的相互性に過ぎず，保険技術的要請で保険団体が形成されるとする。この機能の成立を可能とするのが，偶然の利用によって偶然を除去する大数の法則である。しかし，保険料の正確な計算は，保険料個別化の原則または等価の原則による。これを追求すれば保険団体の大きさに制約を受けることとなるので，保険料個別化の原則と大数の法則とは対立するが，危険の混合などもみられ，実際の運用において厳密に危険の同類性を要求しているわけではないとする。なお，保険料についてレクシスの式を紹介している。

第2編「保険の本質とその機構」第1章「保険に於ける資本」は，保険を資金交流の機構と捉えて考察する。保険は貨幣交流の機構であるが，貨幣は価

値増殖の道筋に置かれた場合資本となり，特に資金と名づけられるとする。この資金交流は資本の形成と分解との一連の結びつきであり，いずれの時に銀行預金の形をとるので金融資本の循環の始点に結びつくとする。

　第2章「保険に於ける費用」は，資本の犠牲部分である費用について考察する。費用を事業における資本の循環で把握し，保険事業に於ける資本循環を保険金支払いの系統，保険労務に対する支出の系統で分け，それぞれ費用と考えられるべきとする。

　第3章「保険に於ける危険」は，保険の本質について所説が一致しないが保険を危険もしくは損害概念より明らかにしようとする見解が有力なので，危険について考察する。企業危険についての代表的な見解を検討して，見解の一致がみられないものの，企業経営にとって好ましくないこと，何らかの手段，蓋然発生率によって予測されるという点を共通点とする。結論として，保険における危険は保険金の支払いに求められるとする。

　第4章「保険の非商品性」は，保険の商品性について考察する。まず，商品の本質を考察し，労働の生産物に限定するか，広く関係財も含めて貨幣の交換まで含めるかの違いは立場の違いとするが，保険はいずれでもなく，保険現象は商品概念によらずして分析解明できるとする。

　第5章「保険の金融性」は，保険事業の金融事業としての成果について考察する。保険事業における本来の金融といわゆる保険金融を保険事業における派生的第二次的金融とする。

　第3編「保険の経営とその制度」第1章「保険事業に於ける投資」は，保険資金の原資，運用について考察する。責任準備金の構成によって原資の考察を行い，責任準備金の運用を考察するが，生命保険と損害保険の違いに配慮がされる。適正の原則，分散の原則として投資の原則についても考察する。

　第2章「保険と信用との制度的関連」は，保険と信用の二つの機構は本来相互に関連するものとして考察する。対物的関連，対人的関連に分けて考察する。

　第3章「保険料の統制」は，価格統制令などを受けて保険料はいかに統制するべきかについて考察する。保険における価格についての考察ともいえる。保険における非商品性から，保険における価格は，保険料のみならず，保険金についてもみることができるとする。また，純保険料と付加保険料の別も重要であるとする。

付録として「保険業法及び同施行規則」の解説を行う。

パターン化した考察からかけ離れた，一貫した経済学的考察がなされ，テキストというよりも専門書とした方が適切かもしれない。ただし，保険の本質を資金交流の機構として保険資本の循環に基づいて何でも説明しようとするため，何を目的とした制度なのかが見失われ，見方がずれている。同書は，金融との関係で注目されがちであるが，レクシスの原理の把握において注目される。

(14) 園乾治［1942］,『保険学』慶應出版部。

第1章「保険の意義」は，保険の必要な理由を明らかにして，その本質を考察する。個人主義を基本とする社会であるため，確定的事故もしくは偶然的事故によって経済的不安定にさらされているとする。その対処手段に予防，鎮圧，善後策の三段階があり，その善後策の施設に個別的方法の貯蓄と共同的方法の保険があるとする。貯蓄と保険の比較検討がなされ，貯蓄は確定的事故に関連する個別的対応，保険は偶然的事故に関連する共同的対応とするが，これでは他の施設との相違が十分に明確にならないので，保険の本質について考察する。保険の本質については，次の七点を指摘する形をとる。

1．経済生活の不安に対する善後策の一つである。
2．準備財産を作成する。
3．作成される準備財産は，共通の準備財産である。
4．共通準備財産の作成は，相互主義に基づく。
5．有償的であることを要する。すなわち，拠出を必要とする。
6．拠出は合理的計算に基づく。
7．偶然を克服して，合理化する作用を有する。

なお，この本質的考察において，保険を「相互主義に基づく金融機関である」（園［1942］p.11）としているのが注目される。保険の限界については，総括的限界としての経済生活の不安の存在，その他に偶然事故の存在，しかも，稀な事故，特殊の地域や特殊の者・事物のみに発注する事故でないことを指摘する。

第2章「保険の定義」は，保険学説と保険類似制度を考察する。保険学説の発展の流れを整理したのち，図表1.16のような個別の保険学説を考察する。

3．戦前のテキスト

保険学説を考察したのち，共通準備財産説に相互金融機関説の表現を取り入れ，保険を次のように定義する。

保険とは経済生活を安定せしめるために多数の者が団結して合理的計算を以て作成する相互主義の金融施設である。（同 p.38）

図表 1.16　園［1942］の保険学説

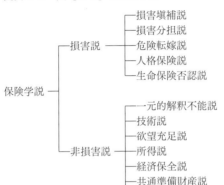

（出所）園［1942］pp.19-38 の論述から，筆者が作成。

続いて，保険の本質を一層明確にするために保険類似制度の考察を行う。保険類似制度としては，貯蓄，無尽・頼母子講，富籤・賭博，慈善的施設，共済施設，自家保険を取り上げる。

第 3 章「保険の種類」は保険の分類の考察である。保険の分類には，実際上の便宜や経営その他の歴史的理由によるものがたくさんあるが，それらは科学的分類とはいえないとする。いわば非科学的分類として，図表 1.17 の分類を考察する。非科学的ではあるがその存在理由や科学的分類について考察するとするが（同 p.49），存在理由の説明は不十分であり，何らかの体系的意図を持った科学的分類が示されるわけでもない。

以上の第 3 章までが保険総論に相当するといえ，第 4 章「生命保険」，第 5 章「火災保険」として保険各論の考察となる。第 4 章では，保険総論部分では強調されていなかった相互扶助精神が保険にとって必須のものとの指摘がなされる（同 p.72）。そして，相互扶助という点では古代から共通するが，合理的

図表1.17 園［1942］における保険の分類（非科学的分類）

分類基準	分類
商法	損害保険と生命保険
事故の対象（保険の目的）	人保険と物保険
保険の経営主体	公営保険と私営保険
経営動機（経営目的）	営利保険と非営利保険
被保険者の社会的地位	社会保険と普通保険
保険料および保険金の支払い	一時払保険と分割払保険
同上	自然保険料式保険と平準保険料式保険
同上	損害保険と定額保険

（出所）園［1942］pp.49-70の論述から，筆者が作成。

な拠出に基づかないという点で原始的保険と現代保険に分かれるとする。本章では，生命保険の歴史についても考察する。なお，相互金融機関説を重視するように，保険の金融面を重視しているためか，本章第4節を「生命保険会社の資産運用」（同 pp.134-160）として保険金融の考察を行っているのが特筆される。

第5章「火災保険」は，火災保険の考察を行うが，ここでも歴史的考察を行う。

保険の定義文を使ってその要件を導くというのが通常のパターンであるが，（要件というより特徴といった方がよいかもしれないが）要件（特徴）が先に来て，定義文が後に来ている。保険学説の検討をし，共通準備財産説と相互金融機関説を関連づけた独自の保険の定義をしているだけに，パターン化した保険学説の考察→独自の保険の定義→保険の要件といった論旨の展開の方が良いのではないか。また，保険各論がなぜ生命保険と火災保険になるのか理解できない。本質を重視した科学的思考を基本姿勢としていると思われるが，このような保険各論は科学的思考とは全く逆行しよう。また，保険各論でそれぞれの保険の歴史が考察され，しかも保険史一般として相互扶助を歴史を貫く特徴として拠出金の合理性を原始的保険，近代保険の分類基準としいるのであれば，海上保険史に触れないというのは，保険史の考察として体をなさないのではないか。保険金融を重視した考察など優れた点も多々あるが，基本的な構成に疑問が残る。

4. パターン化した考察

　各文献に共通する点として保険の本質重視ということがあげられるが，その他に保険学自体についての考察や保険の分類，保険の機能などの考察も多く，考察がパターン化してきている。こうした考察パターンの形成が保険研究の動向を示し，わが国独特の保険学が形成される過程だったのではないか。その独特の保険学を「伝統的保険学」と呼ぶことができよう。

　それでは，こうした考察パターンの形成，伝統的保険学の形成というのが戦後にどう引き継がれていったのであろうか。章を改めて考察しよう。

第 2 章
戦後初期の保険研究の動向

1. 問題意識

　戦前にパターン化した考察が形成され，その過程を伝統的保険学の形成過程としたが，それが戦後にどう引き継がれていくのか，第 1 章と同様に戦後発行されたテキスト的文献を取り上げて考察する。本章では，第 1 章と同じ問題意識に基づいて，1945 ～ 65 年に発行された次の文献を「戦後初期の文献」として取り上げる。
　（ 1 ）加藤由作［1947a］,『保険論（総論）』実業教科書。
　（ 2 ）加藤由作［1948］,『保険概論』新訂 3 版，巌松堂。
　（ 3 ）近藤文二［1948］,『保険論』東洋書館。
　（ 4 ）印南博吉［1950］,『保険経済』東洋書館。
　（ 5 ）印南博吉［1952］,『保険論』三笠書房。
　（ 6 ）佐波宣平［1951］,『保険学講案』有斐閣。
　（ 7 ）白杉三郎［1954］,『保険学総論』再訂版，千倉書房。
　（ 8 ）園幹治［1954］,『保険学』泉文堂。
　（ 9 ）大林良一［1960］,『保険理論』春秋社。
　（10）相馬勝男［1963］,『保険講義要領』邦光書房。

2. 戦後初期のテキスト

（1）加藤由作［1947a］,『保険論（総論）』実業教科書。
　序言にて，戦前わが国は三大または四大保険国の一つに数えられていたが，それは保険契約量の側面についていえることであって，保険文化の面からは決

してそうではなかったとしているのが興味深い。このいわば量と質の矛盾は，戦前からみられるわが国の保険の特徴であるといえる。

　さて，同書は危険から考察しており，今日のリスクを重視する保険学の傾向と一脈通ずるところがある。保険の限界，保険の経営主義，保険の分類などのパターン化した考察がなされるが，保険金融，保険政策にそれぞれ独立した章が割かれているのが注目される。また，保険契約についても独立した章があてられる。

　第1章「危険の意義」は，保険を危険を除去する制度として保険の前提条件としての危険について考察する。危険をリスクとし，いろいろな意味で使用されるが損害（財産上の需要）発生の可能性を指すとする。

　第2章「保険および保険学の意義」は，保険の意義として保険学説を考察する。保険の本質ではなく，保険の意義としているのが興味深い。保険の定義の難しさは損害保険と生命保険を統一的に説明しようとしている点にあり，かつては統一的説明を放棄する保険二元説もあったがほとんどが一元説で一致し，制度の有する目的，目的を達成する手段で共通的特長を把握するが，手段については大数の法則を利用するという点で一致しているので，保険学説をめぐる議論の中心は保険の目的にあるとする。欲望充足説，需要説（入用充足説），経済生活安定説，客観説（技術説），共同準備財産作成説を取り上げ，著者は需要説を支持する。需要説を通じて保険について詳述し，保険学についても言及する。

　保険学については，保険学と称せられるものに純粋科学としての保険学と目的科学または実用科学としての保険学があるとする。純粋科学としての保険学は，経済学，経営経済学の一種とする。保険法学，保険数学，保険医学，保険社会学，保険心理学などは保険補助学であり，いずれの保険補助学が重要であるかは保険の種類によって決せられるとし，たとえば，生命保険では保険数学，海上保険では保険法学が最も重要であるとする。

　第3章「保険の利弊」は，保険のメリット，デメリットを論じる。メリットを効用として，経済的効用，社会的効用に分けて考察する。保険の弊害は，道徳的危険や保険詐欺を誘発させる恐れがあることなどとする。

　第4章「保険の沿革」は，保険の歴史の考察である。保険の始まりを中世紀末に発生した海上保険とするが，古代，中世，現代の時代区分で考察し，現代

2．戦後初期のテキスト　　55

ではイギリスとドイツを考察する。今日の保険を合理的保険とする。しかし，保険は19世紀以降に十分な発展を遂げたとして19世紀以降の保険制度の特徴も考察し，そこでわが国の保険業の発展も取り上げる。いわゆる原始的保険と近代保険の区分のような形での考察ではないため，保険の生成・発展過程が今一つ判然としない。

　第5章「保険経営可能の限界」は，保険経営には一定の条件が必要とされ，この条件を欠くときには保険経営が不可能または困難になるとして，保険経営を不可能とする条件について考察する。技術的限界，経済的限界，道徳的限界または法律的限界として考察し，技術的限界として危険率の測定が不可能，危険が少数，危険が集中，長期でのみ危険率が確定，道徳的または主観的危険が大きい場合をあげ，経済的限界として損害が過小，危険率が過大，保険料額が過大，発生の機会が稀な危険の場合をあげる。なお，本章冒頭で私有財産の否定によって保険はその存在の基礎を失うとしているように，私有財産制をとり，また，貨幣経済である資本主義経済であることが保険の存在の前提といえ，これが経済的限界を画するとすべきではないか。本章の技術的限界と経済的限界の違いがよく理解できない。

　第6章「保険の経営主義」は，公営主義，私営主義に分けて保険の経営主義または経営形態について考察する。公営主義では保険国営論が考察される。ドイツ保険学の影響に加えて保険国営の動きが盛んにみられたこと，ソ連・社会主義国における保険などから，保険国営論の考察が重視されたのであろう。私営主義では営利組織と相互組織に分けて考察され，株式会社と相互会社の比較もなされ，最後に両者が接近しているとの指摘がある。相互組織は保険の精神に合致するとして，本章でも保険の相互扶助性と結びつく主張がなされる（同p.49）。

　第7章「保険の分類」は，保険は理論的理由や実際的立場からいろいろに分けられることがあるとして，保険の分類について考察する。社会保険と私保険（普通保険）に大別し，さらに後者を損害保険と定額保険に分類している。社会保険を社会政策的保険とし，貧困者の救済を目的としているのが注目される。終戦後間もない発行なので，戦後の社会保障の確立，生存権思想の重視などが十分反映していないと思われる。普通保険を損害保険と定額保険に分け，前者については現在13種あるとして全種類を列挙する。外国にみられる保険

も含めて，個別の保険について簡単に紹介する。

第8章「保険料の構成」は，保険料の種類，保険料算定の原理によって全体的な考察をした上で，生命保険料，火災保険料，海上保険料の考察を行う。

第9章「保険金融」は，保険の金融的機能について考察する。保険の金融的機能を付随的としつつも，その資金量が社会的にも無視できない重要なものとなってきたとして，保険資金の源泉，その性格，運用の特徴などについて考察する。この時期に保険金融を独立して考察していること自体が珍しく，注目されるが，基本的な用語を誤って使用したり，あまりに生命保険に偏った考察になっているなど残念なところもある。しかし，保険金融として必要とされる主要な項目についてはカバーされているといえよう。なお，本章で保険者の危険負担と保険加入者の保険料給付を「給付・反対給付平準の原則」とする。

第10章「保険政策」は，保険政策とは国家が保険制度の健全な発展を目的として行う各種の手段をいう（同 p.78）として，保険政策を考察する。保険監督法（保険業法）に基づきながら保険営業，投資・計算，契約移転などを取り上げ，保険の特殊性を意識しながら考察する。なお，保険政策を「手段」とするが，手段ではなく特定の目的を達成するために手段を用いて保険に働きかけ，または，保険を手段として用いる国家の行為とでもすべきではないか。

第11章「保険契約」は，前章に対して保険契約法（商法）に基づきながら，保険契約にかかわる基本用語などの定義も含めて保険契約について考察する。保険法学的な考察といえよう。

本文が99頁の小さな書物といえるが，理論の他に歴史，政策も含まれており，また，保険金融や保険法学的考察も含まれ保険総論としての考察がなされているといえよう[1]。ただし，それぞれの項目がかなり簡潔なために，頁数が少ない。保険の相互扶助性を重視し，保険者を仲介者に過ぎないとしているのが注目される。また，保険国営論が大きく取り上げられているのも注目できよう。なお，保険をときに「危険を除去する制度」（同 p.1）とし，ときに「危険

1）同じ出版社で加藤［1947b］『保険論（各論）』が発行されているので，両者をあわせて保険総論，保険各論としてのテキストとされるのであろう。各論では，社会保険，火災保険，盗難保険，風水害保険，海上保険，運送保険，自動車保険，信用保険，身元保証保険，ストライキ保険，農業保険，家畜保険，地震保険，傷害保険，責任保険，再保険，生命保険を取り上げ，本文の頁数は105頁である。

を除去する仕組み」（同p.34）とし，極めつけは「保険は一種の経済的仕組みまたは経済制度」（同p.16）としていることである。保険を「制度」，「仕組み」いずれに捉えるかはどちらでも良いということではなく，重要なことではないか。また，保険の機能を「危険の除去」とするが，今日風にリスクマネジメントを意識すれば，「危険の除去」ではなく「危険の移転」とされよう。なお，取り上げられている項目は，戦前のテキストにみられるもので，戦前の流れを素直に引き継いでいるといえる。

（2）加藤由作［1948］，『保険概論』新訂3版，巖松堂。

同書の初版は1946年で，上記の加藤［1947a］より前である。終戦直後の大変な時期であるが，戦後の国民生活の安定，経済の再建は保険の需要を促すとし，実際と理論とを貫く保険学の新展開を希望して書かれたものであるとする（加藤［1948］序）。第1編保険経済，第2編保険契約，第3編保険金融よりなる。

第1編第1章「保険及び保険学の意義」は，需要説に基づいて保険の意義を考察し，保険学の意義も考察する。考察対象は加藤［1947a］と同じであり，需要説に立つという点でも同じなのであるが，危険からの考察ではなく，経済的困難への対応方法を考察し，それらでは不十分であるから事後的な保険が必要になるという，今日風にいえばリスクマネジメント手段の考察といえる。しかし，「多数人の相互扶助に基づく保険が必要となって来る」（同p.2）と相互扶助制度として保険を捉えている。加藤［1947a］と異なり，保険学説の考察はない。

需要説に基づき保険を定義し，その定義文に沿って保険の意義を考察する。危険率を各自の損害可能額に乗じて保険料として拠出しなければならないとし，それが各自発生することあるべき財産上の需要を充足することから，保険を一種の協同行為制度または相互扶助制度とする。

保険学の意義では，保険学には純粋科学と目的科学または実用科学としての二つがあるとする。純粋科学としての保険学は経済単位の需要充足を目的とし，経済学，特に経営経済学の一種である。保険法学，保険数学，保険社会学，保険心理学などは保険補助学とする。目的科学としての保険学は理論体系を有さず，保険関係諸科学を保険取引の実際に役立つよう配列した学問で，保険論と称すべきとする。加藤［1947a］と同様である。

図表 2.1　加藤 [1947a] と加藤 [1948] の比較

	加藤 [1947a]		加藤 [1948]
第1章	危険の意義	第1編	保険経済
第2章	保険および保険学の意義	第1章	保険及び保険学の意義
第3章	保険の利弊	第2章	保険の利弊
第4章	保険の沿革	第3章	保険の沿革
第5章	保険経営可能の限界	第4章	保険経営可能の限界
第6章	保険の経営主義	第5章	保険の経営主義
第7章	保険の分類	第6章	保険の分類
第8章	保険料の構成	第7章	保険料の構成
第9章	保険金融	第8章	保険政策
第10章	保険政策	第2編	保険契約
第11章	保険契約	第1章	総説
		第2章	損害保険契約
		第3章	生命保険契約
		第3編	保険金融
		第1章	総説
		第2章	保険投資

（出所）加藤 [1947a, 1948] より，筆者作成。

　第2章「保険の利弊」，第3章「保険の沿革」，第4章「保険経営可能の限界」，第5章「保険の経営主義」，第6章「保険の分類」，第7章「保険料の構成」は，ほぼ加藤 [1947a] と同じ内容であるが，保険の分類が加藤 [1947a] ではわずか8頁の考察に過ぎないのに対して，加藤 [1948] では72頁へと大幅に増加している。同書は加藤 [1947a] と構成を変えただけで内容的には第1章の考察の入り方を除いてほとんど変わらないが，頁数が99頁から176頁に増えた主因は，この保険の分類の考察にある（図表2.1参照）。

（3）近藤文二 [1948]，『保険論』東洋書館。
　これまでの研究が個別経済学的＝主観学派的研究であったのに対して，これからの研究は社会経済学的＝客観学派的な行き方に注力したいとして執筆したものであるとする。
　第1章「保険の理論」は，超歴史的な範疇としての保険の考察のみのような保険理論の傾向を批判的に考察する。この傾向にはゴットル理論によるものとロールベック（Walter Rohrbeck）に代表される保険協同体理論の二つがあり，両者について考察する。特に保険の歴史性が軽視されていたことが批判され

る。保険学，保険学説・保険の本質についても考察しているといえるが，学説を全般にカバーするといったパターン化した考察ではなく，特定の理論を軸にした考察である。

第2章「保険の生成と発展」は，前章の保険学の傾向の誤りを具体的に示すために保険史を考察する。トレネリー（Charles Farley Trenerry）の説を「ギルド起源説」とし，保険の起源を相互的なギルドに還元するのは無理とする。海上保険，火災保険，生命保険について史実に基づいた考察によりその近代化が論じられ，最後に総括的な考察として，保険の近代化について考察する。近代資本主義の発展なくして保険の近代化はなく，保険は資本主義とともに生まれ，発展したとする。戦前も保険史が一つのパターン化した考察となっており，保険の近代化についても言及する文献があり，二大勅許会社の設立をもって保険の近代化とするなど皮相的な議論が多かったが，資本主義との関わりを重視したかなり本格的な考察がなされたといえる。

第3章「保険の経営と技術」は，保険経営形態と保険技術について考察するが，保険の分類も取り上げられる。保険経営形態は，個人，相互会社（大相互会社），保険国営を考察する他，営利保険と共同経済的保険という基準で分類して考察する。保険企業形態と保険経営形態を分け，あくまで前者は営利を前提とした後者の一形態とし，相互会社の保険，公営保険も企業形態をとる場合営利保険となるとしているのが興味深い。保険の分類については，若干分類基準についての考察も行われるが，財産保険と人保険という分類が便利であるとして，この分類に従って保険の種類について考察する。保険技術については，保険団体を重視した考察がなされ，「保険の団体性或いは相互性を分析することこそ，保険の技術的構造を最も手早く知る方法である」（近藤[1948]p.121）とする。保険料総額と保険金総額が一致することが重要であり，レクシスが示したとする。

第4章「資本制経済と保険」は，前章で指摘した保険技術と資本制経済の関係について考察する。保険の技術的基盤は確率にあり，大数の法則が重要であるが，単純に大数の法則が適用されているとはできず，個別保険料か平均保険料か，または，等価の原則か大数の法則かという問題があるとする。しかし，結局は「保険はすべて大数の法則を前提とし，従って，その限りにおいて平均保険料を建前とする」（同 p.139）。ところが，社会保険については依然として

問題になるとして,社会保険について考察する。社会保険は個人保険とは異なり,保険者の立場,保険者と保険加入者の経済的勢力関係を問題とせず,ひたすら保険加入者の利益のみを考えるとする。しかし,終局の利益は資本家階級の利益にあるとする。ところで,ベバリッジ報告は生存権の確立を意図しているという点で社会保険の本質転換を意味しているとするものの,それを社会主義への発展の一歩とする。保険資本の金融資本化,保険コンツェルンから保険と資本制経済のつながりを指摘する。最後に「保険と恐慌・インフレーション」について考察する。これは当時が敗戦直後の大変な時期であったため,第一次世界大戦後に悪性インフレーションに見舞われ,保険を含めて経済が大混乱したドイツと比較しつつ今後の日本の保険について考察する。企業の保険も社会保険,さらに社会保障へと保険が転化すべきであるが,こうした日本の社会主義化を簡単に許す経済情勢にもないので,その限りにおいて資本制経済の存在する余地はあり,保険企業発展の余地もあるとする。

　一貫して保険と資本主義経済との関係が重視され,これまでの保険学が歴史性がないと批判もするが,何をすれば歴史性がある保険学となるのかが理解できない。第2章で保険史を考察するが,保険の近代化のメルクマールを考察するという意義があるものの,そのことで従来の保険学の歴史性がないとする問題を克服したとはできないと考える。近代化の考察を進展させたに過ぎないのではないか。また,保険技術の考察でも資本主義との関係が重視されるが,等価原則か大数の法則かという問題も資本主義との関わりから論じておらず,あくまで技術論に終始し,資本主義との関わりは直接的には保険資本との関係でしか考察されていない。しかし,貨幣経済,交換経済,市場経済を特徴とする資本主義社会と保険との関係は,レクシスの原理一つをとってみても十分あるといえ,残念ながら資本主義社会と保険との関わりを重視しながらも,その関係に基づいた論述としては不十分である。不十分ではあるものの,この関係を重視したため,やや専門書的というか,パターン化した考察から逸脱した論争的内容を含むテキストといったものになっている。

（4）印南博吉［1950］,『保険経済』東洋書館。
　「本書は新制大学教授用として役立つことを念頭においた」（印南［1950］序文p.3）としているように,テキストとして書かれた。保険の経済的研究を行っ

2．戦後初期のテキスト

ており，これには保険全般を論ずる総論的なものと，各論的なものがあるとし，同書は前者であるとする。第1部「解説編」，第2部「論説編」に分けられる。第1部「解説編」第1章「保険の意義」は，保険の定義を行い，保険の要件を導き出し，それに基づき保険可能の範囲について考察し，保険類似制度の考察にも言及する。また，保険の二大原則についても考察する。

第2章「保険の分類」は，保険の分類の考察である。通常みられる様々な基準に基づく分類は行わず，保険の要件に応じた分類を行う。保険の要件に応じた分類という点で体系的分類を指向しているといえるが，中身自体は通常の様々な分類が要件ごとに整理されたに過ぎず，何のためにそのような分類を行おうとしているのかが理解できない。理論的な洗練さを追求しただけか。

第3章「保険の効用」は，保険の加入者に対する効用，社会経済的効用を考察する。前者は経済準備，信用の増進，後者は金融的作用をあげる。

第4章「保険の経営」は，経営主体，募集，保険契約，責任準備金およびその運用（保険金融），保険金の支払いの考察を行う。

第5章「経営の成果」は，経営効率を重視しながら，経営の成果について考察する。保険利潤は保険収益と投資収益，経費収益，その他の収益よりなるそれ以外の収益であるとする。業績を分析するポイントも整理する。

第6章「保険と景気」は，保険に対する景気変動の影響と景気変動の影響に対する保険の影響を考察する。貨幣価値の変動の影響についても考察する。

第2部「論説編」第7章「保険の個別経済的把握」は，保険本質論の考察である。ワグナーの損害塡補説が節目の学説といえるが，自家保険が含まれるという難があり，その後，ゴッビの入用充足説が注目され，マーネスが支持したことにより世界的に有名になったとする。わが国では，志田が1913年に初めて紹介した。入用充足説に対しては，経済生活確保説を提唱したフプカの批判があり，小島，近藤はこの批判を支持する。そこで，志田と小島，近藤において論争があったが，これは入用充足説対経済生活確保説の論争といえよう[2]。印南も本章で経済生活確保説を批判する。最後に白杉三郎の稼得確保説も批判する。これまでの保険学説を総花的に捉えるのではなく，入用充足説支持を軸とした考察である。

2）印南［1950］では，この論争の中心的な文献が紹介されている（印南［1950］p.130 註）。

第8章「保険の社会経済的把握」は，加入者の立場に立った保険本質論ではなく，保険施設的立場＝社会経済的立場から保険の本質を考察する。ここでは，マルクス（Karl Marx）の見解，酒井正三郎の蓄積原理説を取り上げ，蓄積原理に代わり「保証貯蔵」の概念を提示する。

第9章「保証貯蔵としての保険」は，前章で提示した保証貯蔵の概念を使って保険を把握する。保険と国民経済構造との相関関係を歴史的に捉え，また，国民経済機構内における保険の役割を捉えることになるとする。

第10章「保険と金融」は，保険金融説について考察する。保険金融説に関する先行研究を整理しつつ，批判を加える。その核心は，金融の捉え方が重要であり，あまりに金融を広く捉えて保険金融説を展開しているとする。

第11章「保険の礼讃と批判」は，保険に対する礼讃と批判について考察する。礼讃については，モーブレイ（Albert Henry Mowbray）の見解を取り上げて検討する。批判は，生命保険，火災保険について取り上げるが，なぜこの二種類に限られるかが理解できない。

第12章「保険事業と社会化問題」は，社会環境への適応のための保険事業の改善について考察する。経済的社会的方面に関する改善の方途を保険事業の社会化とする。しかし，保険事業の社会化を資本主義的諸条件の存在が阻み，社会体制が大きな制約を加えているとする。

第13章「社会保険の性格」は，社会保険について考察する。保険は資本主義の産物であるのみならず資本主義的な性格によって貫かれるが，社会保険はこうした普通保険に対して否定的性質を有し，保険主義と扶養主義が対立している。それは，普通保険を止揚したものとはいえないが，著しい進化を示すとする。

第14章「社会保障の登場」は，社会保障について考察する。社会保障と社会保険を区別するか否かについて見解が一致していないとしつつも，社会保険は社会保障の中において中心的重要性を持つべきものとされるのが普通であるとする。社会主義がかなり意識され，最後はソ連の状況を考察する。

第1編は水準もあまり高くなく教科書といえるが，第2編は水準も高くなり，内容的にやや専門書の色彩を帯びている。著者は経済準備説提唱者として夙に有名であるが，その前段階ともいえる保証貯蔵説が提唱されているのが注目される。

1954年に改訂版（印南［1954］）が発行されている。第12章が「保険事業と社会化問題」から「組合保険の問題」に変更された他は大きな改訂はない。組合保険問題を取り上げたのは保険事業をめぐって少なからず関心の的となっているからとするが、保険事業の社会化問題を削除した理由は明記されていない。

さらに、1967年に新訂版（印南［1967］）が発行されている。第1部、2部という大きな区分けがなくなり、14章構成が13章構成となっている（図表2.2参照）。

図表2.2　印南『保険経済』の構成

印南［1950］	印南［1954］改訂版	印南［1967］新訂版
第1部　解説編	第1部　解説編	
第1章　保険の意義	第1章　保険の意義	第1章　保険とは何か
第2章　保険の分類	第2章　保険の分類	第2章　保険の分類
第3章　保険の効用	第3章　保険の効用	第3章　保険の効用
第4章　保険の経営	第4章　保険の経営	第4章　保険の経営
第5章　経営の成果	第5章　経営の成果	第5章　保険と景気
第6章　保険と景気	第6章　保険と景気	第6章　保険の個別経済的把握
第2部　論説編	第2部　論説編	第7章　保険の社会経済的把握
第7章　保険の個別経済的把握	第7章　保険の個別経済的把握	第8章　経済準備としての保険
第8章　保険の社会経済的把握	第8章　保険の社会経済的把握	第9章　保険と金融
第9章　保証貯蔵としての保険	第9章　保証貯蔵としての保険	第10章　保険の礼讃と批判
第10章　保険と金融	第10章　保険と金融	第11章　組合保険の問題
第11章　保険の礼讃と批判	第11章　保険の礼讃と批判	第12章　社会保険の性格
第12章　保険事業と社会化問題	第12章　組合保険の問題	第13章　社会保障の登場
第13章　社会保険の性格	第13章　社会保険の性格	
第14章　社会保障の登場	第14章　社会保障の登場	

（出所）印南［1950, 1954, 1967］により、筆者作成。

主な変更点は、第1章の章タイトルの変更、第5章の「経営の成果」の削除、「保証貯蔵としての保険」（印南［1950, 1954］第9章）を「経済準備としての保険」に変更していることである。変更点は、1956年に大著『保険の本質』（印南［1956］）を発行して、独自の保険学説「経済準備説」を提唱したことを受けたことに関連している。第1章はタイトルが変更されたものの、保険の定義、保険の要件、保険可能の範囲とその拡張、保険類似の施設という考察内容に変更はない。しかし、保険の定義においては、それまで志田［1927］の定義によっ

ていたのを次の定義文に変更している。

　保険事業とは，一定の偶然事実に対する経済準備を設定する目的に対し，多数の経済体を集め，確率計算に基づく公平な分担を課すことにより，最も安価な手段を提供する施設である。(印南 [1967] p.1)

　これは『保険の本質』の経済準備説の定義文を修正したものである[3]。したがって，経済準備説の定義に基づいて考察を行うという変更がなされている。変更がなされるが，定義文から保険の要件を導き出し，保険の要件の考察以下の論旨の展開は変わらない。ただし，定義文を修正したことによって，「一定の入用を予定すること」という要件が「経済準備設定の安価な手段を提供すること」に修正されている。入用充足説から経済準備説への変更に伴う当然の修正である。同様に経済準備説に立つことから第9章「保証貯蔵としての保険」が第8章「経済準備としての保険」に変更されたのであろう。

　本章では，「公平な負担」のところで印南 [1950, 1954] と同様に保険の原理について解説する。これまで「給付反対給付均等の原理」(印南 [1950] p.21, [1954] p.9)，「収支相等の原理」(印南 [1954] p.9) としていたのを「給付反対給付均等の原則」，「収支相等の原則」に修正している。また，印南 [1950] では「収支相等の原理」という名称さえ指摘せずに，$nP = rZ$ を「保険団体の自足性」と名づけるとしたが，印南 [1954] では「保険における『収支相等の原理』と呼ばれているのであるが，私はこれを保険団体の自足性と名づけている」(印南 [1954] p.9) とする。それが新訂版では「収支相等の原則 (Äquivalenzprinzip) とよぶ」(印南 [1967] p.6) としており，$nP = rZ$ という式に関して「保険団体の自足性」という名称は削除されている。以上から，『保険経済』に関していえば，新訂版において「給付反対給付均等の原則」，「収支相等の原則」という名称が確定したといえよう。なお，「経営の成果」を削除した理由は明記されていない。

　印南には他に，印南 [1952] がある。

---

　3) この修正および経済準備説については，小川 [2008] pp.23-27 を参照されたい。

2．戦後初期のテキスト

（5）印南博吉［1952］，『保険論』三笠書房。

同書は，印南［1941a］とまったく無関係に執筆したとするが，保険企業を中心とする経営学的考察に重きを置いているとする。

第1章，第2章で保険に関する予備知識を得るための考察がなされる。第1章「保険の原理」は，保険の二大原則を中心とした考察がなされる。保険料をP，保険金をZ，加入者の数が非常に大きいnであるときは，$n \times \frac{r}{n} = r$ すなわちr人であることがほぼ確実であるので

$$nP = rZ$$

となる。その保険料を

$$P = \frac{r}{n} Z$$

と算定すればよいとする。$\frac{r}{n}$ を事後確率の定理に基づいて先験的確率と見做し，ドイツ語で確率をWahrscheinlichkeitというので $\frac{r}{n}$ の代わりにwをもってするならば，

$$P = wZ$$

という式になる。これはレクシスが示した式であり，「給付反対給付均等の原理」と名づけられた。$nP = rZ$ が「収支相等の原則」であり，レクシスの原理「給付反対給付均等の原理」を収支相等の原則と混同した見解が多かったとする。そして，両者が表裏の関係にあることを強調する。なお，著者は「収支相等の原則」を「保険団体の自足性」または「保険団体自足の原理」と呼んでいるとする。

保険の本質を極めて重視し，保険学説の考察や保険本質論の考察を行うことが多い印南が，同書では保険本質論的な事柄を二大原則による保険の把握で置き換えたような論述になっている。したがって，二大原則の枠組みの提示に主眼が置かれていると思われ，そのことによって二大原則による保険の把握がより鮮明となっている。この点において，同書で二大原則による保険の把握が確立したといっても過言ではないのではないか。

第2章「保険の経営形態」は，保険の経営形態について考察する。まず，保険団体の自足性から保険者は保険団体の事業仲介人にほかならないので，資本金を必要としないにもかかわらず，営利保険が多い理由を考える。保険経営形態を大きく営利保険形態，非営利保険形態に分け，前者は保険団体以外の主体が経営する他律的形式であるが，後者は自律的形式の保険相互組合，保険協同

組合，保険相互会社と他律的な国家や公共団体経営があるとする。考察は，初期保険形態，保険相互会社，保険株式会社で行う。

第3章「保険の経営及び組織」は，保険会社の組織を内部組織，外部組織に分けて考察する。また，保険料の等級別化，リスクの制限など組織論以外の問題も考察する。

第4章から第6章までは保険企業の経営分析を行っており，「生命保険及び損害保険の双方に亙って全面的経営分析を取り扱った文献としては，恐らく本書が最初のものと言い得るであろう」（印南［1952］序文 p. I）とする。「全面的経営分析」ということであるが，単純な財務諸表分析といえる。第4章「保険企業の財産構成」は保険会社の貸借対照表の借方・資産の分析，第5章「保険企業の資本構成」は貸借対照表の貸方・負債，資本の分析，第6章「保険企業の損益とその分析」は損益計算書の分析である。

第7章「保険企業の経営効率」は，保険契約関係，リスク関係，事業費関係，投資関係に大別して考察する。

第8章「保険における需要供給関係」は，保険の需要と供給の関係および保険料の動きとの相互作用を考察する。保険の価格は供給価格に従って定まり，需要が売上高を決定する。火災保険と生命保険について考察し，前者は需要の価格弾力性が小さく，後者は大きいというように，需要の構成と弾力性が保険の種類によって根本的に異なるとする。

『保険論』というタイトルの書物であるが，印南［1941a］『保険経営経済学』以上に保険経営学的書物といえる。なお，印南［1950］とは逆に $nP = rZ$ から $P = wZ$ を求める説明となっており，また大数の法則との関係も丁寧に説明され，「給付反対給付均等の原理」と「原則」ではなく「原理」となっているが，二大原則による保険原理の説明が印南［1950］から発展し，同書で確立したといえるのではないか。

（6）佐波宣平［1951］，『保険学講案』有斐閣。

同書は「保険論」の講義のノートなので，保険論のテキストといえよう。「きらわれる保険学」を「すかれる保険学」に書き換えようとしたとのことである。同書は2編構成で第1編「原理」，第2編「数理」であるが，好かれる保険学のために数理に相当なものが払われているとする。

序説では，保険は個人が独立した近世以後の社会制度である点を強調する。そのような社会は，個人が独立しながら社会全体と密接に関連しており，大数法則に依拠する保険に適合するとする。保険では一定の与件の下に成立する平均の法則が決定的に重要性を持つとする。したがって，基本的な原則が収支相等の原則という静態的なものとされる。従来の研究は保険を平面的に単なる技術的構成としてのみ捉え，保険が現段階において持つ社会経済的，歴史的意味を不当に等閑視しているとする。従来の保険学に対して批判的であり，動態的にも研究すべきとする。同書では，混乱を避けるために，動態的研究と静態的研究を区別して取り扱う。

第1編「原理」第1章「保険の成立と発展」は，保険史の考察である。古代は社会自体が保障していたとする。冒険貸借に始まる海上保険の流れや中世ギルドの流れなどを考察し，現代的保険の技術的特徴は合理的保険料率制度と共通準備財産制度とにあるが，現代的保険に高まるには資本主義経済の発展という客観的基盤の成熟が必要とする。また，保険はむしろ保険契約者相互間の団体であって，保険者は本質的には保険契約者の受託者または管理者に過ぎない（佐波［1951］p.34）としているのが注目される。最後に社会保険について考察する。社会保険は，独占資本主義段階で成立し，行き着くところはそれを超えて社会保障であるとする。個人保険は原則として人間を危険から守る仕方ではない，危険はそこでは原則上個々人のものとして独立せず，社会全体の危険としてあるのみとし，当時の社会主義の急速な発展を背景として，個人保険に悲観的である。

第2章「保険の概念」は，保険の本質の考察を行う。社会的概念，経済的概念に分けて考察する。社会的概念では，社会を共同社会，利益社会の二つに分け，保険は利益社会のものであるとする。経済的概念では，「保険学者の頭数ほど保険の経済的定義があるといっても過言ではないほどである」（同 p.42）とする。そして，保険学説を一々列挙し，一々批判していくという仕方や保険本質論争に否定的で，「このように手のこんだおびただしい詮議だてを経て最後に下される概念規定よりも，むしろ，1950年代の吾々の良識が頭にうかべる『保険』の方がどれだけ生々しい内容をもっているか知れない」（同 p.43）とする。直観から，保険を人々を危険から確保する経済制度とし，保険の対象である危険の説明，保険による危険からの確保の仕方を考察する。保険の定義，

解釈に否定的なはずなのに，行っていることは定義文，要件の解説と批判する従来の保険学のパターン化した考察である。

第3章「保険の機能」は，本来的機能，付随的機能に分けて保険の機能を考察する。保険本来の機能は消極的であり，保険は埋め合わせの経済であるとする。ただし，埋め合わせは過去的ではなく，未来的意味に解さなくてはならない。保険料積立金から生じる金融資本機能を付随的機能とする。貯蓄機能も付随的機能とする。

第4章「保険の需要と供給」は，保険の経済学的考察がなされる。保険需要は社会性・客観性を有する一方，また，派生性・個別性を有するとする。社会性・客観性，派生性・個別性との関係は，時と場合によっていずれかに傾くので需要の弾力性が問題になるとする。価格，所得の需要弾力性を考察する。保険供給についても弾力性を考察し，保険，銀行の場合は，固定資本比率が比較的小さいので，供給の弾力性は比較的大とする。しかし，銀行はある限界量を超えると資金の需給量に食い違いを生じるが，保険は需要が同時に供給を本質的に構成するので銀行と異なり，保険においては供給の弾力性は極めて大であるとする。

第5章「保険料」は，価格としての保険料を考察する。貨幣の重要性を強調し，収支相等の原則がもっとも重要な原則であるとする（同 p.97）。貨幣の価値尺度機能なくしては，収支相等の原則の達成は困難であるとする。保険料の価値形成問題を取り上げ，保険料を費用と見做す。また，需要の増加は大数の法則の適用を通じてかえって保険料を低下に導くので，保険料は一般商品の場合とかなり異なる価値形成原則をとるとする。ただし，これが当てはまるのは純保険料であって付加保険料には一般商品市場の価格形成原理が当てはまるとしつつ，「学問上本質的なのは純保険料であって付加保険料ではない」（同 p.113）とする。

第6章「保険者の組織」は，保険経営形態について考察する。相互会社組織，協同組合組織，株式会社組織，個人企業組織，国家企業組織に分けて考察する。本章で保険の相互扶助性が明確に否定される（同 pp.125-126）。

第7章「保険市場組織」は，共同保険，再保険を考察する。保険経営組織を考察した第6章に対して保険市場の組織について考察する。共同保険は同時並立的で危険の分割を目的とし，再保険は先後継起的で危険の転嫁を目的とし

た。歴史的な考察が中心で，再保険はバッド・リスクの転嫁のために発生したが，共同保険に接近し，ついに並立に変容するとする。

第8章「保険の分類」は，保険の分類を行うが，保険を概念するのに対象（危険）と方法（組織）とによったので保険の分類を両者によるとする。対象による分類として，個人保険・社会保険，企業保険・家計保険，人保険・物保険，生命保険・火災保険・海上保険などをあげる。方法による分類として，営利保険・非営利保険，民営保険・公営保険，単数保険者保険・複数保険者保険，個別的任意保険・一般的義務的保険をあげる。

第9章「社会保険と社会保障」は，社会保険と社会保障について考察する。社会保険を社会政策に奉仕する保険とし，正真正銘の保険ではないとする。社会保険は比喩的に保険といえるが，社会保障は公的扶助という保険といえないものを含むとする。通常社会保障は社会保険，公的扶助，公衆衛生，社会福祉などの諸制度を包括的に含むが，社会保険を除いて特に公的扶助を取り上げている。

「補論」で，中世から近世への移行によって社会に放り出された人間の危険に保険は「非社会化の社会化」によって対応する組織とする。こうして保険は生成し，近代以降は個人の部分的否定によって保険が変容し，社会保険が登場するとする。

第2編は「数理」である。第1章「概説」は，保険数理の入門的解説がなされる。保険数理に関する研究を（1）保険料率計算基礎の算定，（2）保険料率の算出，（3）責任準備金の吟味，（4）事業損益の原因別分析とする。第2章以下で，これらのことを詳述する。各章は次のとおりである。第2章「予定利率」，第3章「死亡生残表」，第4章「純保険料」，第5章「営業保険料」，第6章「責任準備金」，第7章「事業損益」である。

前述のとおり，「きらわれる保険学」を「すかれる保険学」に書き換えようとしたとのことであり，そのために数理に相当のものを払ったとする。多数の学生が原理から数理に入って初めて保険の構造の面白さがわかってくるとするが，数理は所詮技術論に過ぎず保険の構造を理解することはできないのではないか。「数理のない保険学は如何にも量感に乏しい」（同序文p.3）とはいえるが，保険が社会経済においてどのような構造をもってどのような機能を果たしているかを考察することが保険学の主題で，その補助学問の一つに保険数学がある

のではないか。「すかれる保険学」への書き換えにも，どの程度成功しているのか，疑問である[4]。

（7）白杉三郎［1954］,『保険学総論』再訂版，千倉書房。
　同書は大学における講義を基礎にして書かれたものとするので，テキストといえよう。内容的には保険の総合的研究とするが，それは保険を経済学の一分科として捉える見解を否定した保険学の根本的見解によるとする。保険学の体系が意識されているという点で，筆者（小川）の問題意識と重なる。パターン化した考察を分かり易く行うのがテキストではなく，そこには保険学の体系が反映されなければならないと考える。
　第1章「保険学」は，保険学についての著者の立場を明らかにする。保険学の概念について，集合科学とみるもの，保険経済学とみるもの，保険経営学とみるものの三つの立場があるとする。集合科学は技術論に過ぎず，保険経済学については小島昌太郎の見解を取り上げ，実践的科学を認めない小島の見解を批判し，経営学は経済学に取り代わるものではなく，経済学の方法であって，体系ではないとする。保険学は，理論，政策，歴史から構成され，保険経済学と保険経営学からなるとする。保険法学，保険数学などは保険経営学の技術的補助学とする。このような保険学は，保険全般に通じる研究を総括した保険学総論と保険の各部門を研究する保険学各論に分かれるとする。
　第2章「保険の概念」は，保険の本質を考察する。保険は，予防，鎮圧策の後に，また，これと相まって，偶然的事件に対処する方法であるとする。そして，保険を次のように定義する。

　保険とは，一定の偶然的事件に対して，財産の形成を確保するため，多数の経済単位が集合し，合理的な計算の基礎に基づいて，この目的達成のために必要な資金を分担醵出する経済制度である。（白杉［1954］p.15）

　定義文から，1．一定の偶然的事件，2．財産形成の確保，3．多数経済の集合，4．合理的計算に基づく醵金，5．経済的制度の要件（要素）を導き，

　4）時代が違うということになるかもしれないが，親しみ易いテキストを指向した米山［2008］では，極力数理的なことを身近なことに置き換えて説明している。

それぞれについて考察するという，典型的なパターンの考察がなされる。

　この定義の特徴は，保険の目的を財産形成の確保に求めていることである。「保険の純技術的，数理的考察は，保険の本質を十分に明らかにすることができない」（同 p.23）とし，また，財産形成の確保は「経済生活の確保というような抽象的，普遍的な概念と異なり，保険の歴史性をいい表わすのに適当であろう」（同 p.24）とする。多数経済の集合については，保険の相互性を重視し，それはもっぱら技術的なもので倫理的なものではないとし，結合の仕方として直接の結合，間接の結合をあげる。なお，醸出に関して，脚注ではあるが「給付反対給付均等の原則」に言及し，Lexis［1909］，印南［1951］を参考文献に掲げる。また，本文中で危険集団の収入と支出が均衡することを「収支均等の原則」とする。そして，総保険料を P，総保険金額を S とすると，P の S に対する割合は保険料率 $p=\dfrac{P}{S}$ で，個々の保険加入者が払う保険料 C は C=p・X とする。保険料は保険金額の数学的期望値に等しいとする。このような二大原則的考察がなされる。続いて本章では保険類似施設の考察が行われ，自家保険，貯蓄，保証，賭博，無尽，相互救済または共済，社会救済または社会扶助を取り上げる。

　第3章「保険の本質に関する学説」は，保険学説の考察であるが，学説史的に取り扱わず，損害説とそれ以外の学説という便宜的分類に基づき考察する。損害説が最も古い保険学説であり，その古い形態は損害填補説である。海上保険・損害保険として登場した保険は，損害填補説で把握できたが，生命保険が登場すると損害填補概念での把握が困難となり，生命保険の保険性を否認する生命保険否認説が登場した。しかし，生命保険も保険に含めようとするものは損害概念を広く解して生命保険も含めようとし，損害分担説が登場した。これは生存保険の説明ができず，損害保険と生命保険の統一的定義を放棄する統一不能説が登場した。これでは保険の本質把握が不十分であるから，損害概念を離れた統一説が登場する。保険の特徴を保険料と危険の等価性をもたらす技術面に求める技術的特徴説が登場した。しかし，技術にだけ着目すると射倖行為なども保険に含まれてしまう。その他，貯蓄説，財産形成説，偶発的欲望説，入用説，経済生活確保説，経済生活平均説，金融説について考察する。最後に，保険の原型は損害保険であって，生命保険，社会保険はその発展形態である，定義はある意味便宜的であるなどの指摘を行い，自身の説の財産形成説の妥当

性について述べる。

　第4章「保険の形態」は，保険の分類と種類を考察する。多くの文献が「種類」と称して分類の考察を行っており，分類と種類が使い分けられていないが，同書では「保険の種類とは，実際に行われる保険の部門のことをいう」（同p.70）として，使い分ける。もっとも，この説明では分類と種類の違いが判然とせず，種類は「或る程度慣例で決まる」（同p.70）とする。

　様々な分類について考察したあと，「保険は，種々の観点から分類せられるが，保険全体を組織的に分類することは，すこぶる困難である」（同p.75）としつつも，保険の目的ないし機能に着目し，図表2.3のような体系的な保険の分類を試みる。

図表2.3　白杉［1954］の保険の分類

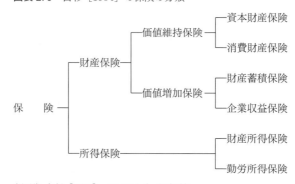

（出所）白杉［1954］p.76の図（一部省略）。

　続いて，保険の種類として個別具体的な様々な保険の考察を行う。

　第5章「保険可能の範囲」は，保険可能性の限界を論じる。この研究題目は1906年第5回国際アクチュアリー会議において論議されて以来学者の注目を引くに至ったとし，消極的には保険可能性の限界を論じるが，積極的には保険を組織すべき原理の考察となり，したがって，保険の経営ならびに保険政策の問題に多大な関係を持つとする。保険可能の条件を技術的条件と経済的条件とする。前者は，危険の測定が可能，数学的危険が小さい，事前の認定が可能，後者は，過小な危険，稀有なる危険，多数の人々が一般に感じる危険，多数の人が同時に感じるまたは同じ程度に発生する危険ではない，とする。

　第6章「保険の生成および発展」は，保険史の考察である。保険の起源につ

いては諸説に分かれるとし，共同海損説，海上貸借説，コムメンダ説，家族団体説を取り上げ，海上貸借説を通説とする。海上保険が保険の最古の形態であるとともに，保険法の母体をなしたとする。海上保険は14世紀に生成したとみられるが，多数の加入者を集合して合理的な保険料率を算定する基礎が確立していなかったので，現代の保険と区別して「原始的保険」と称されるべきものとする。海上保険は，営利に基づき冒険貸借，原始的保険，現代的保険まで一元的な発展を遂げたのに対して，火災保険，生命保険は種々の制度から多元的に発展したとする。生命保険については，ギルドの流れで説明をし，17～18世紀の死亡表の作成，数学，自然科学的研究の発達による保険技術の発達が取り上げられる。火災保険は，公営保険の流れをくむドイツの発展，ロンドン大火を契機として営利的に発展したイギリスの発展を取り上げ，「両国の経済的事情および国民性の相違を反映するものとして，興味のある事柄である」(同 p.111) とする。これらはいずれも原始的保険であって，現代的保険が成立するのは18世紀，イギリスにおいてであるとする。1720年の二大保険会社への独占的営業を認めた法律は，個人保険業の営業は認めたので，ロイズでの個人保険営業は禁止されることなく，かえって二大保険会社への対抗から様々な改善を行い，発展することとなり，ロイズが現代的海上保険として登場したとする。火災保険は，二大保険会社が火災保険業へ参入したことによる競争により，合理的な料率を算出する域に達したとする。現代的生命保険は，1762年のEquitable社の設立に始まるとする。保険の近代化に二大保険会社が重視されている。海上保険前史が詳しく述べられ，テキストにおける保険史としては非常に充実している。

　第7章「保険と経済」は，保険の経済機能について考察する。企業と家計に分け，企業に対しては，資本の維持，収益の確保に役立ち，企業活動を助長するとする。家計に対しては，消費財産の維持，勤労所得の確保，消費生活の安定の作用を持つとする。続いて，「保険と社会経済」として，生産，流通の観点から考察する。生産との関係では，資本の循環の撹乱防止，労働力の再生産，資本形成とする。資本形成は，簡単な保険金融論の考察でもある。流通との関係では，価格形成，賃金形成，利潤，富の分配，保険企業の利潤が考察される。企業と家計の考察がミクロ経済的な考察，社会経済の考察がマクロ経済的な考察といえよう。

第8章「保険の組織」は，保険経営形態の考察と保険における結合・共同を考察する。保険の目的とするところを実行するための施設を保険経営とし，その形態としては，経営主体によって私営保険と公営保険，経営主義によって営利保険と非営利保険とに分かれ，二つの区分は平行するものではなく交錯するとする。論理上の不整を忍べば，実際に重要な経営形態は公営保険，営利保険，相互保険の三つとなるとする。具体的には，次の分類で考察を進める。

図表2.4　白杉［1954］の保険経営形態

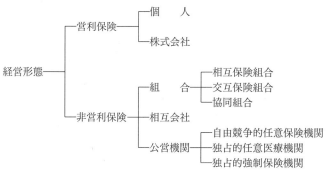

（出所）白杉［1954］pp.140-149より，筆者作成。

現代的保険の特徴である確定保険料主義は株式会社の本質から生まれたものである，相互組合は賦課方式方法をとっていることが多いので原始的保険の域を脱しない，交互保険組合は相互保険とロイズ保険の中間的性質である，相互保険は確定保険料主義をとる協同組合保険の未発達の形態である，現代的相互保険は資本主義経済の産物である，などの指摘が注目される。

第9章「保険経営」は，保険経営について考察する。保険経営学について一瞥して，保険経営の特徴を指摘する。続いて，保険実践の合理性の原理とする保険経営の原則を，危険大量の原則，危険同質性の原則，保険料適性の原則，危険分散の原則，保険給付適性の原則，投資多様化の原則に分けて考察する。保険料適性の原則は，保険経営の中心問題であり，保険料は相当で，公正でなければならないとする。相当な保険料とは，営業保険料ベースで相当の利潤を残す保険料で「収支均等の原則」に従うものとする。公正な保険料とは危険率に応じた保険料で，「保険料個別化の原則」に従ったものであるとする。両要

件は究極的には一つのものとする。給付・反対給付均等の原則と収支相等の原則の考察と同様な考察であるが，大数の法則に言及しないので，究極的に一つになるという意味が理解しがたい。また，「レクシスの原理」，「給付・反対給付均等の原則」などの用語ではなく，「保険料個別化の原則」としているのが注目される。

第10章「保険経営の基礎」は，危険処理を中心にして保険経営の技術的基礎について考察する。保険者の危険として，約款上の危険，技術的危険，企業者としての危険の三つがあるとする。この危険の態様から，保険経営の業務を危険の確定，保険料の計算，経営の安全性，保険給付，財産の運用に分けて考察する。経営の安全性で，再保険，共同保険が取り上げられる。

第11章「保険の経理」は，保険会計について考察する。損益計算と財産計算について考察する。損益計算では，損益計算書が利益，損失の代わりに収入，支出となり，技術的準備金が損益計算書の両側に現れるという特異性があるが，伝統や規定によるもので理論的根拠はほとんどないとしているのが興味深い。貸借対照表でも，通常と逆に負債の確定が重大な問題になるとする。実際の経営では経理が軽視されがちであるが，事業経営上の諸統計に基づいて，営業全体の統制に及ぶべきものとする。

第12章「保険政策」は，保険政策について考察する。保険政策を経済政策の一部で，国家が国民経済の立場から保険制度の形成に対してとる方策とする。保険政策を私営保険政策，公営保険政策に分ける。前者は私営保険事業，保険契約への国家的規制を主たる内容とする。後者は保険公営（国営）を中心とする。

同書は高い評価を得ているように，理論，歴史，政策が体系的に論じられている。しかし，総合的研究という立場に立つとするが，標準的なテキストといった感じで，それがどう反映しているのかよく分からない。総合的研究を重視する場合，保険法学や保険数学を含むことが多いが，これらが含まれない分，総合的研究と逆の様相を呈する。

（8）園幹治［1954］，『保険学』泉文堂。

序において，園［1942］では明示されなかった保険学について明確に述べている。保険学を集合科学とする考えを明確に否定し，「保険学は経済学の知識

を以て1つの体系に組織せられるべきもの」(園 [1954] 序 p.1) とする。その体系は，図表 2.5 のとおりである。庭田範秋の先行研究と思われる。

そして，理論経済学として，少なくとも，保険の本質，保険の種類，保険の発達，保険の組織，保険の経営の諸章から構成されるべきとするが，これらの項目の多くはこれまでの考察からパターン化した考察として指摘できよう。なお，この構成が同書の構成でもある。

図表 2.5　園 [1954] の保険学の体系

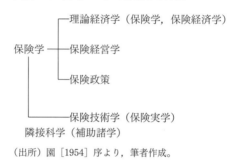

(出所) 園 [1954] 序より，筆者作成。

第1章「保険の本質」は，保険本質論の他に保険の限界，保険類似制度の考察をする。経済生活について根底から遡る考察をし，経済生活の中で保険の必要性を明らかにして，経済不安に対する予防策，対抗策，善後策という三つの策の善後策になるとする。そして，保険を次のように定義する。

　保険とは，偶然の事件に原因する経済不安に対する善後策で，経済の安定を図るに必要な手段を，合理的に算定せられた醵出を以て，多数の経済主体が共同して，相互に調達する経済施設である。(同 p.17)

この定義から，保険の要件として，(1) 偶然の事件に原因する経済不安，(2) 経済の安定を図る善後策，(3) 合理的に算定せられた醵出，(4) 多数の経済主体の共同・相互，(5) 経済安定手段を調達する経済施設を導き出し，それぞれについて考察する。つづいて，保険の限界 (総括的限界，技術上の限界，経営上の限界)，保険類似制度 (貯蓄，無尽・頼母子，賭博・富籤，慈善，共済施設，自家保険，保証)，保険学説の考察を行う。保険学説については，図表 2.6

のように捉えている。なお，この捉え方は園［1942］とは異なる。

園［1942］では，定義文に「相互主義の金融施設」という表現が出ていたが，同書ではみられず，保険事故に遭遇しない限り経済主体は醵出するだけでその醵出は他の経済主体に利用され，これを相互主義というとする（園［1954］p.33）。一方，経済主体の結集には直接の結合と間接の結合があるとする。しかし，いずれにしても経済主体が意識して結集するわけではないとする。意識とは関係なしに保険団体の形成が相互主義的機能を果たしているようである。園［1942］で前面に出ていた相互主義という用語が背後に押しやられたといえるが，「一人は万人のために万人は一人のために」という言葉がたびたび登場し，第3章では「協同相互の精神の存在しないところには保険は成立しがたい」（同p.131）としていることから，相互主義重視に変わりはないようである。

なお，「Ⅲ 合理的拠出」のところで，レクシスの名前に触れつつ P=wZ から $w = \frac{r}{n}$ と置き nP=rZ とする二大原則による説明があり，しかも後者を「保険団体の自足性と名づける者」ありとする（同 p.28）。印南による二大原則的把握がかなり浸透していたことを示すといえよう。ただし，この前段で給付・反

図表 2.6 園［1954］における保険学説

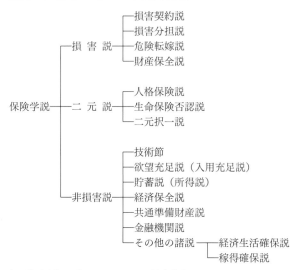

（出所）園［1954］pp.53-54 より，筆者作成。

対給付均等の原則（Das Prinzip der Gleichheit von Leistung und Gegenleistung）または給付・反対給付予定比例の原則（Grundsatz der erwartungsgemässen Proportionalität von Leistung und Gegenleistung）を総額ベースで把握しているので（同p.17），1954年には印南によってレクシスの原理の個別取引ベースの把握，二大原則的な保険の把握は確立していたと思われるので，これらの点についてなぜ混乱がみられるのかわからない。

　第2章「保険の種類」は，保険の分類の考察である。本来保険に限らず事物を分類する場合，科学的ないし論理的な分類基準でなければならず，そのような保険の分類基準として図表2.7のような分類をあげる。これに対して，各国の法律が採用している分類を通俗的分類として取り上げている。園［1942］でも科学的分類，非科学的分類といった指摘がみられたが，具体的分類基準が通説から逸脱していたり，全般的な考察の意図が理解しがたかったが，同書ではかなり改善されている。また，様々な保険を網羅的に取り上げている。ただし，加入目的を基準に家計保険，企業保険とに分けるといった問題のある分類がある。

　第3章「保険の発達」は，保険の歴史を考察する。保険制度は相互扶助，隣保共同の精神と同じように古くより存在したとみるのは誤りで，保険は個人主義，営利主義を原則とする社会，すなわち資本主義社会において初めて生成し，発展したとし，18世紀前後に真の意味における保険＝現代保険がイギリスにおいて現れたとする。保険前史，保険生成期，保険の勃興期に時代区分して考

図表2.7　園［1954］の保険の分類

分類基準	分類
危険の対象（保険事件の発生する客体）	物保険・人保険
経営主体	公営保険・民営保険
経営の動機	営利保険・非営利保険
加入動機	強制（加入）保険・任意（加入）保険
加入目的	家計保険・企業保険
給付の目的	損害保険・定額保険
給付の手段	現物保険・金銭保険・役務保険
給付方法	一時金保険・年金保険
責任の転嫁	元受保険・再保険
責任の所在	社会保険・普通保険

（出所）園［1942］p.88より，筆者作成。

察する．海上保険，火災保険，生命保険といった保険種目別，主要な欧米諸国，わが国の国別の保険史も考察され，この点で充実しているといえるが，現代保険が18世紀前後のイギリスに現れたとしながら，その理由や現代保険のメルクマールについて何ら指摘されない．

　第4章「保険の組織」は，保険の経営主体の考察を行うが，保険料，責任準備金についても考察する．個人保険業者，組合，会社，公営に分けて考察する．

　第5章「保険の経営」は，保険経営というタイトルとなっているが，第1節，第2節は保険契約法，保険業法などの保険法的な考察である．第3節以下で，経営原則，経営組織などを考察する．「第3節V」では，わが国の保険史的な記述で，各社の合併の歴史についても整理している．

　同書においても，保険の二大原則的把握がこの頃には定着していたことがうかがわれる．

（9）大林良一［1960］，『保険理論』春秋社．

　わが国の保険一般に関する従来の著作にはアカデミックなものも少なくないが，その内容は概して保険自体の理論を対象としないで，むしろ保険の外延に関する研究が主軸であったが，保険の外延の理論を構成するためにも，経済的必要，危険，保険料，再保険などの保険自体の機構の理論に通ずることが前提であるとして，わが国の保険学が保険固有の理論の研究に向かうための入門書として同書を公刊したとする（大林［1960］序）．後の保険学における一般性と特殊性の議論の出発点となる問題提起といえよう．

　第1章「保険の歴史」は，保険史の考察である．14世紀の後半に海上保険として近代的保険が始まったとするが，原始的保険という用語も登場するものの近代保険のメルクマールを何に求めるか判然とせず，保険の近代化の視点が希薄である．保険前史から始めて，わが国の保険史も含めて，網羅的に簡潔に考察する．

　第2章「保険の概念」は，保険の本質の考察である．保険を生活危険により偶発する一定の経済的必要（入用）を予定する多数の経済単位が，技術的基礎によって，相互にその必要を充足することであるとする（同p.15）．保険学説としては，入用充足説といえよう．本章では，パターン化した考察といえる保険の分類，保険の前提と限界，保険類似制度の考察もなされる．最後に経済的

保障について考察するが,「経済保障は,社会保障・職場保障・自己保障と呼ばれる三種の形態を通じて実現される」(同 p.30)としているのが注目される。

第3章「経済的必要とその充足」は,保険の要件の一つとした「経済的必要」の充足の仕方を基準に人保険,財保険の考察を行う。

第4章「偶発事故とその把握」は,保険の要件の一つである偶発事故について考察する。偶発事故=危険の概念として,危険の考察となっている。保険料を危険によって階段づける原則を保険技術的公平の原則または給付・反対給付均等の原則とする。客観的危険,主観的危険に分けて,保険料の算出に関わる考察が中心なので,給付・反対給付均等の原則が登場するものの,二大原則による考察ではない。

第5章「相互充足の原価──保険料」は,保険の要件の一つとした相互充足の原価として保険料を捉え,その考察を行う。ここで収支相等の原則が登場し,二大原則の考察がなされる。

第6章「保険技術的危険とその対策」は,保険経営に独特な,典型的な危険である保険技術的危険について考察する。その原因を偶発危険,惨害危険とし,その対策を含めて考察する。特に,再保険が大きく取り上げられる。

第7章「保険事業」は,保険事業の沿革,形態,組織,収益,特性,監督について考察する。

第8章「保険学」は,保険学の系譜,方法論的考察のみならず,保険学説の考察も行う。通常,冒頭に取り上げられることが多い,保険学の在り方や保険学説の考察が最終章となっているのが注目される。

保険特有の内容の考察を重視するが,実務的な掘り下げといったものが多い。経済生活確保説による保険の定義に基づき,保険の要件を使った考察がみられ,また,二大原則に対するまたは二大原則による考察が積極的に行われていないが,伝統的保険学の枠内での考察である。

(10) 相馬勝男 [1963],『保険講義要領』邦光書房。

同書は新制大学における保険論の教材として書いたとする。第Ⅰ講「災害論」第1章「災害と経済」は,災害について考察する。災害を人間の生命,身体および財産を損なうあらゆる出来事とし,発生原因により天災,人災,社会的災害に分類する。災害への対応として,予防,回避などが取り上げられ,また,

震災などの災害を取り上げ保険可能の領域外とするなど，今日危険に関して行われる考察が災害を介して行われている。

第2章「災害対策――災害の社会学的考察」は，災害対策について考察する。災害対策として予防，鎮圧，保険，救済をあげる。偶然性を災害の特徴とし，災害と関連づける。確率論と大数の法則の応用によって保険技術が確立すると，災害以外のものまで保険が対応することとなったとする。保険的なものの共通標識を「偶然を利用して偶然を克服する」という技術に求める。また，保険には社会的，経済的，技術的限界があり，保険では処理しきれないものに対応するのが救済とする。

第Ⅱ講「災害の数理――保険の技術的前提」第1章「保険と統計」，第2章「死亡率の研究史」，第3章「確率の概念，大数の法則，及び確率計算の応用（死亡率，死亡表）」は，それぞれがわずか1～4頁，全体でも6頁の考察である。

第Ⅲ講「保険の意義」第1章「総説」，第2章「経済行為としての保険」，第3章「経済施設としての保険（保険の定義）」もわずか9頁の考察である。印南博吉の経済準備説に依拠した論述がなされる。本章では，二大原則的把握もなされる。

第Ⅳ講「保険の歴史」第1章「保険の時代区分的考察」は，保険史考察のための時代区分を行う。すなわち，原始的保険時代－単純合理的保険時代－金融資本的保険時代－社会統制的保険時代－第二次大戦後の時代である。本章で保険学説について言及し，ドイツ流の保険学説を輸入したわが国では，保険本質論の主流は入用説（Gobbi → Manes →志田→印南）と確保説（Hupka →小島→近藤）の対立となり，両者を止揚する経済準備説が現れたとする（同 p.42）。一定の経済学的立場から保険を捉えるようになり，経済学の継子と呼ばれた保険学が経済理論的根拠を持つようになってきたとする。第2章「わが国の保険の沿革」は，わが国の保険史について考察する。第1章の時代区分にほぼ沿う形で考察する。第3章「わが国における主要保険部門の発達」は，保険会社の動向を追う形で考察する。

第Ⅴ講「保険の種類――わが国現行の保険概説」は，第1章「保険の分類」で保険の分類基準について考察し，わが国現行の保険を鳥瞰図的に把握し，それに基づき第2章「各種保険の概説」でそれぞれの保険について解説する。

第Ⅵ講「保険の経営」は，保険経営の形態，内容，組織，会計について考察

する。第1章「保険の経営形態」は，保険企業形態の考察を行う。第2章「保険経営の内容」は，保険経営を貨幣操作経営と捉え，保険団体の形成・維持・拡大，資産運用を中心に考察する。第3章「保険経営の組織並びに会計」は，保険経営の機能を保険機能，金融機能として両機能を遂行するための組織という点を重視した組織の考察と保険会計を考察する。第4章「保険経営の特殊技術」は，保険の二大原則に基づきながら，保険料の計算，危険の選択，再保険を考察する。

経済準備説を支持しており，保険の二大原則的把握のみならず保険本質論においても，印南の影響の大きさが感じられる。

3. パターン化した考察

第1，2章の考察から，わが国の本格的な保険研究は明治期に輸入学問として始まり，パターン化した考察とでもいうべき考察内容が確立してくるのがわかる。それが一種の伝統を形成し，伝統的保険学と呼べる保険学が形成されたと考えることができるのではないか。実際パターン化した考察については，戦前の保険数学の文献亀田［1933］では，保険本質論，保険の分類，保険の必要，保険の利弊，政策，沿革，会社の組織，類似制度との区別を指摘する（亀田［1933］p.15）。また，戦後の文献印南［1974］では，志田［1927］が骨組みを作り，勝呂［1939］がそれを継承して考察の枠組みを大成させたとし，保険の意義，保険学の意義，保険の効用と悪用，保険の沿革，保険事業経営の限界，保険の分類，保険事業の経営，保険政策という観点からの考察を特徴としてあげる。これらの指摘も参考にしながら，パターン化した考察を軸に，さらに掘り下げたテキスト的文献の考察を行う。

しかし，その前に最もパターン化した考察ともいえる保険の本質について，整理しておく必要があろう。それは，学説の名称さえ統一されていないからである。次章で保険本質論について整理した後，パターン化した考察を掘り下げよう。

第3章
保険本質論研究の動向

1. 問題意識

　前章で，パターン化した考察を軸にテキスト的文献の考察をさらに掘り下げるとしたが，これまでみた各文献の概要から明らかなように，その場合保険本質論が中心となろう。様々な保険学説があり，しかも輸入されたものが多いこともあり，名称が必ずしも統一されていない。また，こうした形式的な面ばかりでなく，ある論者の見解・学説をどう捉えるかという中身に関わる点でも議論の余地があり，各論者や各文献の拠って立つ保険学説がなんであるかを明らかにすることが必要である。したがって，保険学説名を整理しておかないと，保険本質論に関するパターン化した考察を行うことは困難である。伝統的保険学に対する批判から保険本質論アレルギー体質となり，保険学説名の統一といった努力もほとんどなされていない。そこで，本章において各論者・各文献の保険学説名を確定させる考察を行う。そのために，第1，2章で取り上げたテキスト的文献について，保険本質論に焦点を当てた分析を行う。

　なお，本書においてすでに「入用充足説」，「経済生活確保説」などの名称を使用しているが，各文献の考察においてはその文献が使用する学説名に従い，ここまでの論述を含むそれ以外のところでは，確定させるまでの便宜的な名称として，基本的に庭田［1995］に従うこととする（図表3.1参照）。ただし，図表3.1の「損害塡補（契約説）」は「損害塡補契約説」，「経済保全説＝経済生活確保説」は「経済生活確保説」，「（相互）金融（機関）説」は「相互金融機関説」とする。

図表 3.1 庭田 [1995] における保険学説

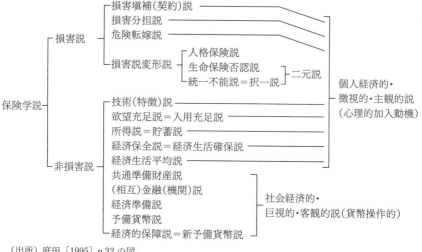

（出所）庭田 [1995] p.32 の図。

2. 戦前の文献の保険本質論

（1）奥村英夫 [1912]，『保険通論』第 3 版，東京博文館，（2）粟津清亮 [1921]，『保険学綱要』改訂版，巖松堂。

　初期の文献奥村 [1912]，粟津 [1921] では保険学説の考察はなされず，この点において保険本質論にあまり積極的ではない。そのため両者とも損害説での把握になったものと思われる。奥村 [1912] は，保険の定義文からは損害塡補契約説といえるが（奥村 [1912] p.1），保険の本質的要素を「同危険の団体」，「損害の分配」とする点（同 p.97）において損害分担説といえる。いずれにしても，奥村 [1912] は損害説に立つと理解する。粟津 [1921] は，「粟津 [1912]（『保険通論』）で保険を経済的必需を充足するための制度」としたが（粟津 [1921] p.9），粟津 [1921] の保険の要素の考察では「損害分担説」に立つ。図表 3.1 は庭田が保険学説を理論的に整理・分類したものであるが，保険学説は損害説から非損害説へと発展していったように，時間的に上から下に学説が登場していったとも読めるので，粟津の見解はいわば入用充足説・非損害説から

損害分担説・損害説への回帰であり，保険学説の進化に逆行する動きといえる。これは，粟津［1912］では生存保険の説明に優れるので入用充足説を支持したが，「経済的必需の充足」は広範過ぎる観念で大局を捨て小異に走ることになるので，当時限定的な観念として避けられていた災害または危険を重視して損害分担説を支持することになったからであると思われる（粟津［1921］p.9）。今日「リスク」が重視される中で，リスクが再び従来同様に損害概念と結びつけて把握されるようになってきたが，これは粟津にみられる損害説回帰に似た動きといえよう。なお，保険学説の考察を行わないが両者とも保険の本質を重視していた。特に，粟津［1921］では保険本質論重視のドイツ保険学がかなり取り上げられる。

（3）志田鉀太郎［1927］，『保険学講義』明治大学出版部。
　こうした損害概念重視に対して志田［1927］はゴッビが提唱し，マーネスによって広められた入用充足説を「財産入用説」として紹介し，これを支持する。ただし，マーネスの定義文に若干問題ありとして，修正して独自の定義文を下す。

　　マーネスの定義　保険は相互主義に基づく経済施設にして偶然かつ見積もりうべき財産入用の充足を目的とするものなり。（志田［1927］p.7）
　　志田の定義　　保険とは偶然性を有する特定の原因事実を予見し，これにより惹き起さるべき財産を予定する多数の人々が結合し，その原因事実の発生したる際予定せる財産入用を充足するため，各自が計算上公平なる分担に任ずる経済制度なり。（同 p.8）

　修正点は，営利保険も包含するため「相互主義」という用語を避けたこと，人の生死の財産入用は見積もれないことから「見積もりうべき」という表現を避けたことである。このように定義文を独自に精緻化するものの入用充足説を支持し，ワグナーの定義を取り上げて損害概念を重視する見解を批判する。保険学説は損害説から非損害説へと進化したが，粟津［1921］と対照的に，志田［1927］はこの流れに沿ったものといえる。

（4）小島昌太郎［1929］,『保険学要論』日本評論社。

小島［1929］は，保険学は保険の本質を基礎に置かなければならないとし，極めて保険の本質を重視する。同書では，従来の伝統的な保険学説にとらわれず，全く自由な立場から論述するとする。

「余りに定義に於ける字句の精彩を尊び，総ての理論をこれより演繹する態度をとり，それが理論を進めるについての一標識たることを忘却するときは，ものの本質の研究が，ややもすればその本領を逸して，概念の遊戯に堕する危険を伴う」（小島［1929］p.55）との指摘は，その後の保険本質論偏重の伝統的保険学に向けられた批判を先取りする卓見といえよう。

様々な保険学説を取り上げた上で，優れた学説としてフプカの説を「経済生活確保説」として紹介する。フプカは保険を次のように定義する。

保険契約とは当事者の一方（保険契約者）が，未来の欲望を確実に充足せんとするの目的を以て，一定の事件又は時点（保険事件）に対し，相手方（保険者）より給付を受くることを約する有償契約であって，その給付の支払い範囲，または反対給付との関係は，保険契約者または第三者の財産若しくは人身に関する不確定なる事情によりて定まるものである。（同 pp.203-204）

しかし，この優れたフプカの学説を含めて従来の保険学説は保険の静態に着目したものであるが，保険の動態にも着目すべきとして，次のように述べる。

「『社会生活を営む人類が交換原則の下に於て，その所要の物的資料を未来の偶然なる変化に処して，なお，確実に獲得使用するを可能ならしめることを工夫』して出来たものが即ち，『経済生活を安固ならしむるがために，多数の経済主体が団結して大数法の原則に従い，経済的に共通準備財産を作成する仕組』なのである」（同 p.56）とする。後者は従来からの定義で静態的定義とし，前者は動態的定義として同書において登場する。そして，共通準備財産の作成が，保険の本質的根底をなすものとする（同 p.105）。後に詳しく吟味するが，独自の学説「共通準備財産説」とすることができるのではないか。

（5）柴官六［1931］,『保険学概論』賢文館。

柴［1931］は冒頭で保険を次のように定義する。

保険とは人類が共通危険を緩和補正する為に団体を作り，その共栄を図ると共に団体員が蒙りたる損害を総員に於て分担救援する制度である。（同 p.3）

従来は損害塡補という消極的職能に着眼して説明していたが，共同の福祉増進を図るという保険の積極的作用を看過してはならぬとする。また，保険を経済的制度とのみ思考するのではなく，倫理的または政治的な価値があるものと捉え，自らの説を独自の保険学説「分担救援説」（同 p.59）とする。しかし，損害塡補は消極，積極という観点から捉えられるべきものではなく，生命保険が捉えられないという点に問題の核心がある。これでは，損害説から非損害説への進化が捉えきれない。

（6）末高信［1932］，『私経済保険学』明善社。
末高［1932］は，独自の学説名を織り交ぜながら体系的に保険学説を整理した上で，いくつかの学説の優れた要素を織り込んで，保険を次のように定義する。

保険とは，私有財産制度の下に於て，偶然なる特定の事情に由来する経済生活の不安定に対し之を保全し，或はその需要を確実に充足せしめ，又は更に進んで之を強固にし，又は之を一層発展せしめんが為め，社会的に，且個別経済に対しては時間的に生活資料の平均を獲得する目的を以て，蓋然率及びその他科学的基礎の上に立つ所の共通準備財産を形成せんとする経済上の施設である。（末高［1932］p.15）

末高［1932］では入用充足説を「需要説」，経済生活確保説を「保全説」としているが，定義文の「需要」，「保全」はこれらの学説の一部を取り入れたものと思われる。現代の生活において需要を平均的に満たすことを重視し，保険を「需要平均の制度」（同 p.1）の一つとしていることから，保険の目的が「生活資料の平均の獲得」となっているのであろう。また，末高自身は学説名を明示していないが，保険そのものを「共通準備財産を形成する経済施設」と捉えているので，共通準備財産説といえよう。

（7）酒井正三郎［1934］，『保険経営学』森山書店。
酒井［1934］は，商業学に対する危機意識に基づきながら海上保険を中心と

した考察をするなど，かなり特異な考察を行う。海上保険を次のように定義する。

　海上保険とは海上の危険に脅かされる海上企業関係者の生活安定を目的とする間接的・内部的金融の仕組みである。（酒井［1934］p.21）

　保険の本質は，保険団体に拠出された共通準備財産から欲求の充当を受けることとするので，保険本質論としては共通準備財産説に近いといえる。しかし，仕組みを内部的金融の仕組みとするので，財産の形成自体ではなくそこからの取り崩し・資金の流れの仕組みをより重視しているのが特徴であると思われる。この点から，金融説に分類される場合があるのであろう（白杉［1954］）。ここでは，独自の金融説とする。

（8）三浦義道［1935］，『保険学』改訂11版，巖松堂。
　三浦［1935］は，第2章「保険本質論」で保険学説を含めた保険の本質についての考察を行う。経済生活を需要充足行為とし，一般論として展開して，需要説支持の伏線を張る（同 pp.53-61）。なお，三浦は「需要」という用語を重視している。保険学説の考察は，体系的整理を指向せず，時系列的に生命保険否認説，技術説（Vivante 1891）[1]，客観的危険説（Krista 1910），所得構成説（Hülsse 1914），損害説（Wagner 1891），需要説（Gobbi 1897）を取り上げる。独自の学説の提唱ではないが，「需要」という用語重視が特筆される。

（9）磯野正登［1937］，『保険学総論』保険経済社。
　磯野［1937］は，第3章「保険の本質」で保険学説を含めた保険の本質についての考察を行う。損害説，生命保険否認説（Laband, Elster），技術説（Vivante 1891），不利益説（Wagner 1891），統一不能説（Ehlenberg, 松本烝治），所得構成説（Hülsse 1914），共通準備財産蓄積説（小島昌太郎），需要説（Manes）を取り上げ，需要説はドイツにおける通説といえ，著者もこれを支持するとする。小島の保険学説を独立した学説「共有準備財産蓄積説」としているのが注目される。

　1）ここでの括弧書きは，三浦［1935］で指摘されているものをそのまま記載している。磯野［1937］，勝呂［1939］も同様である。

(10) 勝呂弘 [1939]，『保険学』叢文閣。

勝呂 [1939] は，第1章第2節「保険の本質」で保険学説を含めた保険の本質について考察する。損害分担説（Wagner 1888），危険転嫁説，生命保険否認説，生命保険即慰藉保険説，危険平均説，貯蓄説または所得説，技術説，経済生活確保説，偶発的欲望説・充足説（ゴビ（ゴッビ……小川加筆），マーネス）を取り上げるが，損害分担，充足説以外は簡単な考察ですませ，両学説を画期的とし，充足説を支持する。充足説については，前述の志田のマーネスの定義の修正，相互主義という用語を削除するという試みに対して，むしろ定義中に挿入すべきとしている。マーネスの定義を充足説として，ワグナーの損害填補説，ゴッビの偶発的欲望説を止揚したものと高く評価する。

(11) 近藤文二 [1940]，『保険学総論』有光社。

近藤 [1940] は，第2篇「保険の本質」で保険学説を含む保険の本質の考察をする。損害填補説，損害分担説，賭博説，生命保険否認説，欲望満足説，欲求充足説，客観的危険説，貯蓄説，交換取引説，確保説を取り上げ，保険本質論の発展過程をみる。わが国では無視されているヘルマンの「賭博説」を高く評価しているのが注目される。後述の印南 [1941a] も賭博説に言及しているが，もともと極めて簡単に各学説を取り上げているに過ぎず，賭博説も近藤を先行研究として学説名をあげている程度なので，近藤の賭博説重視の点は戦前の保険本質論において例外的といえる。しかし，小島の保険本質論を支持し，それはフプカの立場を基礎として保険を定義したもので，「経済生活確保説」とする（同 p.74）。その上で，自ら保険を次のように定義する。

　保険とは，資本主義社会において偶然が齎らす経済生活の不安定を除去せんがため，多数の経済単位が集まって全体としての収支が均等するように共通の準備財産を形成する制度である。（同 p.133）

独自の定義文ではあるが，「共通の準備財産を形成する制度」として保険を捉えているといえるので，内容的には小島の定義文の修正といえよう。

(12) 印南博吉［1941a］,『保険経営経済学』笠原書店。

　印南［1941a］は，第2章「保険事業の本質」において保険の本質について考察する。ただし，保険本質論が考察の中心ではなく，加入目的との関係で保険学説に若干言及しつつ保険本質論が考察されるに過ぎない。ゴッビに始まりわが国では志田を代表的支持者とする入用充足説とフプカに始まりわが国では小島を代表的支持者とする経済生活確保説の二説のみが問題とするに足り，入用充足説，志田の保険の定義を支持する。小島の学説を独自の学説とせず経済生活確保説としている。

(13) 西藤雅夫［1942］,『保険学新論』立命館出版部。

　西藤［1942］は，第2編「保険の本質とその機構」で保険の本質を考察するが，保険学説を取り上げたり，保険の要件などを考察する通常の考察とは異なり，資本を中心とした経済学的考察を行う。保険の本質として金融性を重視するが，機構として捉える新しい見方に立つとしているので，一応ここでは独自の保険学説「機構説」としておこう。定義自体にはこだわらないとしつつ，次のように定義する。

　保険とは，偶然なる事件のうちにありて，なお経済生活確保のために，多数人が共同して，貨幣を獲得するところの仕組みである。（同 p.4）

「経済生活確保」という文言から，経済生活確保説の影響を強く受けているといえよう。

(14) 園乾治［1942］,『保険学』慶應出版部。

　園［1942］は，第1章「保険の意義」，第2章「保険の定義」で保険学説を含む保険の本質を考察する。共通準備財産説に米谷隆三の相互金融機関説の表現を取り入れ，次のように定義する。

　保険とは経済生活を安定せしめるために多数の者が団結して合理的計算を以て作成する相互主義の金融施設である。（同 p.38）

印南［1956］では，米谷説を「相互金融説」とし，これに即した上記の園の説を「相互金融機関説」（印南［1956］p.373）とする。また，園の保険学説の推移を子細に考察した庭田［1972］では，「共通準備財産説と相互金融機関説を一体化されたもので，主力は相互金融機関説のところにありとされる」ので，相互金融機関説と位置づけられるとする（庭田［1972］p.IV）。園［1942］では米谷の説を「相互金融機関説」としていることから，印南［1956］の名称の使い分けは不正確であろう。二つの学説を折衷させたことに保険学説史上の意義があると思われることから，二つの学説を折衷した独自の学説「共通準備財産説＋相互金融機関説」とすべきではないか。園自身はこの学説を独自の学説とするか否か明示していないが，本書では両学説を折衷した独自の学説と捉える。

以上の文献に対して，(1) 支持する学説，(2) 定義文の修正を行っているか，(3) 独自の保険学説といえるか（修正または独自の学説），(4) 取り上げている保険学説をチェック項目として整理すると，図表3.2のとおりである。

図表3.2から「支持する学説」は，損害説2，入用充足説5，共通準備財産説2，経済生活確保説1，独自の学説4（共通準備財産説を除く）となる。共通準備財産説も経済生活確保説の流れを汲むことからすれば，入用充足説と経済生活確保説関連が8を占め，やはり両者が戦前の保険本質論の中心であったことが確認できる。独自の学説もそれなりに多いといえるが，柴の分担救援説は損害分担説に，西藤の機構説は経済生活確保説に，園の共通準備財産説＋相互金融機関説は共通準備財産説に近いことからすれば，入用充足説と経済生活確保説中心の傾向は，「支持する学説」の単純な結果よりも一層強いといえよう。定義文の修正もあまりみられず，戦前の保険本質論の展開は，入用充足説，経済生活確保説を軸に，各保険学説を考察して支持する学説がどの学説であるかを明示することに主眼が置かれたといえる。

また，保険学説の体系的整理を試みているものは，図表3.3，3.4，3.5のとおりである。

各保険学説を取り上げた考察が多い割には，体系的な整理があまりなされていない。支持する保険学説の選択が重視され，保険学説の体系や系譜はあまり重視されなかったようである。

図表 3.2　戦前の文献における保険本質論

	奥村[1912]	粟津[1921]	志田[1927]	小島[1929]	粢[1931]	末高[1932]	酒井[1934]
(1) 支持する学説	(損害説)	(損害分担説)	財産入用説	経済生活確保説	分担救援説	(共通準備財産説)	(金融説)
(2) 定義文の修正	×	×	○	○	×	○	×
(3) 修正 or 独自の学説	×	×	修正	(独自:共通準備財産説)	独自・分担救援説	修正	(相互金融機関説)
(4) 保険学説の考察			×	損害塡補説／損害分担説／損害保険契約説／人格保険説／生命保険否認説／危険転嫁説／統一不能説／非損害塡補説／技術特徴説／偶発構造説／所得構造説／経済生活確保説	塡補説／損害分担／損害転嫁／危険転嫁説／生命保険否認説／統一不能／偶発的欲望充足説／経済生活確保説	給付説／損害説／原始的損害説／損害分担説／危険転嫁説／新損害説／人格保険説／生命保険否認説／非損害説／区分説／一元説・技術説・需要説／所得説・保全説	×

	三浦[1935]	磯野[1937]	勝呂[1939]	近藤[1940]	印南[1941a]	西藤[1942]	園[1942]
(1) 支持する学説	需要説	需要説	充足説(入用説)	経済生活確保説	入用充足説	(機構説)	(共通準備財産説 +相互金融機関説)
(2) 定義文の修正	×	×	×	○	×	×	×
(3) 修正 or 独自の学説	×	×	×	修正	×	独自・機構説	独自・共通準備財産説 +相互金融機関説
(4) 保険学説の考察	生命保険否認説／技術説／客観的危険説／所得構成説／損害説／需要説／統一不能説	損害説／生命保険否認説／技術説／不利益説／統一不能説／所得構成説／共通準備財産需積説	損害塡補説／損害分担説／危険転嫁説／生命保険同値保険説／危険平均説／貯蓄説または所得説／経済生活確保説／偶発的欲望説／入用説	損害塡補説／損害分担説／賭博説／生命保険否認説／客観的危険説／欲望満足説／欲望充足説／貯蓄説／交換取引説／確保説	損害分担説／賭博説／客観的危険説／貯蓄説／静論的保険本質論／交換取引説／財産保全説／現在欲望説／確保欲望説／確保入用充足説	×	損害説／損害塡補説／損害転嫁説／危険説／人格保険説／生命保険否認説／非損害説／一元的解釈不能説／技術説／欲望充足説／所得説／経済保全説／欲望充足説／共通保全説／共通準備財産説／相互金融機関説

(出所)　筆者作成。

2．戦前の文献の保険本質論

図表 3.3　小島［1929］の保険学説

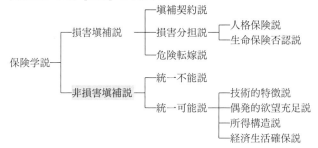

（注）網掛けの名称は筆者が便宜的につけたもので，その他は小島［1929］による。
（出所）小島［1929］pp.149-152 から筆者作成。

図表 3.4　末高［1932］の保険学説

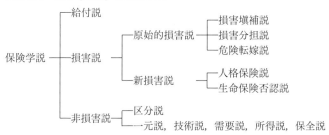

（出所）末高［1932］pp.2-3 の図。

図表 3.5　園［1942］の保険学説

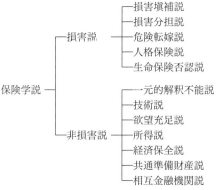

（出所）園［1942］pp.19-38 から筆者作成。

3. 戦後初期の文献の保険本質論

（1）加藤由作［1947a］,『保険論（総論）』実業教科書,（2）加藤［1948］,『保険概論』新訂3版, 巖松堂。

加藤［1947a］は, 第2章「保険および保険学の意義」で保険学説を含めた保険本質論の考察を行う。ゴッビの学説を「欲望充足説」としてマーネスの「需要説」と分けている。続いて経済生活安定説（フプカ）[2]，客観説（技術説, クロスタ）, 共通準備財産説が取り上げられ, 著者は需要説を支持する。小島と明記していないが, わが国一部の学者が唱えるところとして, 共通準備財産説を指摘する。したがって, 小島の説を独立した保険学説と捉えていると思われる。かなり絞り込んだ保険学説の考察である。同書は危険から考察をはじめ, 損害概念と関連させてこれを重視するが, 需要説の「財産上の需要」を「抽象的損害」として捉えて, 需要説と損害概念の整合性を図っているのが注目される。この点において, 損害説を乗り越えるための需要説という位置づけから逸脱する見解といえよう。加藤［1948］は, 保険学説の考察はないが, 加藤［1947a］と同様な立場に立つ。

（3） 近藤文二［1948］,『保険論』東洋書館。

近藤［1948］は, ゴットル理論との関係でゴッビや入用充足説について考察するが, 保険学説の考察などを通じた通常の保険本質論の考察はなされない。小島の保険本質論を含めて, 保険の歴史性が問題とされていないとする。

（4） 印南［1950］,『保険経済』東洋書館,（5）印南［1954］,『保険経済』改定版, 白桃書房,（6）印南［1967］,『保険経済』新訂版, 白桃書房,（7）印南［1952］,『保険論』三笠書房。

印南［1950, 1954, 1967］は『保険経済』の初版, 改訂版, 新訂版である。印南［1950］では入用充足説を支持し, 志田の定義文（志田［1927］p.8）に基

---

[2] ここでの括弧書きは, 加藤［1947a］で指摘されていたものをそのまま記載している。印南［1950］も同様である。

づいた考察を行う。また，入用充足説と経済生活確保説の論争にも触れる。その他，稼得確保説（白杉三郎），ヘルマンの説，保険基金説（マルクス，Karl Marx），蓄積原理説（酒井正三郎），保証貯蔵説，保険金融説（米谷隆三）を取り上げる。ヘルマンの説は保険企業の立場に立ち，保険基金説は社会経済的立場に立つとする。しかし，国民経済の構造に即して保険を的確に把握できておらず，酒井正三郎の説を「蓄積原理説」として高く評価する。ただし，蓄積原理には経済的裏付けがないとして，「保証貯蔵説」を提唱する。印南［1954］は印南［1950］と同様であるが，印南［1967］では，自ら提唱した「経済準備説」に基づく。印南［1950, 1954］では定義文は志田に従いながら保証貯蔵説を主張するが，印南［1967］では定義文も経済準備説となる。

印南［1952］は，保険本質論の考察がない。

（8）佐波宣平［1951］，『保険学講案』有斐閣。

佐波［1951］は，伝統的保険学に批判的で，特に保険本質論重視を批判する。保険学説を一々列挙し，一々批判していくといったやり方に批判的であるが，保険の定義を行い，要件を使った分析など，佐波自身の考察は伝統的保険学の枠内にある。保険を読んで字の如く，「人々を危険から確保する経済制度である」（同 p.43）とする。ここからブレーク・ダウンして，保険の対象の「危険」を考え，保険の存在目的を明白にし，保険の仕方である危険からの確保について考え，保険固有の仕組み・組織を明白にする。定義文から要件を導き出しそれに基づく考察と同様な考察であり，保険本質論としては危険を重視する立場といえるが，確保が強調されている点では経済生活確保説的でもある。実際，印南［1956］は佐波を経済生活確保説とする（印南［1956］p.260）。ここでは，経済生活確保説とする。

（9）白杉三郎［1954］，『保険学総論』再訂版，千倉書房。

白杉［1954］では，第2章「保険の本質」において保険の本質の考察を行い，第3章「保険の本質に関する学説」において保険学説の考察を行う。保険を次のように定義する。

保険とは，一定の偶然的事件に対して，財産の形成を確保するため，多数の経済

単位が集合し，合理的な計算の基礎に基づいて，この目的達成のために必要な資金を分担醵出する経済制度である。(白杉 [1954] p.15)

前述の印南 [1950, 1954, 1967] では白杉の学説を「稼得確保説」としていたが，この定義文からは「財産形成確保説」とでもすべきものである。初版の白杉 [1949] では保険の目的を「稼得の確保」としており，印南は初版に基づいて論述していると思われる[3]。なお，再訂版の白杉 [1954] では，「稼得の確保」から「財産形成の確保」への修正の理由は明示されていない。保険学説としては，損害説とそれ以外の学説に大別されるとした上で，損害填補説，生命保険否認説，損害分担説，統一不能説，技術的特徴説，貯蓄説，財産形成説，偶発的欲望説および入用説，経済生活確保説，経済生活平均説（末高信），金融説（米谷隆三，酒井正三郎）を取り上げる。わが国の独立した学説として，経済生活平均説，金融説を指摘しているのが注目される。

(10) 園幹治 [1954]，『保険学』泉文堂。
園 [1954] は，第 1 章「保険の本質」で保険学説を含めた保険の本質の考察を行う。保険を次のように定義する。

保険とは，偶然の事件に原因する経済不安に対する善後策で，経済の安定を図るに必要な手段を，合理的に算定せられた醵出を以て，多数の経済主体が協同して，相互に調達する経済施設である。(同 p.17)

共通準備財産説＋相互金融機関説といえる園 [1942] と異なり，「相互主義の金融施設」という文言が落ちている。なぜ，このような修正をしたのかの説明もない。先に取り上げた園の保険学説を考察した庭田 [1972] では，米谷説を「金融機関説」と呼びかえて批判しているので，この修正は相互金融機関説を放棄したことを意味するとする（庭田 [1972] p.IV)。さらに，園 [1955] における次の定義文を取り上げ，「保険経済安定説」とすることも可能であると

3）印南 [1956] p.233-234 注(2)において，「ただし白杉氏は，その近著『保険学総論』の初版では，稼得確保説を主張し (19, 20 頁)，その再訂版では，財産形成確保説を主張している（23頁以下）」としている。したがって，印南 [1967] では，この白杉の修正を織り込めたはずである。

する（同 p.V）。

　保険は経済を安定させるために必要な手段を，合理的に算定せられた費用を以て，多数の経済主体が協同して調達する経済施設である。（園［1955］p.21）

　この定義文は園［1954］の定義文を洗練したものといえ，これをもって「保険経済安定説」とするならば，園［1954］の定義も「保険経済安定説」と呼んで差し支えないであろう。しかし，庭田［1995］では園の保険学説自体が取り上げられておらず，また，本田［1978］でも取り上げられておらず，一般的には園の保険の定義は独立した保険学説とされていないようである。園自身も積極的に独自の保険学説と主張するわけではないが，保険学説の考察を行う園［1961］では，社会保険を包含するために独自の保険学説を提唱していることが示唆される。共同準備財産説＋相互金融機関説（園［1942］）から相互金融機関説の放棄（園［1954］）によって共通準備財産説になるのではなく，社会保険の包含を意識した独自の保険学説を指向したと思われる。保険は経済の安定に必要な手段を調達する経済施設とすることから，独自の保険学説「経済安定説」とする。
　ところで，学説間の関係に対して，「保険の作用もしくは目的を広く経済的に探究する欲望充足説，貯蓄説，経済保全説などの諸説があり，これ等の諸説を総合発展せしめた共通準備財産説，経済生活平均説，稼得確保説などがあり，更にこれとは全く相異して保険の成立する方法に留意した技術説，金融機関説などがある」（園［1954］p.53）との重要な指摘がある。この指摘に従えば，共通準備財産説を経済保全説（経済生活確保説）などから一段高い学説と考えており，また，金融機関説は異質としていることから，園［1942］では異質なものを合体させたような保険学説を展開していたことになる。
　なお，保険学説の体系も園［1942］と異なる。保険学説の体系の修正についても説明はないが，両者を比較すると，大きく損害説，非損害説に二分していたのに対して二元説を追加した点が修正点といえる（図表3.5, 3.6参照）。これは園［1942］で損害説に含めていた人格保険説，生命保険否認説，非損害説に含めていた一元的解釈不能説を二元説として把握したためと思われる。損害説，非損害説を損害概念またはそれ以外で一元的に把握する学説とし，二元的

に捉える学説を別範疇としたものと思われる。

図表3.6 園［1954］の保険学説

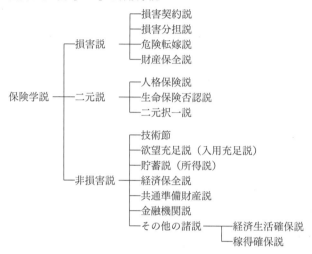

(出所) 園［1954］pp.53-54 から筆者作成。

(11) 大林良一［1960］,『保険理論』春秋社。

大林［1960］は，冒頭の第1章「保険の概念」で保険の本質を考察し，最終の第8章「保険学」で保険学説を考察する。保険を生活危険により偶発する一定の経済的必要（入用）を予定する多数の経済単位が，技術的基礎によって，相互にその必要を充足することであるとする（同 p.15）。したがって，経済必要充足説（入用充足説）の立場に立つといえる。しかし，保険学説の考察において，志田のように入用額に応じた技術的に公平な負担を要求する場合は，社会保険を包含できなくなるので，偶然率による保険料というのを放棄するとする（同 p.186）。保険学説については，生命保険，社会保険の登場によって様々な異説が登場したとし，そのうちの主要なものとして，生命保険否認説，広義の損害分担説，統一不能説，技術的特徴説，協同体説，財産形成確保説，経済生活確保説，経済準備説，経済必要充足説（入用充足説）を取り上げる。

(12) 相馬勝男 ［1963］,『保険講義要領』邦光書房.

相馬 ［1963］ は, 第Ⅲ講第 3 章で保険の定義として印南の経済準備説をとるとし, 保険を次のように定義づける.

保険とは, 一定の災害その他の偶然事件に対する団体的経済準備で, 多数の経済体が結合し, 確率計算に基づいて公平な負担を行なう経済施設である.（同 p.29）

特に, 災害に対する経済準備であるとし, 「災害経済準備説」の立場とする（同 p.31）. そして, 第Ⅳ講第 1 章「保険の時代区分的考察」では, 保険学説について言及する. わが国では入用説と確保説の対立となり, 両者を止揚するものとして経済準備説が登場したとして, 経済準備説を高く評価する. 災害を重視した経済準備説といったものであるが, 独自の保険学説ではなく, 独自の視点から経済準備説のより精緻な定義を試みたものといえよう.

以上の文献について, 戦前と同様な整理を行うと図表 3.7 のとおりである. 図表 3.7 から「支持する学説」は, 入用充足説 3, 経済準備説 2, 独自の学説（経済準備説を除く）3, 経済生活確保説 1 である. 戦前との比較では, 定義文の修正を含めて, 印南を中心に独自の保険学説を追求する姿勢が強いといえる. 入用充足説と経済生活確保説を軸とした論争から独自の学説を模索する動きといえよう. 一方, 佐波のように戦前からの考察が保険本質論偏重とする批判も生じている. この点において, 保険本質論の研究ひいては保険の研究が転機を迎えつつあった.

戦前より保険学説の体系的考察, 系譜などに対する考察が少なくなった.

図表 3.7 戦後初期の文献の保険本質論

	加藤 [1947]	加藤 [1948]	近藤 [1948]	印南 [1950, 1954]	印南 [1967]	印南 [1952]
(1) 支持する学説	需要説（入用充足説）	需要説	×	保証貯蔵説	経済準備説	×
(2) 定義文の修正	×	×	×	×	×	×
(3) 修正 or 独自の学説	×	×	×	×	経済準備説	×
(4) 保険学説の考察	欲望充足説（入用充足説） 需要説（入用充足説） 経済生活安定説 客観説（技術説） 共通準備財産説	× （入用充足説） （経済生活確保説）	損害分担説 入用充足説 経済生活確保説 稼得説 ヘルマン説 保険基金説 蓄積原理説 保証貯蔵説	損害分担説 入用充足説 経済生活確保説 稼得説 ヘルマン説 保険ファンド説 蓄積原理説 経済準備説	

	佐波 [1951]	白杉 [1954]	園 [1954]	大林 [1960]	相馬 [1963]
(1) 支持する学説	（経済生活確保説）	（財産形成確保説）	経済安定説	経済改変充足説（入用充足説）	災害経済準備説
(2) 定義文の修正	○	×	×	×	○
(3) 修正 or 独自の学説	修正	財産形成確保説	経済安定説	×	△
(4) 保険学説の考察	×	損害塡補説 生命保険否認説 損害分担説 統一不能説 技術的特徴説 貯蓄説 財産形成説 偶然的微望説および入用説 経済生活確保説 金融説	損害説 損害塡補説 損害分担説 危険転嫁説 財産保全説 二元説 人格保険説 生命保険否認説 二元択一説 非損害説 微望説（入用充足説） 貯蓄説（所得説） 経済準備説 共通準備財産説 金融機関説 その他の諸説 経済生活平均説 稼得確保説	生命保険否認説 広義の損害分担説 統一不能説 技術的特徴説 協同体説 財産形成確保説 経済準備説 経済改変充足説（入用充足説）	

(注) 1. 「(1) 支持する学説」の括弧書きは、支持する学説名が明示されていないが、定義文や内容から判断したものを示す。
2. 近藤 [1948] は、通常の保険本質論の考察はないが、入用充足説、経済生活確保説は取り上げられるので括弧書きとした。
3. 相馬 [1963] は、保険学説を取り上げた考察はないが、保険学説の流れを簡単に整理しているので「(4) 保険学説の考察」を△とした（相馬 [1963] pp.41-42）。

4. 保険本質論の文献

ここまでの考察は第1，2章で取り上げたテキスト的文献を題材とした考察であるが，保険本質論についてはこれをテーマとした優れた専門書があるので，そちらのほうもみておこう。戦前の小島 [1928]，近藤 [1939] と戦後の印南 [1956] である。

(1) 小島昌太郎 [1928]，『保険本質論』改訂再版，有斐閣。

第1章「緒論」は，保険学はいかなるものであるかを考察する。保険学は経済学の一分科であるとする。保険は他の一般の経済現象と同様に，物的資料の獲得使用が交換原則の下に行われる場合にのみ存在するとする。保険学を集合科学と捉えるドイツ保険学協会の見解を否定する。なお，同書は小島 [1925] の改訂再版であるが，本章と財産保全説が初版に対する主要な追加事項である。

第2章「保険の成立」は，保険史の考察である。保険類似の原始的制度，原始的保険のうち偶然に対抗する手段が純化して現代的保険となったとする（小島 [1928] p.53）。そして，保険の本質研究の対象となるのは，この現代的保険であるとする。現代保険の成立の証跡として1720年の二大勅許会社の設立，1762年のオールド・エクイタブルの設立をあげる。なお，原始的保険と現代的保険の分類基準は合理的料率を基礎とするか否かに求めている（同 p.148）。

第3章「保険の本質に関する学説の発展」は，保険学説を考察する。特に，保険学説の史的研究がほとんど行われていないことに問題意識を持っているため，保険学説史の考察が中心となる。保険学説の発展的系統を図表3.8のように捉える。

これはあくまでも発展的系統を示すもので，保険学説の分類は図表3.9のように捉える。

これらのうち主たるものとして，損害塡補説（Samuel Marshall, E.A. Masius, Gephard, Ketcham, R. Riegel）[4]，損害分担説（Adorf Wagner, Brämer, Victor Ehren-

---

4）ここでの括弧書きは，小島 [1928] で指摘されていたものをそのまま記載している。

図表 3.8　小島［1928］における保険学説の発展的系統

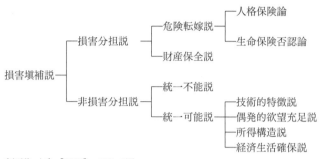

（出所）小島［1928］p.157 の図。

図表 3.9　小島［1928］における保険学説の分類

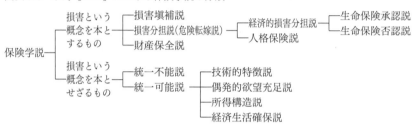

（出所）小島［1928］の p.158 の図。

berg），危険転嫁説（Phillippovich, Willett），財産保全説（Gerhard Jessen），人格保険説（Josepf Kohler），生命保険否認説（Stobble, König, Thöl, Tissier, Leveil, Malss, Reuling, Predöhl, Rüdiger, Hinrichs, Laband, Cohn, Elster, Willett），統一不能説（Victor Ehrenberg），技術的特徴説（Cesare Vivante, Herrmann, Conrad），偶発的欲望充足説（Wilhelm Lazarus, Ulisse Gobbi, Alfred Manes, Emminghaus, Moldenhauer, Wörner, Lexis, Loevy），所得構造説（Friedrich Hülsse），経済生活確保説（Joseph Hupuka）を考察する。

　この考察において注目される点をあげると，次のとおりである。危険転嫁説については，この学説そのものよりも，「危険」の概念について詳細に考察する。初版（小島［1925］）にはない「財産保全説」を紹介するが，損害分担説への回帰といった学説なので，保険学説の進歩に貢献した学説のみ取り上げるとする場合は無視してかまわない学説とする（小島［1928］p.237）。「生命保険否認説」，「技術的特徴説」は小島の命名である。ゴッビの学説とマーネスの学説

を分けず，マーネスの修正を重視していない。Bedürfniss(ゴッピ)，Bedarf(マーネス)の用語の違いも重視しない(同 p.208)。基本的に学説を古い順に取り上げているが，所得構造説よりも古い経済生活確保説を最後に取り上げ，高く評価する。

本章の最終節でまとめが行われるが，保険の本質については，保険の本体，保険の職能，保険の方法（技術）が明らかにされなければならないとし，この三つの観点からまとめている。そして，保険の特殊性が特に現れるのは方法であるとし，保険の特殊の方法とは共通準備財産の作成とこれを作成するに要する醵金の特殊な算法とする（同 p.260）。著者の共通準備財産作成重視の姿勢が明確にされる。

第4章「保険と経済との根本関係」は，保険が経済生活を安固ならしめる方策のうちいかなる地位を占めるかを考察して，保険と経済との根本関係を明らかにする。現代の経済において経済生活が不安定になることを所得の考察から始め，その方策を規律的なる経営と準備財産の作成に求める。そして，保険をこの準備財産を作成する特殊の仕組みとする（同 p.287）。

第5章「保険の本質」は，保険の重要要素を考察して保険の本質を解明する。保険を次のように定義して，特質を導き出し，それぞれについて考察を加えているので，パターン化した考察といえる。

> 保険とは，経済生活を安固ならしむるがために，多数の経済主体が団結して大数法の原則に従い，経済的に共通準備財産を作成する仕組みである。（同 p.421）

保険の本質を解明するためには特質をあげるだけでは不十分で，保険の限界，保険類似制度，保険の分類についても述べるところがなければならないとするが（同 p.333），これらは伝統的保険学にみられるパターン化した考察項目である。保険本質論重視の伝統的保険学のパターン化した考察項目が，改めて保険の本質と密接に関係していることが確認できる。これらのことが考察される最終章は，テキスト的な内容である。

テキスト的考察を含む保険本質論以外の考察も行われるが，保険学説の体系的整理がなされ，その後の保険本質論の研究に多大な貢献をしたと思われる。また，同書でも，共通準備財産の作成を重視する小島の保険本質観を確認でき

る。

　（2）近藤文二［1939］,『保険経済学』第 2 巻（保険学の本質）,甲文堂書店。
　同書は「保険学の本質」とされるが,前半は保険学説史,後半は著者の保険本質論が展開されており,第 3 編「保険の本質」として 6 章構成であるため,まさしく保険本質論の書といえる。第 1 巻に第 1, 2 編が収められる。全体を通じて保険学の在り方を問うような面があるので,「保険学の本質」とされるのであろう。
　第 1 章「保険本質論の発展」は,保険本質論の歴史的発展について考察する。その考察は,次のような独特のものである。法律学者による学説を整理して,特に保険団体の把握に限界があるので,あまり詳しく取り上げても意味がないとし,経済学者の見解に注目すべきとする。損害塡補契約説,危険転嫁説,人格保険説,生命保険否認説,二元説は法律学者によるものということで簡単な考察で済まし,ワグナーを中心に損害分担説,ヘルマンの賭博説,エルスター（Ludwig Elster）の生命保険否認説,ゴッビの欲望充足説,マーネスの欲求充足説（Bedarfstheorie）,クロスタの客観的危険説,フュルセ（ヒュルセ（Friedrich Hülsse）……小川加筆）の貯蓄説,小島の経済生活確保説を取り上げる。ゴッビ,クロスタ,ヒュルセ等によって保険の技術的特性が深められたとし,この技術的特性と保険の経済的目的を結びつけた保険の統一的構成を最初に試みたのが小島であるとする。小島の経済生活確保説を最も優れた保険学説とするが,他の学説との共通の欠点として,資本主義との関係が不十分であるとする。
　なお,本章の結論部分で図表 3.9 の小島の見解に対して,次の図表 3.10 のような見解を提示する。
　第 2 章「理論経済学的保険本質論」は,一定の経済学的立場に立って保険の本質の理解を試みた学者の説を考察する。ウィレット,リーフマン,イェッセン,リンデンバウム,ヘルペンシュタイン,ローテ,ウェディンゲン（Walter Weddingen）を取り上げる。
　第 3 章「保険の精神」は,保険を支配する経済意識について考察する。それは,偶然を契機として資本主義経済制度が齎すところの経済生活の不安定を除去しようとする保険加入者の普遍的意識であるとする。保険を一般的に指導する精神は,安定主義,合理主義,個人主義であり,企業保険はこの上に営利主

図表 3.10　近藤［1939］における保険学説の発展的系統

（出所）近藤［1939］p.143 の図。

義，家計保険は欲求充足主義が加わるとする。

　第4章「保険の形式」は，保険の組織形態について考察する。もっとも根本的なものを保険団体とする。

　第5章「保険の方法」は，保険の技術的構成について考察する。それを，小島に従い，共通準備財産を作成することおよびこれを作成するに要する醵金を特殊の方針に基づき算出することとする。

　第6章「保険の本質」は，精神，形式，方法の三方面からの本質的特性を総合して，保険概念を規定する。保険を次のように定義する。

　保険とは，偶然を中心として資本主義経済社会が齎すところの経済生活の不安定を除去せんがため，多数の個別経済が利益社会的集団を構成し，全体としてこれを見る場合，各個別経済が経済生活の安定化を妨げる事件として予定せる一定事件の発生に当たり，現実に受け取るべき金額と均衡せしむるが如き計算の下に，醵金を為すことにより，共通の準備財産を形成する制度である。（同 p.358）

　ゾンバルト（Werner Sombart）の理論経済学の立場から保険の本質を考察して，制度としての保険においてこれを統一的に把握するとする。この場合の保険の本質とはゾンバルトの形態的理念として構成されたものなので保険の形態的本質であり，それは保険と資本主義経済組織との意味関係の理解という目標に向けた出発点であるとする。さらに形態的本質と現象形態の保険の底に横たわる社会的価値の流れがいかなる意味を持つかを明らかにする必要があり，それを保険料の社会経済学的本質＝保険の実体的本質に求める。続いて，この点に関連した馬場克三との論争を振り返る。

　保険学説史の部分は，小島を先行研究としつつも，資本主義経済と保険との

関わりを重視するという視点から，小島をはじめとする先行研究に対する批判も随所にみられる。保険の定義文が登場するが，小島の経済生活確保説を支持しているといえ，それをより精緻化させるために独自の定義を行っているといえるので，独自の学説ではなく，経済生活確保説である[5]。小島［1928］と読み比べるとかなり保険本質論についての理解が深まるといえ，保険本質論の必読の書といえよう。

なお，同書に続いて第3巻，第4巻と保険学の体系としてまとめていく予定であったが，変更され，その代わりに近藤［1940］が刊行された（金子［1977］p.107）。

（3）印南博吉［1956］，『保険の本質』白桃書房。

同書は独自の学説「経済準備説」を提唱するための書である。従来の保険学説は主観的立場に立つという根本的欠陥を持っているので，全く新しい保険学説として「経済準備説」を提唱したとする。これは社会保険，社会保障の基本把握のためにも適切であるとする。

序論は，保険の本質を規定する定義がどのような性質のものであり，どのような問題があるかについて考察する。保険本質論についての方法論的考察であり，従来あまりみられなかったものである。固定的定義と歴史的定義の考察などを行いながら，従来の学説の欠陥が主観的に捉えていること，歴史性が認識されないことにあり，そこに生命保険，損害保険をいかに一元的に捉えるかという課題が加わり，この三つの関門である客観性，歴史性，一元性を首尾よく突破した学説はないとする。

第1部「保険本質論の諸相」は，保険本質論の発展の跡をたずねる。各学説の問題点，その後の本質論にいかなる影響を与えたかを考察する。比較的古い保険本質論として，損害填補説，損害分担説，生命保険二重性格説，コーラー(Josef Kohler) の保険本質論，生命保険否認説，統一不能説を取り上げる。

第2部「入用充足説の沿革」は，第1部の考察で損害概念によらない統一的な保険学説が要求されるに至ったことが明らかにされたとし，このような学

5）近藤は小島の説を「経済生活確保説」と呼んでいるので，ここでの名称はそれに従っている。

説のうち最も優良な学説である入用充足説を考察する。

　第3部「経済生活確保説と入用説との対決」は，入用充足説（入用説）と経済生活確保説（確保説）の是非を論ずる。

　第4部「経済準備説の主張」は，自らの保険学説を提唱する。従来の学説のほとんどが主観主義の立場に立っており，例外的に客観主義の立場に立つ者も保険の機能の把握に失敗しているとして，保険の機能を「経済準備の社会化」とする。

　附論として「資本論と保険の本質」を考察する。

　同書は本文455頁（附論を除く）もの大著である。それでいて全編保険本質論に関する考察であり，およそ内外の保険本質論に関してすべてカバーされているといっても過言ではないほどである。小島［1928］も保険本質論の文献として優れているが，歴史的考察やテキスト的考察が含まれ，必ずしも全編保険本質論ではないことと比較すると，改めて同書の重厚さがわかる。ただし，独自の学説提唱が目的であるため致し方ない面もあるが，小島が行った図表3.8，3.9のような保険学説の体系的な把握の観点からは，物足りなさを感じる。

　とはいえ，圧倒的な重厚さと，保険本質論偏重の研究動向に対する批判が徐々になされてきたこともあり，同書によってわが国の保険学説は一種の頂点を極めたといえるのではないか。

5. 先行研究としての保険学説

　以上で保険学説名を確定させるための題材は揃ったので，本章の目的である保険学説名の確定を行う。作業のポイントは大きく二つあると考える。一つ目は，先行研究といえる保険学説の確定である。なぜならば，保険本質論の展開にも輸入学問としての保険学の性格が反映され，外国の保険学説の研究が土台となっているからである。ほとんどがドイツといっていいが，先行研究として位置づけられる外国の保険学説を整理する。そのような保険学説に続いて，わが国では単なる定義文の修正とはいえない独自の保険学説や，従来の学説から独立して提唱された独自の保険学説などが登場するので，二つ目は，わが国独自の保険学説の確定である。まず，本節では先行研究といえる外国の保険学説を確定させる。

予備的考察として，ドイツの学者による保険学説の分類をみておこう。
Krosta［1911］(Inhaltsverzeichnis, S.7) では，次のように分類される。

　　Schadentheorie（損害説），Bedürfnis-（Bedarfs-）Theorie（欲求（入用）説），
　　Leistungstheorie（給付説），Glücksspieltheorie（賭博説）

Manes［1930b］では，国民経済的観点からのものとして，次のように分類される（Manes［1930b］S.289-291）。

　　Spieltheorie（賭博説），Spartheorie（貯蓄説），Leistungstheorie（給付説），
　　Schadentheorie（損害説），(objektive) Gefahrentheorie（(客観的) 危険説），
　　Bedarfstheorie（入用説），subjektivistische Definition（主観主義的定義）

Wagenführ［1938］では，図表3.11のように分類される。

わが国の研究において取り上げられてきた保険学説に対して，Krosta［1911］，Manes［1930b］，Wagenführ［1938］が取り上げる学説で注目されるのは，給付説，賭博説である。それは，図表3.2，3.7から明らかなように，わが国の文献では両説はほとんど取り上げられていないからである。

両説が取り上げられないのは，保険学説の網羅的研究の先駆者，したがってまた保険本質論研究の先駆者というべき小島が両説を重視していないからであろう。賭博説は通常ヘルマンの学説に対して使われる名称であるが，小島はヘルマンを評価しない。小島［1915, 1916a, 1918］では登場せず，小島［1925］の技術的特徴説のところで取り上げるものの，技術偏重で保険を賭博富籤と同視する誤った見方と切り捨てる。この見方が通説化し，技術説で言及するか，または，取り上げていない文献が多い。戦前でいえば，末高［1932］，勝呂

図表3.11　ワーゲンヒュールの保険学説の分類

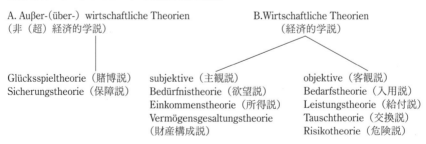

(出所) Wagenführ［1938］S.18 の図1b。

[1939]，園［1942］がヘルマンには触れずヴィヴァンテ（Cesare Vivante）の説として技術説（末高［1932］は「技術尊重説」とする）を取り上げる。三浦［1935］，磯野［1937］は基本的にヴィヴァンテ重視でヘルマンの名前を指摘する程度である（図表 3.2 参照）。戦後は，印南［1950, 1954, 1967］が「ヘルマン説」として取り上げるが，技術説を取り上げるものでは，白杉［1954］は小島と同様な言及の仕方であり，大林［1960］では言及されない（図表 3.7 参照）。園［1954］は戦前の園［1942］と異なり，技術説においてヘルマンに言及するのみならず，それなりに評価している。したがって，戦後は小島の影響力が戦前ほどではないといえるものの，依然としてヘルマンの評価は高くない。

　ヘルマンを高く評価したのは，近藤［1939］である。近藤［1939］におけるヘルマンについての研究に関しては，印南［1950］が絶賛している（印南［1950］p.135）。印南もヘルマンを高く評価し，印南［1950, 1954, 1967］で取り上げるのみならず，印南［1956］において詳細な考察を行っている（印南［1956］pp.352-357）。しかし，本田［1978］が技術説でヘルマンに言及するということに象徴されるように，小島の影響は戦後初期以降も，戦前ほどではないにせよ，大きいといえる。

　ヘルマンの見解の重要な点は，保険を賭博富籤と捉えることではなく，賭博富籤と同じような技術を使うということに保険の本質を求めることにあるのであろうから，賭博富籤は単なる例えに過ぎないということである。近藤のヘルマン研究を支持して，ヘルマンは技術を強調するために例えとして賭博富籤を取り上げたと考え，ヘルマンの見解を技術説とする。技術説でヘルマンを取り上げるものの多くが，ヴィヴァンテを提唱者にして，あたかもヘルマンがこれに続いたかのように指摘するが，これは誤りである。それは，一般にヘルマンについて言及する場合に取り上げられる文献は Herrmann［1897］で Vivante［1891］に遅れるが，Herrmann［1897］は Herrmann［1868］[6] の第 3 版であり，ヘルマンを技術説に含めるならば，この学説の提唱者はヴィヴァンテではなく，ヘルマンとしなければ誤りである。ヘルマンの見解は一つの保険学説として注目するに値するが，それは「賭博説」とするべきではなく，「技術説」と

　6）初版は Herrmann［1868］と思われるが，現物で確認できなかった。第 2 版は 1869 年発行（Herrmann［1869］）であり，こちらは確認できた。したがって，ヘルマンが先行する。

すべきであろう。したがって，ドイツの先行研究のように保険学説に「賭博説」を含めず，ヘルマンの見解を技術説に含めることとする。なお，ドイツの文献で賭博説・ヘルマンを取り上げるものが多いというものの，過去に提唱された説の一つとして言及せざるを得ないということで取り上げられており，評価は高くない。こうした評価自体が，小島の先行研究になっているといえよう。

次に，給付説について考察する。Krosta [1911] では，給付説として Karup [1885] と Brämer [1904] が指摘される (Krosta [1911] S.22-23)[7]。給付説は保険を給付契約の一種とみる学説である。Manes [1930a] では契約説（Vertragstheorie）と呼んだ方が良いとされるが（Manes [1930a] S.9），印南 [1956] は契約的な面はこの説のみの特徴ではなく，この説の特徴は保険の目的を特殊な給付にあるとして，保険加入者の主観的な目的に立ち入らぬ点にあるとする（印南 [1956] p.348）。印南の批判は適切であろう。特殊な給付が偶然と結びつく給付となることから，保険と賭博との区別ができない学説ともいえる。このように，保険学説としては大きな欠点のある学説であるため，追随者もなく，広がりをみせなかった学説といえる。ただし，わが国の生命保険契約に関する規定は，旧保険法＝商法（第673条）であれ，新保険法（第2条(8)）であれ，定額給付を行う契約をもって生命保険契約とし，技術的な面など一切割愛しているので，給付説に基づく規定といえる。理論的には問題あるが，実務的な面も含めて，無視できない学説である。そこで，独立した学説と見做す。

以上の点を踏まえた上で，保険学説の展開を振り返ろう。最初の保険学説が原始的海上保険を背景に保険を「損害塡補契約」として把握する説として登場したとする点については，異論が出されないであろう。名称としては「損害塡補説」が多いが，その他に「損害契約説」，「塡補契約説」などもある。保険を損害塡補「契約」として捉え，「損害」概念で把握するという点に特徴があるので，この学説を「損害塡補契約説」とする。本説に関連する代表的な文献は下記のとおりである[8]。

7） Karup, Wilhelm [1885], *Handbuch der Lebensversicherung,* 2. Aufl., Leipzig, Albert Fritsch. Brämer, Karl [1904], „Das Versicherungswesen", in *Handbuch der Wirtschaftskunde Deutschlands,* Bd. IV, Leipzig.

8） 本節における各学説の代表的な文献については，主として Krosta[1911]，小島 [1928]，近藤 [1939]，印南 [1956] を参照した。

Marshall, Samuel [1808], *Treatise on the Law of Insurance,* London.

Masius, Ernst Albert [1857], *Systematische Darstellung des gesamten Versicherungswesens,* Leipzig.

損害塡補契約説は，二つの特徴いずれもが問題となった。保険を損害塡補契約として捉えるということは「契約」という二者間の閉じた関係として保険を認識することとなり，また，「損害」概念は生命保険の把握で躓くことになる。この両者が問題となりながら，その後の保険学説が展開する。

「損害分担説」は生命保険を純粋な損害保険と捉える。たとえば，死亡は平均寿命よりも早く死亡するために，一定の資金を形成するために必要な貯蓄を行うのに十分な間生存しえないことによる損害とする。この説の代表的なものはワグナーであるが，この説の画期的なところは，損害分担という形で保険団体が意識されることである。原始的保険から近代保険への移行は，合理的保険料の下で保険団体が形成されるということであり，保険が契約から制度（施設）となることを意味するが，保険学説もかかる保険の発展に沿った動きをみせたといえよう。「法律的損害説が経済的損害説に発展した」（近藤［1939］p.19）といえる。ただし，ワグナー説は自家保険を含み，自家保険を含む点と損害概念での生命保険把握にはやはり無理があるという点が批判される。本説に関連する代表的な文献は下記のとおりである。

Becher, Ernst [1868], *Der Kredit und seine Organisation,* Wien und Leipzig.

Wagner, Adolph [1881], „Der Staat und das Versicherungswesen", *Zeitschrift für die gesamte Staats-Wissenschaft.*[9]

損害概念での生命保険把握を放棄する学説も登場する。「二元説」は損害概念による生命保険の把握を諦めて，生命保険の保険性を損害概念以外との関わりで捉えるものである。本説に関連する代表的な文献は下記のとおりである。

Schmidt, Louis [1871], *Das Ganze des Versicherungswesens,* Stuttgart.

Ehrenberg, Victor [1909], „Begriff, juristisch", im Mares, Alfred Hg., *Versiche-*

9）損害分担説については，必ずといっていいほどワグナーの定義が取り上げられ，通常 Schönberg の『経済学綱要』第2巻第4版のワグナー執筆による「保険論」の項（Wagner, Adolph [1898], „Versicherungswesen", in Schörberg, Gustav Hg., *Handbuch der Politischen Oekonomie,* Bd.2., 4 Aufl., Tübingen, H.Laupp）における定義（Ebenda. S.359）が引用されるが，定義はこの論文が先行する。定義の中身は Wagner [1898] と変わらない。

rungs Lexikon, Tübingen, J.C.B. Mohr.

「生命保険否認説」は損害概念による生命保険の把握を諦めて，生命保険は保険にあらずとする。その保険性を積極的に否定するもの（Laband, Hinrichs, König, Thöl, Elster[10]），保険契約と他の契約の結合契約といった形で純粋な保険契約ではないとしてその保険性を消極的に否定するもの（Malss, Reuling, Predöhl, Rüdiger, Willett[11]）とから成る（同 pp.8-10）。本説に関連する代表的な文献は下記のとおりである。

> Elster, Ludwig [1880], *Die Lebensversicherung in Deutschland:ihre Volkswirtschaftliche Bedeutung und die Notwendigkeit ihrer Gesetzlichen Regelung*, Jena, Gustav Fischer.

その他，小島が「人格保険説」と名づける学説がある。これは，生命保険を精神上の損害＝人格上の損害を填補するものと捉え，損害分担説の一種とされる。Kohler [1910] に代表されるが，既に入用充足説など非損害説が注目されている頃に登場した，あまり注目されていない保険学説である。わが国では，小島が大きく取り上げたので独立した保険学説とする文献が多い（印南 [1956] p.101）。印南 [1956] では，小島が人格保険説を図表3.3では損害分担説に含めているが，損害填補説と解せる論述もみられることから，どのように位置づけているかが明確ではないとする（同 p.105）。また，近藤 [1939] では Kohler [1910] を人的側面にまで損害概念を不当に拡大したと批判するが（近藤 [1939] p.10），印南は危険引受の観念を重視しているとして後述の危険転嫁説に含まれるべきとする（印南 [1956] p.106）。印南の見解を支持して，危険転嫁説に含まれる独立した保険学説とする。本説に関連する代表的な文献は下記のとおりである。

> Kohler, Josef [1910], *Urheber-, Patent-, Zeichenrecht, Versicherungsrecht und Rechtsverfolgung*, Halle, Buchhandlung des Waisenhauses（Dernburg, Heinrich, *Das bürgerliche Recht des Deutschen Reichs und Preußens*, Bd.6）.

10）括弧書きの中で Elster のみ経済学者である（近藤 [1939] pp.56-69）。

11）危険転嫁説で取り上げるウィレットは，生命保険を保険と投資の結合とみている点で生命保険否認説に含まれる（Willett [1901] p.121）。しかし，近藤 [1939] ではウィレットは資本に対する保険しか問題にしていないので，生命保険否認説に含めるのは早計とする（同 p.162）。

また，同じ20世紀になってからの保険学説として「危険転嫁説」を取り上げる論者もいる。危険を「損害発生の可能性」といったように損害概念で把握し，損害分担関係が築かれることで危険を保険団体に転嫁していると捉えるので，損害分担説の一種とされる。保険学上危険という用語が重要なこともあり，独立した保険学説として取り上げられることが多い。確かに危険が保険の前提といえるほどの重要な概念であることからすれば，独立した保険学説とする価値はあろう。本説に関連する代表的な文献は下記のとおりである。なお，下記文献のWillettとPhilippovichでは，生命保険に対する見解が異なることに注意を要する。前者は生命保険は保険に在らずとし，後者は生命保険も含めて保険を把握している。したがって，Willettは生命保険否認説にも含まれる。

 Willett, Allan H. [1901], *The Economics Theory of Risk and Insurance,* New York, Columbia University Press.

 Philippovich, Eugen [1909], *Grundriss der politischen Oekonomie,* Tübingen, Mohr.

ここまでの学説は損害概念に基づいている。損害概念に基づく保険学説を大きく「損害説」という範疇で括ると，損害概念で生命保険の把握に躓いた損害説は，次のような展開を遂げたといえる。すなわち，生命保険の把握をめぐっての動きとしては，次のように整理できよう。

① 損害概念をあくまで重視して，生命保険も何とか損害概念で把握しようとする。

 損害分担説，危険転嫁説（Willettを除く），人格保険説

② 損害概念での把握は無理なので生命保険の保険性を否定する。

 生命保険否認説

③ 損害保険との共通概念を放棄する。

 二元説

しかし，こうした学説は損害概念に拘っているためどこかに無理があり，損害概念自体を放棄すべきとして，損害とは別の概念で保険を統一的に把握することが指向される。こうした学説がいくつか登場するが，損害概念に基づかないということで「非損害説」とされる。しかも，こうした学説が危険転嫁説や人格保険説より前に提唱され始めている。ここで，保険学説の体系的整理が問題となる。なぜならば，損害説，非損害説が保険学説の体系的な把握の軸にな

るという点では異論が出されないであろうが，詳細な分類に及んだときに見解が分かれるからである。

　小島 [1928] は，損害分担説の流れに属するものとして二説あるとし，一つは生命保険の本質も財産保険と同じ損害塡補とする説，いま一つは生命保険は保険にあらずとする生命保険否認説である。このうち前者の一種として，精神上の損害＝人格上の損害をも塡補するとする説を人格保険説とする（図表3.3参照）。これに対して，それまでの損害説とは異なるとして，「損害説変形説」といった捉え方をする論者もいる（庭田 [1995]，図表3.1参照）。また，③のみならず①，②も通常の損害概念以外の捉え方が入ってくるという点で二元説的に捉え，損害説，非損害説という一元説に対して，二元説という範疇を設けるという考え方もある（園 [1954]，図表3.6参照）。しかし，人格保険説は生命保険を道徳上・精神上の損失を塡補するものとするのであるから，損害概念と別の概念を持ち込んだ二元説的な捉え方ではなく，損害概念に物的損害以外も含めているに過ぎない。したがって，二元説とはできないであろう。生命保険否認説も二元的に把握しているというより，損害概念に基づいてそれ以外のものを否定しているに過ぎないのであるから，あくまで損害説に含むべきであろう。③は文字どおり，二元説といえよう。したがって，園 [1954] の分類は，これらの学説を損害説から非損害説への過渡期に位置するとして注目している点は優れているが，理論的には問題のある分類となっている。

　庭田 [1995] は，損害説から非損害説への過渡期を明確に位置づけていると思われる。すなわち，過渡期を示す分類として「損害説変形説」を用意し，損害概念の限界をそれを変形することによって乗り越えることが指向されたが，それもかなわず非損害説に移行したとの流れで捉えているのではないか。この点に関連した小島 [1928] の分類は，理論的には問題ない。しかし，①，②，③の学説は損害説から非損害説への保険学説の発展の流れにおいて過渡期に位置づけられるといえ，保険学説の発展という視点を入れると，損害分担説の一種として把握するよりも，過渡期を示すための分類上の配慮が必要なので，庭田 [1995] の分類の方が適切であろう。ただし，損害分担説自体が過渡期の保険学説といえ，人格保険説についてはその登場時期や与えた影響などを考えると損害説変形説に含まれる他の学説と同様な位置づけをすることは困難である。そこで，人格保険説については括弧書きとする。なお，このような把握は，

非損害説を統一可能説，統一不能説に分ける小島［1928］の分類と異なる。この分類も理論的には問題ないが，損害説→過渡期（損害説に含める）→非損害説という捉え方の方が保険学説の発展の捉え方としては，非損害説への発展がより良く捉えられるのではないか。統一不能説，統一可能説という範疇を設けず，統一不能説は二元説とし，統一可能説は非損害説として統一が試みられたということで非損害説とする。以上から，先行研究としての損害説の体系を示せば，図表3.12のとおりである。

図表3.12　保険学説の体系（損害説）

```
                ┌─損害塡補契約説
                │                ┌─損害分担説──┬─危険転嫁説
損害説──┤                │                     └─（人格保険説）
                └─損害説変形説─┼─生命保険否認説
                                 └─二元説
```

（出所）筆者作成。

さて，損害概念への拘りを捨てた新しい保険学説＝非損害説の範疇に含まれるものとして，次のようなものがある。

「入用充足説」は代表的な保険学説である。ゴッビによって提唱され，マーネスによって広められたこの学説は，わが国では志田によって紹介され，支持者の多い学説となった。この学説に関わる問題は，すでに明らかにされているように，ゴッビとマーネスの学説を別のものとして把握するかどうかである。ゴッビは Bedürfnis，マーネスは Bedarf という用語を使ったことから，前者を「欲望充足説」，後者を「入用充足説」などとして分ける論者もいる（勝呂［1939］，近藤［1940］，加藤［1947a］，庭田［1995］）。Bedürfnis（欲望）は英語でいえば want で主観的概念であるのに対して，Bedarf（入用）は英語でいえば needs で客観的概念であるのでより優れており，Bedarf に基づいたマーネスの定義がドイツで高く評価され支配的になったとされるが（印南［1982］p.3），他方欲望概念こそ保険の本質を把握するに肝要であるとして「ゴッビに還れ」との主張もある（印南［1942］p.11）[12]。しかし，印南［1942］によれば，ゴッビは Bedürfnis を使う前に Bedarf を使って保険を説明していたので，「入用」

(Bedarf) という言葉をマーネス以前に使っており，観念上のみならず用語上においても完全に入用充足説の始唱者であるとする（同p.12）。ゴッビがBedarfをBedürfnisに変えたのは，損害概念を超えた保険を一元的に捉える概念をより経済学的な一般的・経済学的用語にするためであって，当時の経済学の基本概念を使ったものと思われる（同p.13）。

ここに保険学説史上マーネスをどう評価するかという興味深い問題があるといえる。主観的なBedürfnisを客観的なBedarfに言い換えて充足説を発展・大成させてそれを広めたのか，Bedarfという概念からしてゴッビを先行研究とし，定義文を洗練させてその普及に貢献したに過ぎないのか。ゴッビ研究の第一人者といえる印南の研究からすれば，後者の見解が正しいといえそうであるが，保険学説名の確定という本書の課題にとってのポイントは，Bedürfnis，Bedarfという用語の使い分けを重視するか否かにあるといえよう。前述の小島［1928］のように，BedarfはBedürfnisの総括的用語として，両者の使い分けを重視しない見解もある（小島［1928］p.208）。損害概念の限界を超える保険を一元的に把握するための概念を求める努力が，「或種の欲望を充足する」（同p.208）ことに求められたとすれば，BedarfとBedürfnisの差を重視せず，「充足説」と捉えることができよう。そして，より子細に考察すれば，「欲望充足説」，「入用充足説」に分けられるとする。保険学の発展を重視した保険学説史の立場からは，両者の違いに配慮しつつも「充足説」とした方が良いのではないか。

ところで，「需要説」との呼び方もあるが（三浦［1935］，加藤［1947a］），需要と供給という術語を考えると需要説という呼称には無理があるのではないか[13]。「入用」という用語自体は一般的ではないが，すでに定着していると思われることから，Bedarfの訳語は「入用」でよいのではないか。以上から，「充足説（欲望充足説，入用充足説）」と表記する。本説に関連する代表的な文献は下記

---

[12] 近藤［1939］において，「ゴビ（ゴッビ……小川加筆）よりマーネスへの道は，前述の如く，いわば保険の経済的目的の重視から技術的構成の重視への道であった」（同p.99）との指摘がある。

[13] 三浦［1935］では，このような批判に対して，需要供給という場合は「需用」の方が良く，「需要」は保険の説明に適するとするが（同pp.63-64），一般的な用語法からあまりに乖離した用語法であり，あえてこのように使い分ける意義が理解できない。

5．先行研究としての保険学説

のとおりである。

    Gobbi, Ulisse [1894], *Il carattere d'indennità nell'assicurazione,* Milano, Rendi-conti del R. Instituto Lombardo di scienze e lettere.

    Gobbi, Ulisse [1896, 1897], Die Theorie der Versicherung begründet auf den Begriff der eventuellen Bedürfnisse, *Zeitschrift für Versicherung-Recht und-Wissenschaft,* Bd. II, Bd. III.

    Manes, Alfred [1905], *Versicherungswesen,* Leipzig, B.G. Teubner.

法律学者として損害概念を脱した保険契約の本質把握を試み，それを技術に求めたのがヴィヴァンテであり，小島によって「技術的特徴説」と名づけられた。しかし，前述のとおり，ヘルマンが先行しており，ヘルマンの学説を本説に含める。本説に関連する代表的な文献は下記のとおりである。

    Herrmann, Emanuel [1869], *Die Theorie der Versicherung vom wirtschaftlichen Standpunkte,* 2. verm. Aufl., Graz, J. Pock.

    Vivante, Cesare [1891], „Allgemeine Theorie der Versicherungsverträge", *Zeitschrift für das gesamte Handelsrecht und Konkursrecht,* Bd. 39, Stuttgart.

「経済生活確保説」は，フプカによって提唱された。「経済生活保全説」ともいわれる。不確定な将来に対する経済的保護を得るところに保険の目的があるとし，特定の保険事故によって発生する入用を充足するとする先の充足説と対立する。「経済生活確保説」という名称で定着していると思われることから，「経済生活確保説」とする。本説に関連する代表的な文献は下記のとおりである。

    Hupka, Joseph [1910], „Der Begriff des Versicherungsvertrags", *Zeitschrift für das gesamte Handelsrecht und Konkursrecht,* Bd. 66, Stuttgart.

「貯蓄説」は，ヒュルセ[14]によって提唱された。経済の不安定，所得入用の充足，共同貯蓄などの用語が続出するので，所得説（Wargenführ，園，庭田），所得構造説（小島），所得構成説（三浦）など，様々な呼称があるが，ドイツの

---

14) 近藤［1939］では，ヒュルセはマーネスに先行して Hülsse [1903] („Die Versicherung als Deckung eines ungewissen Bedarfs", *Zeitschrift für die gesamte Versicherungs-Wissenschaft*) で「不確定な欲求」（ungwissen Bedarf）を保険概念の基礎とすべきとしているので，Bedarf で保険を把握した先駆者でもあるとする（近藤［1939］p.86）。ただし，前述のとおり，印南によれば Gobbi が Bedarf という用語上も始唱者とされる。

学者は「貯蓄説」(Spartheorie) と呼び，わが国でもこの呼び方が多い（印南 [1956] p.360, p.366）。印南 [1956] は，ヒュルセは貯蓄の不経済性を除去することに重きを置いているので，正確を期すならば，「貯蓄不経済除去説」とすべきとする（同p.365）。ヒュルセは，効率性を考えながら保険を一種の貯蓄＝国民経済上の意義における貯蓄と捉えており，所得，消費，投資，貯蓄といった次元で考えた場合，貯蓄と把握できるという点が本説のポイントと思われるので，「貯蓄説」の名称は正確であろう。一方，貯蓄概念に主軸があるので，「所得説」など「所得」という用語を使うよりも「貯蓄」を使った方が良いであろう。そこで，「貯蓄説」とする。本説に関連する代表的な文献は下記のとおりである。

  Hülsse, Friedrich [1914], *Versicherung und Wirtschaft: eine Untersuchung über den Begriff der Versicherung in der Volkswirtschaftslehre*.

以上から，先行研究としての非損害説は「充足説（欲望充足説，入用充足説）」，「技術的特徴説」，「経済生活確保説」，「貯蓄説」とする。

6. 独自の保険学説

保険本質論考察において困難なことの一つは，前述のとおり，単なる定義文の修正とみるか，独自の保険学説とみるかの判断である。先行研究として取り上げた外国の保険学説の考察を踏まえて，この点に焦点を当てて今一度取り上げた文献を振り返り，独自の保険学説といえるものを特定する。

奥村 [1912]，粟津 [1921] は，特にこの点に関する問題は生じない。しかし，志田 [1927] では定義文の修正が行われている。もっとも，志田 [1927] の場合，志田自身の言によれば，単なる定義文の修正となるであろうし，内容的にも相互主義や損害概念を避けるための定義文の精緻化といえる。

小島 [1929] は，ここでの主題である。単なる経済生活確保説と見做すか，独自の保険学説，共通準備財産説と見做すか。この判断をするために，小島の保険学説に関する研究と保険の定義をみてみよう。小島の著書論文目録（佐藤ほか [1980]）によれば，最初に保険学説をテーマとしたのは，保険学をテーマとした最初の論文と思われる小島 [1914] である。小島 [1914] は Hupka [1910] について，当否を問わず大略を紹介する（小島 [1914] p.240）として，

その概要を述べる。そこでは，通説としての損害賠償説（損害説……小川加筆）による生命保険把握の限界が考察され，損害賠償説以外の試みとしてヴィヴァンテの説，ゴッビの説が取り上げられ，フプカ自身の説が「保全目的説」として紹介される。フプカの生命保険をめぐる学説の整理，ヴィヴァンテ，ゴッビ評価は，小島に強い影響を与えたと思われる。続く小島［1915］ではヒュルセを取り上げる。そして，保険学説に関する初の本格的考察を行ったものが小島［1915，1916a］である。ここでは当初（小島［1915］）の結論として独自の学説を提示する予定であったが，先送りされた。偶発的欲望充足説に対する批判としてフプカを取り上げるが，ヒュルセを「経済的貯蓄説」として取り上げているのと対照的に独立した学説として取り上げていない。フプカの指摘する「保全の動機（Sicherungsmotiv）」＝「未来の不確定な欲望充足を確保しようという意思によって準備をすること」（小島［1916a］p.261）を保険一般の特質とすることを支持するが，それを前面に押し出して「経済生活確保説」とするまでの高い評価ではない。また，フプカが欲望事件と保険事件とを区別した点を高く評価するが（同 p.261），偶発的欲望充足説に対する批判については支持しない（同 pp.256-257）。

続く小島［1916b, c］で先送りされた独自の学説が提示される。ここでの保険の定義が，初めての保険の定義と思われる。小島［1916b］では，一般論として共通準備財産が重要であることが説かれ，小島［1916c］で保険の要件を考察する形で保険の本質を考察する。保険契約と賭博富籤のような他の射倖契約との違いに関する見解としてマーネス，フプカ，ヒュルセを取り上げるが，保険は不確定なる未来に対して経済上の安護を得んとする動機で加入する点が賭博富籤と異なるとするフプカの見解も含めて主観的であると批判し，客観的な共通準備財産を作る仕組みに求めるべきであるとする（小島［1916c］p.86）。このように一貫して共通準備財産を重視する姿勢が前面に出された上で，保険を次のように定義する。

　保険とは収入支出に影響を及ぼすべき事件の偶然なることより受くる所の経済上の不安を除去せんが為めに，多数の経済主体が団結して，此事件の発生蓋然率に従い，各醵金をなし，之を積立てて共通準備財産を作ることなり。（小島［1916c］pp.89-90）

フプカは一般の保険に通じる特徴として「危険」（Gefahr）という概念に代わって「経済上の不安定」（wirtschaftliche Unsicherheit）という概念を用いるべきとしていることから（小島［1918］p.141），定義文の「経済上の不安」はフプカの影響によると思われる。しかし，明らかに共通準備財産の作成を最重要視して保険の定義を試みているといえる。また，フプカを評価し，影響を受けていることは確かであるが，「経済生活確保説」として評価するまでには至っていない。この点から，小島の学説はフプカの影響を受けてはいるが，共通準備財産的な発想ではヒュルセの影響も受けているといえ，この定義文を単純にフプカの定義文を発展させたものとはできないのではないか。この定義文からは，共通準備財産を最重要視した独自の保険学説「共通準備財産説」とすべきである。

そして，保険史，保険の偶然性の考察なども含めてそれまでの研究の集大成として単著小島［1918］が出版される。これは，保険本質論の書ともいえる。小島［1916b, c］を発展させた保険本質論が展開されるが，フプカの説が「経済生活確保説」として取り上げられ，高く評価される。また，そこでは登場順に学説が紹介されるにもかかわらず，経済生活確保説については，それを重視するために順番を入れ替え，最後にしている。同書では，保険を次のように定義する。

　保険とは経済生活を安固ならしむるが為めに，多数の経済主体が団結して，大数法の原則に従い，最も経済的に共通準備財産を作成する仕組である。（小島［1918］p.230）

この定義文に対して，次のような指摘がある。「これが有名な経済生活確保説であります。これはウイン大学商法教授 Joseph Hupka（1875～？）が保険契約の法学的概念を明らかにするために発表した『保険契約ノ概念』Der Begriff des Versicherungsvertrags（1910）に依拠して，経済学的に定義した保険本質論であります。その系譜は第2図にみられるとおりであります。」（谷山［1979］p.180）

谷山［1979］は，小島の業績の整理を含む大変優れた追悼文である。図表3.13として引用した系譜は，小島の保険学説の分類を踏まえたものである。おそら

図表 3.13 谷山 [1979] による小島の保険本質論の系譜

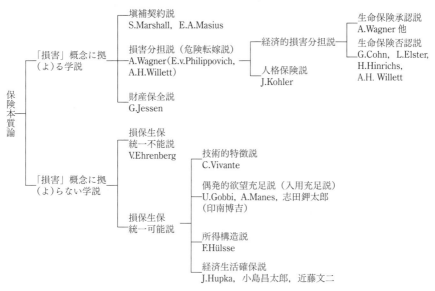

(出所) 谷山 [1979] p.181, 第 2 図。

く, 図表 3.9 として引用した小島の図に基づくものであろう。しかし, この定義文に対する評価は, 小島 [1918] に凝縮される初期の研究を考慮したものとはいえないのではないか。

　小島 [1916c] と小島 [1918] の定義文を比較すると, 保険の目的に関わる部分で「経済上の不安の除去」を「経済生活を安固ならしむる」に修正している。しかし, いずれにしても保険の目的はフプカに従っているといえ, 内容的にはあまり重要ではない修正であると考える。小島 [1918] で「経済生活確保説」としてフプカを高く評価するものの, 定義文そのものはフプカを高く評価していない段階の小島 [1916c] と同じであるといえ, 共通準備財産の作成を最重要視した学説という点は変わらないのではないか。

　小島 [1918] を充実させたものといえる小島 [1925] は, 構成, 内容的に小島 [1918] と大きく変わるものではないが, 保険学説の分類を示す図が登場しているのが注目される (小島 [1925] p.112)。既に取り上げた図表 3.9 である。保険の発展的系統を示す図表 3.8 は小島 [1918] で初めて登場しているが, そ

こでは図表3.9の保険学説の分類はみられなかった。これが登場するのが小島［1925］ということである。そして，この改訂再版である小島［1928］は，保険学説に関しては財産保全説を追加しただけで，その他は変わらない。小島［1929, 1935］では，保険学説の進歩に貢献した学説のみ取り上げる場合は省略してよいとする財産保全説を省略している以外は変わらない。以上から，保険学についての最初の論文と思われる小島［1914］でフプカをテーマとしていることから，当初からフプカを高く評価していると思われるが，学説として大々的に取り上げるほどではなく，小島［1918］においてフプカを学説として高く評価するようになったと思われる。なお，本格的な保険学説の考察を行った文献として，小島［1915, 1916a, 1918, 1925, 1928, 1929, 1935］があげられる。これらの文献で考察している保険学説を比較すると図表3.14のとおり

図表3.14　小島が取り上げた保険学説

小島［1915, 1916a］	小島［1918］	小島［1925］
契約説	損害塡補説	損害塡補説
損害分担説	損害分担説	損害分担説
危険分担説	危険転嫁説	危険転嫁説
統一不能説	人格保険説	人格保険論
技術的特徴説	生命保険否認説	生命保険否認論
偶発的欲望充足説	統一不能説	統一不能説
経済的貯蓄説	技術的特徴説	技術的特徴説
	偶発的欲望充足説	偶発的欲望充足説
	所得構造説	所得構造説
	経済生活確保説	経済生活確保説

小島［1928］	小島［1929］	小島［1935］
損害塡補説	塡補契約説	塡補契約説
損害分担説	損害分担説	損害分担説
危険転嫁説	危険転嫁説	危険転嫁説
財産保全説	人格保険論	人格保険論
人格保険論	生命保険否認論	生命保険否認論
生命保険否認論	統一不能説	統一不能説
統一不能説	技術的特徴説	技術的特徴説
技術的特徴説	偶発的欲望充足説	偶発的欲望充足説
偶発的欲望充足説	所得構造説	所得構造説
所得構造説	経済生活確保説	経済生活確保説
経済生活確保説		

（出所）筆者作成。

6．独自の保険学説

である。

なお，小島［1925］では，句読点の位置が異なるのみで，小島［1918］と同じ定義文が登場する。

保険とは，経済生活を安固ならしむるが為めに，多数の経済主体が団結して，大数法の原則に従い，最も経済的に共通準備財産を作成する仕組である。（小島［1925］p.336）

そして，小島［1928］における定義は前述のとおりであり，この定義文に対して「最も」という文言が落ちているという違いがあるに過ぎない。小島［1929］では，前述のとおり，この定義を静態的定義として動態的定義との関係が提示される。小島［1935］も同様な定義である。

フプカ自身は保険を保険契約として捉えているため，保険団体を想定した共通準備財産には結びつかない。フプカの説は保険を保険契約としている点で微視的であり，また，主観的（加入動機的）学説であるのに対して，小島の説は巨視的，客観的学説といえよう（庭田［1995］pp.34-35）。経済生活確保説のみならずそれ以前の学説が総じて微視的・主観的であったのに対して，小島の学説によって保険学説が巨視的・客観的なものになったという保険学説史上の意義があるといえ，これらの点からも，小島の説は独自の保険学説とできよう。小島が経済生活確保説を大成させたとの評価も，かかる保険学説史上の意義を評価していえることであろう。小島の説を独自の保険学説「共通準備財産説」とする[15]。

柴［1931］は自らの説を「分担救援説」とするので，独自の保険学説を提唱しているといえる。しかし，保険の職能を消極，積極に分けて把握し，損害塡補契約説を批判するのは独自の視点といえるものの，損害塡補契約説の問題は保険を契約として捉えていること，損害概念では生命保険は捉えられないという点にあろう。そのため柴の説自体は損害概念，特に「損害を総員に於て分担救援する」という文言からは損害分担説といえる。「救援する」という文言に

15）園［1954］は小島の説を「共通準備財産説」とするが，「その本質においては経済保全説（経済生活確保説……小川加筆）でそれに技術説を加味したものである」（同 p.83）とする。

も，倫理性や保険を単なる経済制度とはしないという独自性が反映しているのであろうが，結局「救援」を「損害を分担する」ことを通じて行っているとするのであるから，損害分担説に含まれることとなり，独自の保険学説としての価値は見出し難い。そこで，独自の学説とは見做さず，損害分担説と捉える。

末高［1932］は，いくつかの学説が入り込んでいるといえるが，保険そのものは「共通準備財産を形成する経済施設」と捉えているといえるので，小島の共通準備財産説に含まれるといえるのではないか。しかし，白杉［1954］，本田［1978］，庭田［1995］にみられるように，末高の説を独自の保険学説「経済生活平均説」とするものがある。これらは末高［1941］（『保険経済の理論』明善社）に基づいているようである。そこで，末高［1941］を考察しよう。

末高［1941］では，保険科学の指導観念を生活資料の社会的時間的平均とこれによる個別経済の安定及び発展とし，平均を重視する。この観念をもっとも十分に，完全に保有するものが保険であるとし，これは従来の保険学説と異なる著者独自の保険の意義なので，従来の保険学説を解説，批判して自己の見解の妥当性を証明する義務を負うとする。そこで，保険学説の考察を行い，次の「平均説」（経済生活平均説）を提唱する。

保険とは私有財産制度の下に於て，経済生活の未来に於る不安定を除去し，それを保全し，或いは更に進んでそれを鞏固にし，或いはそれを一層発展せしめんがため，或は各個別経済間の生活資料の平均を獲得せんがための部局的責任の施設である。（同 p.32）[16]

したがって，末高［1941］では，独自の保険学説「経済生活平均説」とできよう。末高［1932］の時点では共通準備財産説に立つと思われるが，末高［1941］で独自の保険学説「経済生活平均説」を提唱したとして，末高の保険学説は独自の「経済生活平均説」とする。

酒井［1934］は，海上保険に対する定義という点でかなり独自のものであるが，海上保険の定義でありながら損害概念に結びつかないのが注目される。定

---

[16] この定義文は末高［1941］第1章第1節第1款「保険理論並びに科学」において登場するが，第1款の初出は末高［1936］と思われ，そこで「平均説（経済生活平均説）の提唱」（末高［1936］p.37）として初めて独自の保険学説を提唱したと思われる。

義文にはないが，保険団体が形成する共通準備財産が重視される点で共通準備財産説に近いが，定義文からは財産の形成自体ではなく，そこからの取り崩し・資金の流れの仕組みを重視しているといえるので，相互金融機関説に含まれるといえるのではないか。一方，印南は酒井［1939］（『保険経済学』平野書店）から酒井の説を蓄積原理説として高く評価する。そこで，酒井［1939］を考察しよう。

同書は経済形態学的研究を指向する。この研究方向は，従来の保険現象を全く他の経済現象から引き離し孤立的に取り扱う傾向の強かった研究と，全く異なる方向を目指すとのことである。

第1「生活安定化の二大形態としての宗教と経済」（傍点は原文通り）は，生活が危険の上に立っており，その対応の必要性について考察する。生活の不安定を克服するために，可能的危険への準備が強制されており，この準備的工夫を安定化とする。人間の文化発展は宗教時代から経済時代への推移であり，経済の独立と自立が与えられたので，物質的準備のための経済的配慮は，経済自らの理念に従って合理的・合目的的に行われれば良いとする。

第2「物質的安定化の歴史的諸形態」は，可能的危険に対する物質的準備としての経済安定化のための施設について歴史的に考察する。様々な施設が歴史上とられたが，統一的概念は「蓄積原理」とする（同 p.17）。

第3「貨幣経済制度の下における危険処理の二大形態としての企業と保険」（傍点は原文通り）は，貨幣経済の段階における危険処理について考察する。貨幣経済において生活を行う組織体・構成体は営利経済と家計経済なので，危険は家計経済的危険と営利経済的危険に分けられるとする。代表的な危険処理方法は企業と保険であるが，すべての営利経済的危険を企業が負担するわけではないので，家計経済的危険と一部の営利経済的危険を保険は負担する。

第4「貨幣経済制度の下における安定化の二大形態としての貯蓄と保険，並びにその待遇としての個人企業と株式会社」（傍点は原文通り）は，保険が結合の原理に立つ危険処理の制度なので結合に関して考察する。

第5「保険と株式会社の歴史的同時性と機構の同形性」（傍点は原文通り）は，保険と株式会社の比較を通じて蓄積の機構について考察する。保険制度を個人的蓄積の前期資本主義的安定化形態に対する後期資本主義における固有の安定化組織とする（同 p.54）。保険は個人が負担するには大なる損害を分担する仕

組みとして起こってきたのと同様に，個人企業の資本の限界を超えるために株式会社が起こったなど，保険と株式会社を対応させた考察がなされる。そのような考察を指して，「歴史的同時性と機構の同形性」としていると思われる。

第6「個人主義的原理の止揚としての組合と国家」(傍点は原文通り)は，組合的ないし国家的統制経済が自由経済に代位しつつあるため物的・資本的結合の原理に対して人的・有機的結合原理が台頭してくるとして，組合，国家に注目した考察を行う。

「結論」として，保険に全体の社会的発展の動向が宿っているとする。

同書は本文わずか87頁の小著に過ぎないが，蓄積原理に基づく一貫した歴史的考察がなされるところが注目される。パターン化した考察はみられず，貯蓄や株式会社との対比を通じて一般性を指向した考察ともいえよう。保険学説や保険本質論の考察がなされるわけではないが，同書全体が保険を蓄積原理として捉えることを主張しているといえよう。この点で，同書から，酒井の保険学説を独自の保険学説「蓄積原理説」とすることができよう。

三浦［1935］は，Bedarf（需要），Bedürfnisse（欲望）を使い分け（同p.63），ゴッビーマーネスの系譜の学説をマーネスの定義文で用いられている文言（Bedarf, Vermögensbedarf, Geldbedarf）から「需要説」とし，これを支持する（同p.95）。

磯野［1937］も，様々な保険学説を考察したのち最後に需要説を考察し，これを支持する（同pp.38-39）。

勝呂［1939］も，充足説（入用充足説）として，これを支持する。

近藤［1940］は，保険本質論の発展過程をみるために保険学説を取り上げる。ゴッビの学説を「欲望満足説」，マーネスの学説を「欲求充足説」と区分する。小島の学説をフプカの立場を基礎として保険を定義した「経済生活確保説」とし，これを支持するが，独自の保険の定義を行う。これは，近藤［1939］の考察において指摘したように，小島を含めて従来の学説が資本主義と保険との関係を十分に捉えきれていないという批判に基づいていると思われる。しかし，資本主義との関わりに配慮した修正を行った独自の定義文ではあるが，内容的には小島の共通準備財産説の定義文の修正に過ぎないといえるので，独自の保険学説とは認められない。

印南［1941a］では独自の学説の提唱はなく，入用充足説を支持する。

6．独自の保険学説

　西藤［1942］は，一応独自の学説「機構説」としたが，定義文からは明らかに経済生活確保説に含まれるといえ，独自の学説とする意義は乏しいと考える。

　園［1942］は，前述のとおり，「共通準備財産説＋相互金融機関説」とするが，園［1942］で登場した相互金融機関説については，その原典などについて考察していないので，ここで取り上げよう。園［1942］では，保険が相互金融機関であることは当然のことであるが，この点をはじめて端的に指摘したのが米谷隆三であるとする（園［1942］p.37）。印南［1956］も米谷説を独自の保険学説「相互金融説」とする。米谷は保険を次のように定義する。

　保険とは偶然性を有する事実の実現を起生条件とする相互金融の仕組みである。（米谷［1929］pp.84-85）。

　保険を行為として観念すると同時に仕組みとして観念することが本質をとらえるに最も必要な眼目とし（同 p.85），古来相互救済を本質とした原始的保険が漸次数理的基礎の上に合理的な展開がなされるに至って，相互金融をその本質とする現代的保険になったとする（同 pp.89-90）。保険会社を対外的のみならず対内的にも金融機関とし，保険会社を純粋な金融機関とする（同 p.92）。このように，米谷の説は筋金入りの金融重視といえ，保険と金融の融合と称して保険と金融の同質性を重視した今日の議論の先駆的形態といえる。保険の本質を財産の作成とせず，団体員相互の資金の融通を行うために組織される多数者間の関係とする。保険の金融的機能に関してではなく，保険の経済的保障機能，保険そのものを金融として捉える点は独自のものといえ，「金融説」などの呼び方もなされるが，米谷説を独立した保険学説「相互金融機関説」とする。また，前述のとおり，磯野［1934］はこの相互金融機関説に含まれると考える。

　以上の考察から，戦前の独自の保険学説は，小島・共通準備財産説，米谷・相互金融機関説，末高・経済生活平均説，酒井・蓄積原理説，園・共通準備財産説＋相互金融機関説と考える。独自の学説提唱はあまりなく，ドイツ保険学を中心とする保険学説の研究が盛んで，既存の学説のいずれを支持するかの考察が中心であったといえよう。ただし，定義文をより精緻なものにすることで保険学説の研究を深めようとすることが指向されたといえ，保険本質論の考察

において独自の保険学説といえるのか，単なる定義文の修正と見做すのかの判断が重要であるといえる。

次に，戦後初期の文献を振り返ろう。

加藤［1947a］は，需要説を支持する。マーネスの定義文を用いて詳細な考察を行っていることから，独自の定義文はない。加藤［1948］も同様である。

近藤［1948］は，通常の保険本質論の考察はないので，支持する学説，定義文の修正などもない。

印南［1950，1954］は，志田の定義文により考察しているが，保険本質論としては「保証貯蔵説」を提唱する。これは独自の保険学説といえる。印南［1967］は，既に著者が大著『保険の本質』（印南［1956］）で提唱した「経済準備説」に基づいて考察する。これも独自の保険学説といえる。なお，印南［1952］は，保険本質論の考察がない。

佐波［1951］は，経済生活確保説といえるが，保険本質論偏重の伝統的保険学に批判的な佐波にあっては，定義は便宜的なものに過ぎず，少なくとも独自の学説としての意義はないといえる。

白杉［1954］は，定義を行い，要件を導き出し，それに基づく考察というパターン化した考察がなされるが，前述の定義文から明らかなように，保険の目的を「財産の形成の確保」に求めている。共通準備財産説に酷似しているが所得確保説，財産保全説の一種とする見方もある（園［1954］p.85）。しかし，印南［1956］，大林［1960］同様独自の保険学説「財産形成確保説」とする（印南［1956］pp.233-234，大林［1960］pp.183-184）。

園［1954］は，各学説の系譜，相互関連に対して目配りの利いた保険学説の考察がなされている点で優れているが，自身の保険学説の考察については，園［1942］とどのような関係に立つのかという点の説明もなく，やや不十分である。先の考察のとおり，独自の学説「経済安定説」とする。

大林［1960］は，経済必要充足説（入用充足説）の立場に立つ。

相馬［1963］は，経済準備説を支持する。

以上の考察から，戦後初期の独自の保険学説は，印南・経済準備説（前身は保証貯蔵説），白杉・財産形成確保説（前身は稼得確保説），園・経済安定説といえよう。特に，大著『保険の本質』において提唱された印南の経済準備説の影響は大きく，前述のとおり，充足説と経済生活確保説の対立を止揚したとの

高い評価もある。

7. 保険学説名の精査

　以上の保険学説に先の考察で独自の保険学説としたものが，戦前，戦後初期のテキスト的文献を考察するにあたっての保険学説名となる。経済準備説が最新のものとなるが，テキスト的文献という制限を外して戦後初期以降の保険学説をみてみよう。保険本質論争，保険本質論の考察自体が下火となり，経済準備説を頂点として独自の保険学説の提唱などもほとんどなくなってくるが，経済準備説を批判して登場した有力な保険学説が庭田範秋の「予備貨幣説」（庭田［1960］）である。その後修正して経済的保障説（＝新予備貨幣説）（庭田［1970］）となる。経済的保障説の後，保険本質論自体がタブー視され，保険学説の提唱どころか保険学説の考察も行われなくなった。そのような中で，例外的に真屋尚生によって経済的保障説を批判的に継承する保険学説として「予備貨幣再分配説」が提唱された（真屋［1991］）。これらも独自の保険学説に含めることができよう。

　以上から，外国の保険学説，わが国独自の保険学説として認識するものは，次のとおりである。

損害塡補契約説，損害分担説，危険転嫁説，人格保険説，生命保険否認説，二元説，充足説（欲望充足説，入用充足説），経済生活確保説，共通準備財産説，貯蓄説，技術的特徴説，蓄積原理説，相互金融機関説，共通準備財産説＋相互金融機関説，経済安定説，経済生活平均説，稼得確保説，財産形成確保説，保証貯蔵説，経済準備説，予備貨幣説，経済的保障説，予備貨幣再分配説

　保険学説名を確定させる本章の目的からすれば，これを本章の結論とすることができようが，保険学説名の確定に当たっては小島の取り上げた歴史的系譜，理論的分類が意識されなければ意味がない。独立した保険学説を把握する基本は，保険学説史上の意義にあるといえ，その点を考慮するためには歴史的系譜が重要である。そして，独立した学説として把握されたものが，いかに理論的に分類されるかが重要である。このように保険学説の考察は，本来歴史と

図表 3.15 保険学説の系譜

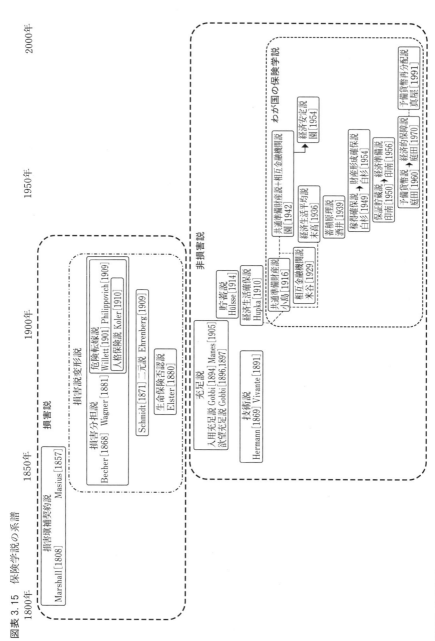

(出所) 筆者作成。

図表 3.16　保険学説の分類

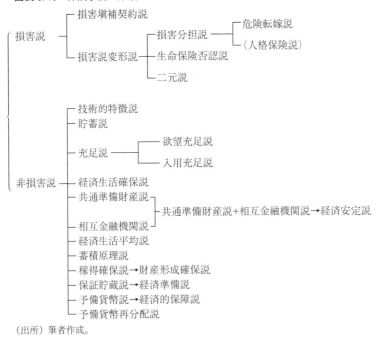

(出所) 筆者作成。

分類を軸とする考察が土台になければならない。そうでなければ，各学説を正当に評価することはできないであろう。そこで，確定させた保険学説名によって，歴史的系譜，理論的分類を明らかにすることを本章の結論とする。本章の結論は，図表 3.15, 3.16 のとおりである。

第4章

伝統的保険学の形成

1. 問題意識

　第1, 2章の考察により，わが国の本格的な保険研究は明治期に輸入学問として始まり，「保険学説の比較検討」，「支持する学説の表明」，「自分なりの保険の定義」，「保険の要件の導出」，「保険可能の範囲や保険類似制度との比較」などの考察を行うという，パターン化した考察とでもいうべき考察内容が確立してくることがわかったが，本章ではこの点を明確にして伝統的保険学の特徴を導き出したい。そのために，チェック項目を設け，その項目を第1, 2章で取り上げた文献がどのように充足しているかをみることにする。

2. チェック項目の設定

　次の（1）から（10）のようにチェック項目として設定する。

（1）保険学
　戦前の保険学形成期は，まさに保険に関する学問自体がどうあるべきかが問われたといえるが，そこではドイツ流の集合科学の影響を受けた考え方，集合科学は科学にあらずとし，保険が経済制度であることを重視して保険経済学を土台に保険学の体系を考える見解との対立がみられた。もともと海上保険契約に関する保険法学として保険学が生成してきたので保険法学が優位であり，いずれの立場も隣接科学との関係は密接と考えていたので，保険法学は重視された。両者の違いは，保険経済学と保険法学などの隣接科学が対等な関係に立つのか，後者は前者の補助学なのかにあったといえる。しかし，保険の特徴とし

て様々な保険があるという多種多様な保険を指摘できるので，保険の考察は多種多様な保険に共通する考察と個々の保険に関する考察が重視され，前者の考察を行う保険総論，後者の考察を行う保険各論として保険学は発展した。そこで，保険学の在り方自体を考察しているか（「保険学」），保険経済学，集合科学いずれを重視するか（「保険経済学」，「集合科学」），保険総論＋保険各論を前提としているか（「保険総論＋保険各論」）をチェック項目とした。また，総合保険学を指向する場合のみならず保険総論を指向する場合保険法学が重視されることが多いので，保険法学を重視しているか（「保険法学」）もチェック項目とした。

(2) 保険本質論

保険本質論については，改めて指摘するまでもないだろう。第3章でみたように，保険学説の比較検討を行い，自ら支持する学説を明示し，自分なりの定義を行い，その定義文から保険の要件を導き出すという考察パターンが散見される。そこで，様々な保険学説を取り上げて比較検討しているか（「保険学説」），保険の定義を行っているか（「保険の定義」），保険の要件を導き出しているか（「保険の要件」），独自の保険学説を提唱しているか（「独自の保険学説」）をチェック項目とした。また，保険学説自体は損害説から非損害説へと進化したが，リスクとの関係で今日では逆に損害と結びつける見解が有力となってきたことから，「損害概念の重視」をチェック項目とした。また，相互扶助を重視する見解がみられ，現在においてもわが国ではその傾向が根強いことから，保険を相互扶助とするか（「相互扶助」）もチェック項目とした。さらに，保険団体の形成を重視する見解が多く，また，これは保険技術や保険の社会性の認識などとも関わる重要な点なので，保険団体を重視しているか（「保険団体」）もチェック項目とした。

なお，保険学説については，独自の保険学説を提唱している者もいるが，独立した保険学説とは見做せないものが散見されたり，拠って立つ保険学説がどの学説であるかを判断するのが困難な場合もある。そこで，各論者あるいは各文献の拠って立つ学説がなんであるかを明確にするための考察が必要となるので，それを第3章で行った。本章では第3章の保険学説名に従う。

(3) 保険類似制度，保険可能の範囲

考察対象の特徴を浮かび上がらせる方法の一つとして，似て非なるものとの比較をするというのがあげられよう。保険では，保険の本質，特徴を明示するための方法として，保険類似制度の考察をすることがパターン化している。特に，保険の要件を導き出し，その要件との関係から，各保険類似制度のどこが保険に似ていて，どこが違うのかを明らかにする考察がパターン化しているといえる。そこで，保険類似制度の考察（「保険類似制度」）をチェック項目とした。また，保険が要件を持つということは，その要件が揃わないと保険は成立し得ないということになり，保険可能な範囲が画されている，あるいは，保険には限界があるということになる。こうした保険可能の範囲，保険の限界についての考察（「保険可能の範囲」）もよく行われることからチェック項目とした。

(4) 保険の分類

様々な保険があるので，それを分類するということが非常に重要である。様々な基準で保険を分類することで，保険を多面的に把握することができ，保険の性格を把握できる。ただし，この場合の分類とは，ある所に焦点を当てその他は捨象するといった分類となるので，分類の目的が限定的である。この分類には，実際上の理由や歴史的な経緯で作られた非科学的な便宜的分類も含まれることに注意を要する。もう一つ重要な分類は，多種多様な保険を総体として把握するのに資する分類である。保険の分類の考察は，もっともパターン化した考察の一つといっても過言ではないが，注意を要するのは，保険の分類にはこの二種類があるということである。換言すれば，様々な基準で保険の特徴を明らかにする分類と体系的把握を指向した総体としての保険を把握するための基準による分類である。それぞれの文献が保険の分類自体を行っているのか（「保険の分類」），行っている場合単なる様々な基準なのか（「様々な基準」），体系的把握を指向しているのか（「体系的把握」）をチェック項目とした。

(5) 保険事業の経営主体

多種多様な保険の存在の前提に保険企業が多様であることがあげられる。このため，保険事業の経営主体の考察を行っているか（「保険事業の経営主体」）もチェック項目とした。

(6) 保険史，保険の近代化

学問体系の標準の一つとして，理論・政策・歴史があげられる。保険史は保険の本質把握と関連させて，重要視される場合が多い。また，保険史の考察において重要なことの一つは，保険が近代資本主義社会においていかに生成したかである。すなわち，保険の近代化が保険史において重要である。そこで，保険史の考察を行っているか（「保険史」），行っている場合，保険の近代化の考察を行っているか（「保険の近代化」）をチェック項目とした。

(7) 保険政策

理論・政策・歴史の政策面に関わる考察，保険政策を取り上げているか（「保険政策」）をチェック項目とした。

(8) 保険の利益・弊害

保険にはメリット，デメリットがあるので，それらを整理する考察が行われるが，その考察（「保険の利益・弊害」）をチェック項目とした。保険のメリットは「保険の価値」などの表現で考察されたりもする（柴 [1931]，三浦 [1935]）。また，保険の利益と似ているが，保険は独自の機能を果たしており，保険の目的や機能，効果といった点の考察（「保険の機能・効果」）もチェック項目とした。

(9) 保険金融

保険の機能といえば，経済的保障機能のほかに，蓄積された保険資金の運用という金融的機能がある。金融的機能は付随的機能として往々にして軽視されるので，保険金融を考察対象としているか（「保険金融」）もチェック項目とした。

(10) 保険の二大原則（給付・反対給付均等の原則，収支相等の原則）

給付・反対給付均等の原則 $P=wZ$（P：保険料，w：危険率，Z：保険金），収支相等の原則 $nP=rZ$（n：保険加入者数，r：保険事故遭遇者数）は，保険によって形成される貨幣の流れを十分に説明できる重要な原則であり，保険理論の核心部分である保険の二大原則であると考える。そこで，これを取り上げて

いるか（「保険の二大原則」）をチェック項目とした。

3. 分析結果

戦前の文献に関する分析結果は，図表4.1のとおりである。
図表4.1から，次のような傾向がうかがえる。

(1) 保険学

多くの文献において，序や独立した箇所を設けて保険学がいかなる学問であるかを考察している。まさに，保険学の形成過程であったことの反映であろう。柴［1931］は，保険学は広義，狭義に分けられ，前者は保険経済学，保険法学，保険数理学，保険医学，保険財務学などのおよそ保険に関するすべての学問を包含し，後者は経済学の一部門に属する保険経済学であるとする。また，保険学は前者のような総合科学か後者のような保険経済学であるかで議論があり，前者の立場に立つものに粟津清亮，三浦義道，後者の立場に立つものに志田鉀太郎，小島昌太郎，米谷隆三があり，柴は前者の立場に立つとする（柴［1931］pp.5-7）。磯野［1937］は，保険学について独立した科学とするか否かで論争があり，肯定説にマーネス，粟津，三浦，否定説にロールベック，小島，米谷をあげ，磯野は肯定説に立つとする（磯野［1937］p.2）。独立した科学か否かという問題は，経済学の一部門とすれば独立せず，総合科学とすれば独立するとしているようなので，柴［1931］，磯野［1937］の指摘する争点は，同じであるといえる。

粟津［1921］では，英米流の分化的講究に対して「保険の総合的講究を目的とする」（粟津［1921］序p.4）としていることから，海上保険論，生命保険論といった保険各論ではなく，保険総論を指向しているといえる。しかも，経済学に基づくとしていることから，保険経済学を土台にしているようである。換言すれば，保険一般という次元での考察を求めているといえ，その次元の考察で基本となる学問は経済学であるとする。保険の講究は「経済学の領域に属す」（同p.59）とし，柴［1931］，磯野［1937］が粟津と対立するとする小島を「保険の総合的経済学的講究に時代を画成するの人」（同p.84）として高く評価する。しかし，海上保険論が保険法学と結びつき，生命保険論が保険数学と結び

図表 4.1 パターン化した考察

	奥村[1912]	粟津[1921]	志田[1927]	小島[1929]	柴[1931]	末高[1932]	酒井[1934]
(1)保険学	○	○	○	○	○	○	△
保険経済学	×	○	○	○	○	○	×
集合科学	○	×	×	×	×	×	×
保険法学	×	×	×	×	○	○	○
(2)保険総論＋保険各論							
保険本質論	×	○	×	○	○	○	○
保険学説	○損害填補説	○損害分担説	○入用充足説	○	○損害填補説	○共通準備財産説	○金融説
独自の保険学説	×	×	×	○共通準備財産説	×	×	×
損害概念の重視	×	○	○	×	○	×	○
相互扶助	×	○	○	○	○	○	○
保険の要件	×	○	○	×	×	○	×
(3)保険類似制度	○	○	○	×	×	○	×
保険可能の範囲	×	○	○	×	×	○	×
(4)保険の分類							
様々な基準	×	×	×	○	×	○	×
体系的把握	×	○	○	×	○	○	×
(5)保険事業の経営主体	○	×	×	○二大勧許会社	×	×	○二大勧許会社
(6)保険史	×	○	○	×	○	○1700年前後	○
保険の近代化	×	×	×	×	×	×	×
(7)保険政策	×	○	○	×	○	○	○
(8)保険の利益・弊害	○	○	○	×	○	○	○
保険の機能・効果	×	○	×	×	×	×	×
(9)保険金融	×	×	×	×	×	×	×
(10)保険の二大原則	×	×	×	×	×	×	×

138　第4章　伝統的保険学の形成

3．分析結果

	三浦[1935]	磯野[1937]	勝呂[1939]	近藤[1940]	印南[1941a]	西藤[1942]	園[1942]
(1)保険学							
保険経済学	○	×	×	○	○	○	×
集合科学	△	○	×	○	○	×	×
保険法学	○	○	×	×	×	×	×
保険総論＋保険各論	×	○	○	×	×	×	○
(2)保険本質論	○	○	○	○	○	○	○
保険学説	○入用充足説	○入用充足説	○入用充足説	○共通準備財産説	○入用充足説	○	○共通準備財産説＋相互金融機関説
保険の定義	×	×	×	×	×	×	×
独自の保険学説	×	×	×	×	×	○機構説	○
損害概念の重視	×	×	×	×	×	×	×
相互扶助	×	○	×	×	×	×	×
保険団体	×	○	×	×	×	○	×
保険の要件	○	○	○	○	○	×	×
(3)保険類似制度	○	○	○	○	×	×	×
保険可能の範囲	×	○	×	×	×	×	×
(4)保険の分類	○	○	○	○	○	○	○
様々な基準	×	×	×	×	×	×	×
体系的把握	○	○	○	○	×	○	×
(5)保険事業の経営主体	○	○	○二大勧誘会社等	○18c後半－19c	×	×	○合理的拠出
(6)保険史	○	×	○	○	×	○	×
保険の近代化	×	×	○	○	×	×	×
(7)保険政策	○	○	×	○	○	×	○
(8)保険の利益・弊害	○	○	×	×	×	×	×
保険の機能・効果	○	○	○	○	×	○	×
(9)保険金融	×	×	○	△	×	×	○
(10)保険の三大原則	△	△	×	△	○	○	○

(注) 1．考察項目を充足する場合を○，充足しない場合を×とした．どちらともいえない場合は，△とした．
　　 2．「保険学説」，「保険の定義」，「独自の保険学説」のところの名称は，保険学説名である．
　　 3．「保険の近代化」の記載事項は，近代化の条件または史実，近代化の時期である．
　　 4．二大勧誘会社とは，The London Assurance Corporation, The Royal Exchange Assurance Corporation である．
　　 5．「保険の三大原則」の△は，レクシスの原理（給付・反対給付均等の原則）のみの考察を行っているものである．
(出所) 筆者作成．

つくように，保険各論が特定の学問的色彩を帯びているため，粟津［1921］で分化的講究として考察されるものは，アクチュアリー学，保険医学，保険法，労働保険であり，粟津［1921］では経済学による総合的講究が強調されるものの，三浦［1935］でも三浦と同様な総合保険学重視の立場とされる。そして，その総合保険学がドイツ流の集合科学を意味するとなれば，保険経済学を重視するといっても，ドイツ流集合科学を否定し，保険経済学を土台にすべきとの小島の見解とは対立することとなる。

粟津は集合科学論者と見做されているが，粟津［1921］の時点ではもっぱら保険経済学の重要性を指摘し，総合の意味も集合科学的な意味よりも保険各論に対する保険一般を対象とした保険総論を指向するという意味に重点が置かれていると思われ，集合科学的見方については言及していないので，「保険経済学」の欄に「○」，「集合科学」の欄に「×」を入れた。酒井［1934］は，保険経営学に関してはかなり詳しく論じているが，保険学についてはほとんどないため，「保険学」の欄を「△」とし，その他は「×」とした。三浦［1935］は，保険学は経済学の一分野としつつもその場合の経済学を広義の経済学とし，集合科学的な保険学の位置づけを広義の経済学に求めているようなので，「保険経済学」の欄に△，「集合科学」の欄に「○」を入れた。勝呂［1934］は，経済的視角より統一的に解説せんとしたとするが，保険学をどう捉えているか明らかではないので「保険学」，「保険経済学」，「集合科学」の欄を「×」とした。印南［1941］は経営経済学について詳しく論じ，保険経済学への言及もあるが，保険学をいずれと考えるか必ずしも明記していない。しかし，集合科学を否定する志田を支持する記述（印南［1941］p.22）から判断した。西藤［1942］は，集合科学や保険経済学についての考えが明記されていないが，保険学を経済学の一分野とする者より経済学的考察が徹底しているといえるので，集合科学に否定的であると思われる。

(2) 保険本質論

独自の保険学説の提唱はあまりないが，様々な学説を比較検討し，保険を定義しているものが多い。独自の保険学説として提唱しているものの中には，独自の保険学説とはできないものがある。

戦前の保険本質論の展開は，入用充足説，経済生活確保説を軸に，各保険学

説を考察して支持する学説がどの学説であるかを明示することに主眼が置かれたといえる。保険の本質把握において，非損害説の発展を背景として損害概念を重視しているものは少なく，保険団体の形成をいずれも重視している。保険の相互扶助性を重視しているものも多い。また，保険の定義から保険の要件を導き出しているものが多い。

(3) 保険類似制度，保険可能の範囲

保険の要件から保険類似制度，保険可能の範囲を考察するものが多く，図表4.2のようなパターンがみられる。

図表4.2　保険の本質の考察パターン

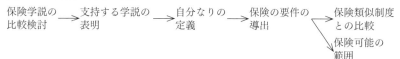

(4) 保険の分類

西藤［1942］を除いた文献すべてで取り上げられているほどパターン化した考察といえる。保険の分類については，ほぼ完全にパターン化しているといえ，それは様々な分類基準は一つの知識として，テキストで取り上げられるべきものと位置づけられているからであろう。そうした中で，一部体系的な分類などを指向するものが散見されるが，あえてこのような分類を試みるのは，上記の保険学に対する考え方の違いといった点ではなく，分類の考察の目的にあると思われる。多種多様な保険に対し，各種保険の性格を把握するためには様々な分類が必要であり，目的に応じて各種分類を使えばよいであろう。しかし，前述のとおり，多種多様な保険が保険総体として社会にどのような役割を果たしているのかを分析するとなれば，何らかの基準で保険を総体として捉えるための体系的分類が必要とされよう。必ずしもこの目的と同じではないが，明確な意図を持ったいわばテキスト的な分類以外の分類を指向している文献も散見される。

(5) 保険事業の経営主体

多種多様な保険の存在理由である保険事業の経営主体の多様性に対して，そ

の考察がパターン化しているが，これは保険の分類と同様であろう。

(6) 保険史

　保険史に関しては，大きく二つの考察の仕方があると思われる。一つは，保険総論において保険史を取り上げるというもの，もう一つは保険各論として各種の保険史を取り上げるというものである。もちろん，両者は二者択一ではなく，本来どちらでも取り上げられるべきものであろうが，保険学上保険史はどのように位置づけられるべきかという点に注意を要する。保険史は個々具体的な史実の研究が基本となろうから，個別の具体的保険が題材とならざるを得ない。したがって，海上保険であるとか，火災保険であるとか，個別の具体的な保険の考察となる。そのことで必然的に保険各論に結びつき，保険史は保険各論を構成すると考えられそうであるが，個別具体的な保険の展開で現象する保険総体としての生成・発展を考察するのでなくては，保険史としての意味はない。特に，近代保険の生成・発展は保険史の中核をなすテーマの一つといえ，これは保険各論で取り扱われるべき問題ではないであろう。理論・歴史・政策といった保険学の体系の次元で把握すべき問題である。保険各論として各種保険のそれぞれの歴史を考察することは意味のあることであろうが，それをもって保険史の考察とするのではなく，保険総論として総体としての保険の生成・発展を考察すべきである。こうした保険史考察の方法論的な点についての認識がないまま，多くの文献が保険史を取り上げパターン化した考察となっているので，総じて保険学の体系，考察の目的についての意識が低いといわざるを得ない。このため，二大勅許会社の設立をもって保険の近代化とするなど，近代化の捉え方が粗雑であるものが多い。

(7) 保険政策

　保険史とは対照的に，大半の文献が取り上げていない。

(8) 保険の利益・弊害，保険の機能・効果

　ほとんどの文献が両者のどちらかを取り上げている。

3．分析結果

（9）保険金融

　保険の機能を何に求めるかについてのコンセンサスはないものの，付随的・派生的機能として金融的機能を指摘することについては異論が出されないのではないか。保険の金融的機能に関わる保険金融の考察はほとんど行われなかったが，保険会社の資金量が無視できなくなると保険金融の分析が行われるようになった。すなわち，生命保険会社の金融機関としての地位の高まりを背景として，1940年代以降の文献では考察されるようになる。ただし，あくまでも付随的なものとして研究の王道は本来的機能の部分とされたためか，この分野の研究は保険学者ではなく，実務家を中心に進められたといえよう。

（10）保険の二大原則

　全くといってよいほど取り上げられていないが，1930年代の文献でレクシスの原理（給付・反対給付均等の原則）のみの考察を行うものが出てきた。これらについては，「△」とした。

　次に，戦後の初期の文献の分析結果を見てみよう。図表4.3のとおりである。戦前との比較を中心に結果を要約すると，次のとおりである。

（1）保険学

　戦前ほど保険学の在り方に対する考察は積極的でなくなったといえよう。

（2）保険本質論

　戦前との比較では，定義文の修正を含めて，印南を中心に独自の保険学説を追求する姿勢が強いといえる。入用充足説と経済生活確保説を軸とした戦前の論争から独自の保険学説を模索する動きといえよう。一方，佐波［1951］のように戦前からの考察が保険本質論偏重とする批判も生じている。この点において，保険本質論の研究ひいては保険の研究が転機を迎えつつあった。

（3）保険類似制度，保険可能の範囲，（4）保険の分類，（5）保険事業の経営主体

　戦前と変わらない。

図表 4.3 戦後初期の文献

	加藤[1947]	加藤[1948]	近藤[1948]	印南[1950, 1954]	印南[1967]	印南[1952]
(1)保険学						
保険学	○	○	△	×	×	×
保険経済学	○	○	×	×	×	×
集合科学	×	×	×	×	×	×
保険法学	×	○	×	×	×	×
保険総論+保険各論	×	×	×	×	×	×
(2)保険本質論						
保険学説	○入用充足説	○入用充足説	△	○	○	×
保険の定義	×	×	×	○保証貯蔵説	○経済準備説	△
独自の保険学説	×	×	×	×	×	×
損害概念の重視	○	×	△	○	○	○
保険の要件	○	○	×	○	○	○
相互扶助	○	×	×	△	△	△
保険団体	○	×	△	○	○	○
(3)保険類似制度						
保険可能の範囲	○	×	×	×	×	×
(4)保険の分類						
様々な基準	○	×	△	○	○	○
体系的把握	○	○	○	×	×	×
(5)保険事業の経営主体	×	×	×	×	×	×
(6)保険史	×	×	○近代資本主義の発展	×	×	×
(7)保険政策	○	×	×	○	○	○
(8)保険の利益・弊害	×	×	×	×	×	×
保険の機能・効果	○	○	×	○	○	○
(9)保険金融	×	×	×	×	×	×
(10)保険の二大原則	△	△	△近藤[1940]と同様	○	○	○

3. 分析結果

	佐波 [1951]	白杉 [1954]	園 [1954]	大林 [1960]	相馬 [1963]
(1)保険学					
保険経済学	○	○	○	○	×
集合科学	×	×(総合科学)	○	×	×
保険法学	×	×	×	×	×
保険総論＋保険各論	×	○	○	×	○
(2)保険本質論					
保険学説	×	○財産形成説	○	○入用充足説	○経済準備説
保険の定義	△危険重視	○	×	×	×
独自の保険学説	×	×	×	×	×
損害概念の重視	×	○	×	×	△
相互扶助	○	×	×	×	×
保険の要件	△	○	×	×	×
(3)保険類似制度					
保険可能の範囲	×	×	×	×	×
(4)保険の分類					
様々な基準	○	○	○	○	○
体系的把握	×	○	×	○	○
(5)保険事業の経営主体	○	○二大勅許会社	×	×	○
(6)保険史					
保険の近代化	○	○	×	△	○
(7)保険政策	×	×	×	×	○
(8)保険の利益・弊害	×	○	×	△	○
(9)保険の機能・効果	○	×	×	×	○
(10)保険金融	○	△	×	×	○
保険の二大原則	△	○	○	○	○

(注) 1．チェック項目を充足する場合を○，充足しない場合を×とした。どちらともいえない場合は，△とした。
2．「保険学説」，「保険の定義」，「独自の保険学説」のところの名称は，保険学説名である。
3．「保険の近代化」の記載事項は，近代化の条件または史実，近代化の時期である。
4．二大勅許会社とは，The London Assurance Corporation, The Royal Exchange Assurance Corporation である。
5．「保険の二大原則」の△は，レクシスの原理（給付・反対給付均等の原則）のみの考察を行っているものである。

(出所) 筆者作成。

(6) 保険史

戦前同様保険の近代化についての考察が甘い。そのような中で近藤［1948］は保険の歴史を重視しているが，それでも保険の近代化をめぐる考察は不十分である。保険の近代化の考察が不十分であるのは，伝統的保険学の特徴であるといえ，水島［1970］によって批判される。また，こうした歴史の考察の不十分さは保険本質重視と表裏の関係をなすとの田村［1979］の批判もある。

(7) 保険政策

戦前同様考察していないものが多い。

(8) 保険の利益・弊害，保険の機能・効果

戦前ほどではないが，ほとんどの文献が両者のどちらかを取り上げている。

(9) 保険金融

1940年代以降の流れが続いている。

(10) 保険の二大原則

最も特筆されるべき点で，ほとんどの文献で取り上げられるようになり，様変わりである。

戦前からの流れという点からは，保険の二大原則による考察が確立してきたといえそうであり，同時に，戦前同様保険本質論に対する考察が必須項目とされている観がある。伝統的保険学は両者を特徴とする様相を呈するに至ったと考える。伝統的保険学に対しては保険を相互扶助とする見方に対する批判などもあるが（水島［1994］），必ずしもこの見方がコンセンサスになっているとはいえないので，伝統的保険学の特徴として保険を相互扶助とすることを指摘することはできないであろう。特徴を多くのものに共通する点とすれば，繰り返し述べている保険本質論の重視と二大原則による保険の把握の二点ではないか。そして，両特徴は密接に結びついていると思われる。それは，二大原則が確立していくに伴い，それと整合性のある精緻な保険の定義が求められ，保険本質論争が活発になったと思われるからである。しかし，このため伝統的保険

学に対しては，過度な保険本質論争に陥ったとの批判がなされることになる。戦前も保険本質論争があり，様々な保険学説を一々取り上げるといったパターン化された状況が一種の手続きとされ，過度な保険本質論争として批判されるようであるが，戦後は二大原則との関係から精緻な定義文を求めるという形の過度な保険本質論争といえよう。このように，戦後確立した二大原則による保険の把握は，わが国の保険研究の動向において極めて重要な位置を占める。それのみではない。保険の二大原則は，貨幣現象である保険の把握において中核を占めるといえ，保険理論上も極めて重要である。そこで，この二大原則がどのように定着したかをみておこう。

4. 保険原理と二大原則

　原理とはものの拠って立つ根本法則であり，事物の根本要素である。ここに保険原理とは，保険制度が拠って立つ根本法則であり，保険の根本要素である。保険に関しては，独特の貨幣の流れを形成する保険制度が拠って立つ根本の法則である「給付・反対給付均等の原則」，「収支相等の原則」の「保険の二大原則」と両者を結びつける「大数の法則」として把握することができるのではないか。保険料を P，保険金を Z，保険加入者数を n，保険事故遭遇者数を r，危険率を w とすると，$P=wZ$ が給付・反対給付均等の原則であり，それは保険料が保険金の数学的期待値に等しいという個別の保険取引の均衡を示し，$nP=rZ$ が収支相等の原則であり，全体の保険団体の均衡を示す。$w=\frac{r}{n}$ であれば式の変形が可能となり，これが両式・両原則を結びつけているといえる。w を保険契約に際して予め適用する危険率の予測値とすれば，$\frac{r}{n}$ はそのような保険料で同質・同量の危険の大量集積を目指して獲得した保険契約件数・保険加入者数 n 人のうち不幸にして保険事故に遭遇した保険契約件数・保険加入者数 r 人の割合であるから，実際に形成された保険団体の保険事故率・危険率の実績値といえる。このように考えると，$w=\frac{r}{n}$ は危険率の予測値と実績値が一致することであり，大数の法則が成り立てばこれが充足される。したがって，大数の法則が両原則を結びつける関係とは，危険率の予測値と実績値が一致することを意味する。

　保険取引の次元の均衡を示す給付・反対給付均等の原則，保険団体の均衡を

示す収支相等の原則，両者を結びつける大数の法則，これら三者の関係によって保険の貨幣の流れを原理的に捉える見方を「二大原則的把握」とする。この捉え方は保険特有の貨幣の流れを見事に説明する，保険原理といえる保険理論の中核を占めるものと位置づけることができるであろう。また，保険独特の貨幣の流れを説明したものなので，保険学特有の理論であり，保険学を特殊な学問ならしめている要因でもある。

　本章の考察で明らかになったように，戦前のレクシスの原理（給付・反対給付均等の原則）についての考察で発展して戦後に定着したものである。戦前の研究では，給付・反対給付均等の原則について言及する文献がいくつかみられるが，保険の原理と位置づけられて考察されることはなく，全く触れていない文献の方が多かった。この原則を指摘したのがレクシスであるため，この原則の考察は「レクシスの原理」の解釈という面を有した。レクシスの原理＝給付・反対給付均等の原則の解釈について見解が対立したが，戦前は保険料総額と保険金総額が一致するとする収支相等の原則の解釈が多かった。レクシスの原理の解釈が積極的になされるわけではなかったので，見解の対立が論争になることもなく，そのため正確なレクシスの原理の解釈が追究されないまま，戦後に流れていった。しかし，戦後は戦前の通説的な収支相等の原則的解釈が誤りとされ，レクシスの原理＝給付・反対給付均等の原則が $P=wZ$ の式として把握され，保険取引の次元の均衡を意味するとされる。保険団体の均衡は収支相等の原則とされ，こうして保険取引の均衡を示す「給付・反対給付均等の原則」，保険団体の均衡を示す「収支相等の原則」として二大原則的把握が通説となっていく。レクシスの原理をめぐる解釈が，二大原則的把握に重要な役割を果たしたといえる。以上が二大原則の通説化の過程を要約したものとなるが，わが国保険研究の歩み，伝統的保険学形成過程において重要な点なので，さらに仔細に考察しよう。

　ウィリヘルム・レクシス（Wilhelm Lexis, 1837〜1914）はドイツの経済学者・統計学者であるが，統計学の方で優れた労作を残し，保険に関しては唯一の文献としてマーネス編集の保険学辞典（初版）に収められた「経済的保険概念」の項に保険に関する短文（Lexis [1909]）があるのみである（印南 [1951] p.2, 保険研究所編 [1978] p.1025）。その短文で登場した das Prinzip der Gleichheit von Leistung und Gegenleistung がレクシスの原理である「給付・反対給付均等

の原則」である。それは，保険の要件として指摘された四点の最後の四点目の「負担」に関する論述で登場した。次のとおりである。

　現実の事件による負担の基準としては，支払われる金額はいかなる意味においても，救助の性質を持つこともなく，また，払い込まれる醵金は同じく慈善的給付を有せぬこと，参加する被保険者たちの間には給付・反対給付均等の原則が標準になることが肝要である。しかし，この原理は次のことを前提とする。すなわち，管理の費用と営利行為をなす保険企業における利益付加分を度外視するときは，被保険者の給付すべき醵金は彼が偶然に受け取ることあるべき支払金の数学的期待値に等しいことである。換言すれば，醵金または保険料を P とすれば P=wZ なのであって，ここに Z は支払われるべき金額を w はその金額が支払われる確率を表示する。(Lexis [1909] S.216, 印南 [1941b] p.27)[1]

　「現実の事件による負担の基準」というのは，負担＝保険料であろうから保険料の基準を意味し，簡単にいうと保険料の公平な負担の基準とでもいうべきものであろう。「支払われる金額はいかなる意味においても，救助の性質を持つこともなく」というのは，救助に似た性質を持つ貨幣の支払いを意味するから，「支払われる金額」は保険加入者に支払われる保険金を指し，「払い込まれる醵金は同じく慈善的給付を有せぬこと」における「払い込まれる醵金」は保険加入者から支払われる保険料を指すと思われる。要するに，両者が保険加入者を主体にして受け払いされる貨幣を指し，それらが救助，慈善ではないとして，両者の金額の合理性が示唆される。

　給付・反対給付均等の原則は「被保険者間」で成り立たなければならず，その前提が P=wZ の式である。したがって，給付・反対給付均等の原則は P=wZ を前提に導かれる原則である。「払い込まれる醵金は同じく慈善的給付を有せぬこと」ということから「給付」は保険料を指すと思われるので，「反対給付」は保険金を指すとなろう。そこで，給付・反対給付均等は保険料＝保険金と考えることができる。そして，その関係が被保険者間に成立しないといけないのである。被保険者間というのは，被保険者全体ではなく，被保険者同士という

---

[1] 印南 [1941b] はレクシスの原理に関する論文であるが，Lexis [1909] の翻訳が含まれている。Lexis [1909] の翻訳は，この他に岩崎 [1941] がある。ここでは，印南訳による。

ことであろうから，被保険者ごと・個別の保険取引の視点に立っていると思われる。「数学的期待値」という点を考慮すれば，保険取引においても保険料＝保険金の期待値という価値的な意味で保険料＝保険金とできる。すべての被保険者に保険料＝保険金の期待値として負担が求められるならば，すべての被保険者の負担の重みが均等になるので，被保険者の間の公平が保たれるという意味であろう。レクシスは負担としての保険料の公平性を問題とし，それは保険料＝保険金の期待値（P=wZ）という保険料であり，保険取引の視点で被保険者間の関係を問題にしたと思われる。以上から，レクシスの原理は保険取引の次元で，被保険者ごとの均等を問題にしたと考える。

それでは戦前にレクシスの原理を取り上げた文献をみてみよう。レクシスの見解をわが国で最初に取り上げたといわれるのが，志田［1926］である（印南［1951］p.3)[2]。

（１）志田鉀太郎［1926］，「保険の基本精神を論ず」『明大商学論叢』第1巻第1号。

志田［1926］は，入用充足説を正しく捉えた数少ない者としてレクシスを高く評価する（志田［1926］p.9)。また，レクシスは給付・反対給付均等の原則を提唱したが，それを保険の本質とせず，あくまで保険の一要素として公平な分担を表すものと捉え，保険の本質を入用充足に求めたことを卓見とする（同p.16)。印南［1951］によれば，レクシスの原理を保険取引の次元ではなく，保険団体の次元または保険料総額と保険金総額の総額ベースの原理とする誤解がみられるが，志田［1926］はわが国で初めてレクシスを取り上げながらも，正しく捉えていたとする（印南［1951］p.3)。それでは，印南自身（印南［1941a］）を含めて，志田以後レクシスの原理の理解を誤ったものが続出したのは，なぜであろうか[3]。印南［1951］ではその理由を，公平の原則が重視されなかったこと，保険料総額と保険金総額との均等は全体について経済学的ないし経営学

2）印南［1951］では，レクシスの原理を考察した先行研究に触れつつ，その正しい解釈を試みている。レクシスの原理に関する最も重要な先行研究であると考える。

3）印南［1951］では，レクシスの原理を誤って捉えたものとして，鈴木［1934］，勝呂［1939］，近藤［1940］，吉川［1940］，岩崎［1941］，西藤［1942］をあげている。印南自身印南［1941a］において，同様な誤りを犯していた。

的に考慮する人々にとって容易に念頭に浮かぶ事柄であること，レクシスの叙述の慎重な検討を怠ったこと，の三点に求めている（印南［1951］pp.8-9）。「公平の原則が重視されなかった」というのは，保険取引の次元での把握が重視されなかったということであろう。通常保険料≠保険金なので，そこに期待値を考慮した等価を公平性の観点から考え，保険料＝保険金の期待値として一種の保険料＝保険金である給付と反対給付の均等を考えることができなかったのではないか。すなわち，保険料＝保険金ということで保険取引の次元の均衡という発想に結びつくことなく，総額ベースの保険団体の次元の均衡と考えられてしまったということである。ましてや，保険取引の均衡と保険団体の均衡を結びつけるという二大原則の発想は乏しかったと思われる。この点を意識しながら，志田［1926］以降の文献を取り上げよう。

（２）磯野正登［1937］，『保険学総論』保険経済社。

磯野［1937］では，レクシスという名は出ないが，次のようにレクシスの原理について考察する。

保険料をP，保険事故発生の蓋然率をw，保険金をZとして，下記式を考える。

$P=wZ$

この式は保険者と保険契約者の数学的期待値が均等であることを示し，これをドイツの学者は「給付反対給付均等の原則」と呼ぶとしている（磯野［1937］p.85）。明記されていないが，もちろんレクシスを指すのであろう。しかし，これは不正確な表現で正しくは，「給付反対給付の数学的期待値均等の原則」とすべきとする。さらに，総額ベースで把握すべきとする者がいるが，もしそうであるならば，下記のような式にしなければならないとする。

$\Sigma P = \Sigma wZ$

磯野［1937］は「等価交換」という用語を使用していないが，期待値との一種の等価交換がなされているという保険取引の次元でレクシスの原理，特にP=wZという式を把握しているといえ，志田［1926］と同様に保険取引の均衡として正しい理解がされている。しかも，総額ベースの把握の算式を示すことでその誤りを指摘しようとしているという点では，志田［1926］よりもはるかに明確にレクシスの原理を説明している。ただし，二大原則的把握が前提とす

る同質の危険の大量集積という単純化を行えば，P=wZ の式でも総額ベースの議論を展開することは可能である。なお，磯野［1937］の関心はあくまでも保険料にあり，その総額や保険経営に関する関心はないので，総額ベースの把握ないしは二大原則的な説明はない。

（3）近藤文二［1940］，『保険学総論』有光社。

保険技術について，保険団体に支払われた保険料総額と保険団体が支払った保険金総額とは一致しなければならず，この原則を「給付反対給付均等の原則」（Prinzip der Gleichheit von Leistung und Gegenleistung）とか「給付反対給付の予定比例性の原理」（Grundsatz der erwartungsgemässen Proportionalität von Leistung und Gegenleistung）と呼ぶとする。続いて，レクシスが示した式として，次の式を紹介している。

$$P（保険料総額）= w（確率）\times Z（契約保険金総額）$$

先に考察した P（保険料）=wZ（保険金）と同一式である。前述のとおり，同質の危険の大量集積を前提とすれば，磯野［1937］のように $\Sigma P = \Sigma wZ$ とせずとも，P=wZ の式で総額ベースで把握できる。しかし，これはレクシスの原理の理解を誤り，二大原則的な理解ができていないといえる。また，近藤［1940］では大数の法則に言及するが，大数の法則も保険の二大原則を結びつける点が明示されない。

近藤は戦後間もない時期に近藤［1948］を著わしている。同書は，保険と資本主義社会との関係を重視した考察を行い，パターン化した考察から離れた論争的内容を含む保険学のテキストといったものであるが，保険技術に関する考察のところでレクシスの原理を考察する（近藤［1948］pp.127-128）。その内容は，近藤［1940］とまったく同様であるので，戦後の間もない時期にはいまだ総額ベースの誤ったレクシスの原理の理解が一般的であったように思われる。後述する近藤［1963］ではそのような理解が改められ，二大原則的把握がなされる。

（4）印南博吉［1941a］，『保険経営経済学』笠原書店。

レクシスの原理を次のように取り上げる。レクシスは，保険加入者数を n, 保険料を P, その内 a 人が保険金 Z を受け取る場合

$$nP=aZ$$

4．保険原理と二大原則   153

なるべきことをもって保険計算の基本的出発点とする。そして，この式を

$$P=\frac{a}{n}\cdot Z$$

と変形し，できる限り $\frac{a}{n}$ の近似値を求めるとする。偶然事件の発生確率を w で表し，給付・反対給付均等の原則が標準となるためには，

$$P=wZ$$

であることを前提とするとした。

　Lexis［1909］にはない実質的に収支相等の原則といえる式 nP=aZ が登場しているのが注目される。先に取り上げた志田［1926］が指摘しているように，レクシスは保険の要件の一つとして，各自の負担のあり方について給付・反対給付均等の原則を指摘している。すなわち，被保険者間に給付・反対給付均等の原則が標準となるべきことが肝要とし，その前提として P=wZ を登場させ，保険料は保険金の数学的期待値とする（Lexis［1909］S.216, 印南［1941b］p.27）。レクシスはここで被保険者が負担する保険料の性格について慈善性がないことを強調しようとしているのであり，被保険者全体ではなく被保険者間の関係をみているのであるから，保険取引の次元で各被保険者が数学的期待値に等しいものを負担することを論じているのであろう。印南［1941a］は「被保険者間の給付・反対給付均等の原則」を総額ベースの議論と誤解し，その前提をP=wZ と考えた。後述するように，おそらく保険数学のテキスト鈴木［1934］を先行研究として，nP=aZ という式を置いたのではないか。

　印南［1966］では，印南［1941a］において Lexis［1909］における w の代わりに $\frac{r}{n}$ を使い，$P=\frac{r}{n}Z$ とし，両辺に n を乗ずれば nP=rZ，収支相等の原則になるとの結論を導き出したとするが（印南［1966］pp.6-7），何かの思い違いではないか。それは，a と r で記号がずれていたり，印南［1951］ではこの時点（印南［1941a］）の自らの理解が近藤［1940］と同様な誤りを犯していたとするからである（印南［1951］pp.13-14）。一応印南［1941a］で保険の二大原則に結びつく式が登場したとはいえるものの，まだまだその把握は不十分であるといわざるを得ない。また，大数の法則との結びつきにも言及していない。

　印南は志田の弟子である。前述のとおり，印南［1951］では志田［1926］は正しく保険取引の次元でレクシスを理解していたとするが，なぜこの時点（印南［1941a］）で印南は志田［1926］を読み誤ったのか。しかも，磯野［1937］という正しくレクシスの原理を理解する先行研究もあった。おそらく，直接的

な先行研究は志田［1926］ではなく，総額ベースで把握していた保険数学の文献である鈴木［1934］だったからではないか。そこに，志田［1926］は数式による論述がなく，「保険料＝確率×保険金」という記述が二か所あるのみということが重なり，志田の真意を測り損ねたのではないか。また，印南［1941a］の引用文献リストには磯野［1937］は含まれていないので，磯野［1937］をカバーしていなかった，もしくは，カバーしていたとしても重視していなかったのではないか[4]。

（5）西藤雅夫［1942］，『保険学新論』立命館出版部。
　Pを保険料，wを蓋然発生率，Zを保険金額として
　　　P=W×Z
は「給付反対給付均等の原則」（Prinzip der Gleichheit von Leistung und Gegenleistung）または「給付反対給付予定比例の原則」（Grundsatz der erwartungsgemässen Proportionalität von Leistung und Gegenleistung）と呼ばれるものであるとする。式自体は保険料と保険金の総額ベースの把握となっていないので，正しいレクシスの原理の理解といえるが，この式の前段の説明で「一定期間に於て，その受取る保険料の総額と，その支払う保険金の総額とは，均等の関係に置かれることとなる」（西藤［1942］p.105）としていることから，レクシスの原理＝給付・反対給付均等の原則とP=W×Zという式を別のものとして，レクシスの原理自体は保険団体の均衡を示すと理解しているようである。

　これらの戦前の文献をみると，保険取引という次元の均衡，保険団体という次元の均衡，両者を結びつける大数の法則といった見方が理路整然と整理されておらず，前述のとおり二大原則的発想に乏しく，レクシスの原理をめぐる解釈に終始していたといえよう。その解釈は次のようなものに分かれていた。
　① レクシスの原理（給付・反対給付均等の原則）は，保険料総額と保険金総額が一致することを意味する保険団体の均衡を示す。P=wZという式は，保険取引の均衡を示す。印南［1941a］，西藤［1942］

4）印南［1950］では，保険一般について論じた単行本の主なるものの一つとして磯野［1937］をあげている。

② レクシスの原理（給付・反対給付均等の原則）は，保険料総額と保険金総額が一致することを意味する。$P=wZ$ という式も，保険団体の均衡を示す。近藤［1940］
③ レクシスの原理（給付・反対給付均等の原則），$P=wZ$ という式，いずれも保険取引の均衡を示す。志田［1926］，磯野［1937］

①はレクシスが $P=wZ$ という式を給付・反対給付均等の原則の前提としていることから両者を別のものと解釈して，保険団体の均衡を示す給付・反対給付均等の原則が成り立つためには，保険取引の均衡 $P=wZ$ が前提になるとの解釈である。②，③は給付・反対給付均等の原則と $P=wZ$ という式を同一のものとして捉えるが，②は両者とも保険団体の均衡を示すものとして捉えるのに対して，③は両者とも保険取引の均衡を示すものと捉える。また，①，②の違いは $P=wZ$ という式の解釈の違いであり，レクシスの原理＝給付・反対給付均等の原則を保険団体の均衡を示すものと捉える点では一致する。このような保険団体の均衡として捉える見方がほとんどで，③のような保険取引の均衡とみるのは例外的である。しかし，①の見方は個別の均衡と全体の均衡を前提と結果の関係として考えているので，二大原則的な見方といえる。これが戦後に定着した二大原則的把握の直接的な先行研究といえよう。

それでは戦後どのようにレクシスの原理についての解釈が正され，二大原則的把握が定着していったのであろうか。この点に貢献したのは①の見方をしていた印南であるので，印南の文献を取り上げよう。

5. 二大原則の定着

（1）印南博吉［1950］，『保険経済』東洋書館。

独自の定義文は提示せず志田鉀太郎の定義（入用充足説，志田［1927］p.8）が最も優れているとして，この定義文から保険の要件を導出する。要件の一つ「公平な負担」に関して，保険の二大原則に言及しているのが注目される。すなわち，$P=wZ$（P 保険料，w 確率，Z 保険金）をレクシスの示した「給付反対給付均等の原理」とし，保険料が保険金の数学的期待値に等しいことを示し，公平な計算を示すとする。そして，$w=\frac{r}{n}$ と置けば，$nP=rZ$ と変形でき，これは保険料の総額が保険金の総額と等しいことを示し，これを「保険団体の自足

性」と名づけている。保険の二大原則と大数法則の関係ないしは $w=\frac{r}{n}$ の意味が明示されていないが，給付・反対給付均等の原則から収支相等の原則を説明するというパターンになっている。なお，この $P=wZ$ から $nP=rZ$ へという説明の仕方は，印南 [1941a] と逆である。また，単に説明の仕方が逆であるばかりではなく，印南 [1941a] 時点での誤ったレクシスの原理の理解を修正し，二大原則的把握の枠組みができたといえよう。ただし，用語としては「収支相等の原則」に対して「保険団体の自足性」が強調されている。

この点に関して近藤 [1963] は，レクシスの原理＝給付・反対給付均等の原則を収支相等の原則と混同するものが多かったので，「収支相等の原則」という言葉を避けるために「保険団体の自足性」という用語を使ったのであろうとする（近藤 [1963] p.69）。しかし，この指摘は不正確ではないか。なぜならば，近藤の指摘は印南がレクシスの原理を正しく理解しているという前提に立つが，印南はレクシスの原理の理解を誤った印南 [1941a] で大きく「保険団体の自足性」を取り上げているからである（印南 [1941a] pp.50-54）。前述のとおり，印南 [1941a] の直接的な先行研究を鈴木 [1934] と推測するが，鈴木 [1934] では「収支相等の原則」という表現がとられている。したがって，印南 [1941a] はあえて「収支相等の原則」という表現を無視して，意図的に「保険団体の自足性」を強調していると思われる。これは，全体の収支が均衡するということ自体よりも，保険団体が必要となる資金を自前で用意している保険の仕組みを強調し，それが国庫負担，雇主負担を含む社会保険にも当てはまることを主張したかったからではないか[5]。印南 [1951] の時点では，近藤の指摘どおり，給付・反対給付均等の原則と収支相等の原則の混同への配慮もあった可能性があるが，基本的に印南 [1941a] のこの姿勢は保持され，レクシスの原理についての理解を訂正しても，保険団体の次元の均衡を「保険団体の自足性」としたと思われる。しかし，印南 [1967] では $nP=rZ$ という式に関して「保険団体の自足性」という名称は使用されず，「収支相等の原則」という名称が使われるが，これはその時点では既に「収支相等の原則」という名称を含めて二大原則的な把握が定着していたからではないか。このことは，後述の近藤 [1963]

---

[5] これは社会保険にもレクシスの原理のような均等原則が当てはまるとする志田の見解（志田 [1926] pp.16-17）を支持するための主張であると思われる。

5．二大原則の定着

の考察からも示唆される。

（2）印南博吉［1951］，「保険に関するレクシスの原理」『保険学雑誌』第378号，日本保険学会。

本稿では，レクシスの原理の解釈において，公平の原則と収支相等の原則の混同がみられるとして，戦前の文献とドイツの文献を取り上げて誤った把握について批判し，正しいレクシスの把握を試みる。本稿のテーマは，レクシスの原理は保険取引で成り立つ公平の原則であり，保険者の収支に関する収支相等の原則と混同してはならないということである。なお，本稿で鈴木［1934］が両原則の「相表裏する密接な関係」（印南［1951］p.12）をはじめて数式にて行ったのではないかとする（同 p.12）。

鈴木［1934］では，契約総数をN，事故の発生件数をG，保険金をS，保険料をPとし

　　　保険料総額　NP，保険金総額　GS

この収支が等しいと置けば，

　　　NP=GS
　　　$P = \frac{G}{N} S$

とする。これは印南［1941a］と同じ，印南［1950］とは逆の nP=rZ から P=wZ への説明であるが，確かに「相表裏する密接な関係」に結びつく把握といえよう。鈴木［1934］がこのような把握を数式で最初に行ったとすることに関連して，同じ保険数学の文献である亀田［1933］を取り上げよう。

印南［1951］では，保険数学の文献について，鈴木［1934］の他に亀田［1933］も取り上げている（印南［1951］pp.14-15）。亀田［1933］の

　　　$P = \frac{L}{\Sigma Si}$（P：純保険料率，L：損害塡補額，S：保険金額）[6]

は給付・反対給付均等の原則，収支相等の原則とも違うが，同様の式が馬場［1950］にあるとする。その馬場［1950］で収支相等の原則に関する記述があり，そのことを指摘するために亀田［1933］を登場させたに過ぎないので，印南［1951］では亀田［1933］について深く考察していない。しかし，亀田［1933］

---

[6] ここでの記号の説明は原本（亀田［1933］）ではなく，印南［1951］による（印南［1951］p.14）。

を子細に読むと,「相表裏する密接な関係」という把握がなされているといえ,注目するに値する。

　この式に関わる亀田［1933］の考察の前提は短期保険であり，1年の火災保険を前提としている。したがって，記号も正確にいえば，Pは純保険料率，Lは支払保険金額の総額[7]，S_iは契約iの保険金額（したがって，ΣS_iは保険金額の総額）である。もちろん，Σの記号から印南［1951］も内容を正しく把握できていると思われるが，記号の名称がやや不正確である。問題は，亀田［1933］では式は登場しないものの，SPを純保険料とし，この式で純保険料が計算できる理由を大数の法則に求めていることである。それは，Pが保険料率で危険率に相当するからであるが，それが意味をなすのは，「危険の同等な多数の契約を集むれば，それらに対する支払保険金額の総額は全契約の保険金額の殆んど一定歩合である」（亀田［1933］p.27）からであるとし，続いて「故に将来之等と同種の契約が多数あった場合に，純保険料と支払保険金額とを殆んど同一にするには，各契約の保険料として各契約の保険金額に前記の一定歩合（即ち純保険料率）を乗じたるものを徴収すればよい」（同p.27）とする。前段の大数の法則によって，後段が導かれる関係となっているが，後段に二大原則が含まれていると理解できないであろうか。すなわち，後段の前半部分の「純保険料と支払保険金額とを殆んど同一にするには」というのは，「純保険料の総額と保険金の総額を一致させるためには」ということを意味するのではないか。もちろん，後半部分は各保険取引についての給付・反対給付均等の原則を意味する。したがって，亀田［1933］の説明は，給付・反対給付均等の原則に従って算出された保険料で徴収し，契約が多数あれば，大数の法則が働いて，収支相等の原則が成り立つとの見解と解釈できる。ただ，それを式で明確にしておらず，特に$nP=rZ$に相当するような収支相等の原則を直接示す式がない。これに対して鈴木［1934］では，$nP=rZ$に相当する$NP=GS$が登場していることもあり，数式による把握を最初に行ったとできるのであろう。

　数式的な把握を最初に行ったのが鈴木［1934］であるとしても，内容的には

7）亀田［1933］では，Lは「支払った保険金額」（同p.26）となっているので「支払保険金額の総額」としたが，用語の使い方に問題がある。いうまでもなく，「支払った保険金額」は「保険金」とすべきであるが，あとの引用文との関係もあるので，「保険金」と修正せずにそのまま使用していることに注意されたい。

5．二大原則の定着

すでに亀田［1933］にもみられ，保険数学において「二大原則的な把握」がなされていたことが注目される。そこで，「二大原則的な把握」との関係で，保険数学の歩みに注目したい。印南の文献の考察の後に，考察しよう。

なお，印南［1951］と同年に印南は日本保険学会大会で報告を行い，そこでレクシスの原理の誤解を解くために次のような説明をしたとする（印南［1982］pp.1-2）。すなわち，レクシスの原理は P=wZ で表され，w を $\frac{r}{n}$ とし，これは非常に多くの n という場合のうち，ある事件が起こるのは平均して r であることを示す。したがって，P=wZ は P=$\frac{r}{n}$Z と置き換えることができ，この分母を払うと nP=rZ となり，これは第二原則「収支相等の原則」を示す。この二つが保険の基本原則である。

印南［1951］では，このような説明よりもレクシスの原理を誤って理解していた見解を批判しつつ正しい解釈を提示することに重点が置かれているので，学会報告と同時期の研究業績ではあるものの，両者に直接的な対応はないのかもしれない。印南がいつの時点でレクシスの原理の解釈を修正したかはわからないが，今日パターン化している二大原則的把握は印南［1950］の時点では登場しており，どこまで浸透したかは別として，1951年には学会レベルまで広がりをみせはじめたと思われる。

ただし，先の印南［1982］において戦後復活した日本保険学会の第1回大会で研究報告をしたとされる点について，『インシュアランス』（第1501号，1950年11月9日，pp.2-3，第1550号，1951年11月15日，pp.2-3，保険研究所）の報道によれば，第1回大会での印南の報告の記録はなく，第2回大会での報告となっている。また，その内容（「保険者の性格」）も報道されている内容からはレクシスの原理とは関係なさそうである。したがって，もし印南の記憶違いであるとすれば，印南の学会報告を根拠として1951年に二大原則的な把握が学会レベルに広がりをみせはじめたとはできない。しかし，たとえば伝統的保険学に批判的である佐波［1951］でも保険におけるもっとも基本的な原則を「収支相等の原則」としており（佐波［1951］p.6），白杉［1954］でも印南［1951］に言及しつつ，二大原則の式よりも複雑な式を用いながら二大原則的考察がなされているように（白杉［1954］pp.33-35），概ね1950年代に二大原則的把握が学会レベルに広がりをみせたとできよう。特に，白杉［1954］の初版（白杉［1949］）では数式を用いた二大原則的把握はなく，また，白杉［1954］でみら

れるレクシスや「給付反対給付均等の原則」という名前や用語がみられず，初版に対する白杉［1954］の加筆部分が二大原則的把握の広がりを如実に示すといえよう。

（3）印南博吉［1952］，『保険論』三笠書房，印南博吉［1954］，『保険経済』改訂版，白桃書房，印南博吉［1967］，『保険経済』新訂版，白桃書房。

印南［1954］は印南［1950］の改訂版であるが，保険の原理についての考察に変更はなく，印南［1951］で取り上げた $nP=rZ$ から $P=wZ$ への説明と逆の $P=wZ$ から $nP=rZ$ への説明のままである。しかし，印南［1952］では $nP=rZ$ から $P=wZ$ への説明となっている。印南［1950］の新訂版である印南［1967］は，印南［1950, 1954］と同様である。このように，$P=wZ$ から説明する印南［1950, 1954, 1967］，$nP=rZ$ から説明する印南［1951, 1952］と印南には両方向からの説明がある。二大原則は表裏の関係にあるので，どちらから説明しても間違いではないのであろうが，意味を持った使い分けがなされているのか気になるところである。いずれにしても，著書でいえば，「保険団体の自足性」という用語が強調されるものの，印南［1950］でレクシスの原理を正しく理解しつつ二大原則的な把握が始まったと思われる。そして，印南［1951］で保険団体の均衡としてレクシスの原理を捉えるものを批判しつつ，二大原則的把握を学界全体に広め，印南［1952］では大数の法則との関係も丁寧に説明し，「給付反対給付均等の原理」と「原則」ではなく「原理」となっているが，二大原則による保険原理の説明が確立してきたといえるのではないか。ただし，大数の法則との関係が丁寧に説明されてはいるものの，両原則を大数の法則が結びつけるものとしての説明としては不十分である。

以上の印南に関する考察から，給付・反対給付均等の原則，収支相等の原則を表裏一体の関係とする重要な保険の原理とし，両原則を結びつけるものとして大数の法則が位置づけられるという枠組みが構築されたといえよう。そして，これが一つのパターン化した考察になったといえる。その起源ともいうべき発想は，個別の次元と全体の次元を関連させて把握することにある。この点を数式を用いて明確にしたのが保険数学の鈴木［1934］であり，印南の直接的な先行研究と推測するのである。給付・反対給付均等の原則とは保険取引の均衡の次元のレクシスの原理に他ならず，収支相等の原則もレクシスの原理の誤

解が原点的位置を占めるので，両原則いずれにおいてもレクシスの原理が重要な位置を占めるといえよう。

それでは，印南の直接的な先行研究と推測する鈴木［1934］を中心に，保険数学について考察する。

6. 二大原則的把握の原点

二大原則的把握に画期的な貢献をした印南の先行研究と思われるのが保険数学の鈴木［1934］であるように，保険数学は保険原理の原点的位置づけをできるほど重要であると考える。鈴木［1934］を中心に保険数学の文献を取り上げて，この点を確認しよう。

（1）鈴木敏一［1934］,『保険数学』岩波書店。

保険の定義はいろいろあるが保険契約を客観的にみれば，次のとおりであるとする（鈴木［1934］p.1）。

① 生起の確実ならざる事象 E1, E2 等があって
② E1, E2 等の全部または一部が今後 n 年間に生起した時に
③ 予め定めた金額 S1, S2 等を
④ A の指定した人 B へ
⑤ C が支払うことを A に対して契約し
⑥ A はその報酬として P なる金額を，E1, E2 等の生起いかんにかかわらず C に支払うことを契約する。

単にこれだけの内容の契約であると賭博なども含まれるが，保険は被保険利益などの存在を必要とし，それらの研究は保険本質論の主題であって社会学的，経済学的，法律学的に論じられなければならないが，保険数学はこうした契約をいかにすれば合理的にできるか，また，いかにすれば保険事業の経営を容易確実にすることができるかを研究主題とする（同 p.2）。より具体的にいえば，保険の目的は不確定事象の確定化にあるので，「必要以上の保険料を徴収せず，必要以上の資本金を要せず，しかも十分大なる安全性を以て，不確定事象の確定化を計ることが，保険数学の出発点であり，同時に又その最大の目的

でもある」(同p.4)とする。そして,「保険料計算の原理」として二大原則に結びつく考察を行う。

保険事故の発生確率をpとし,保険金Sに対する保険料Pを計算する。まず,公平の原則による計算を行う。正規の確率がqの事象Eが生起したときBよりAにaという金額を支払う代わりにその対価としてAがBにbを支払う契約を締結したとすれば,Aからみたこの契約の数学的期待値 (mathematical expectation)[8] は,次のとおりである。

$$qa - b$$

Bからみた数学的期待値は,次のとおりである。

$$b - qa$$

各当事者の側からみたそれぞれの数学的期待値が互いに等しいときに契約は公平なりと定義する。

$$qa - b = b - qa$$
$$\therefore b = qa$$

この関係は,公平な契約においては各当事者の期待値が共に0になることを示すとする。この契約を保険契約として $q=p$, $a=S$, $b=P$ とすると,

$$P = pS$$

を得る。これを公平の原則に基づいて計算された保険料であるとする。すなわち,pSはSの期待値であるから,保険料は保険金の期待値であることになる。

いま,この契約がnあるとして,nが十分に大なる時はベルヌーイの定理により保険事故発生の数はnpとみることができる。このとき,保険契約者の支払う保険料総額はnPで,保険者が支払う保険金総額はnp・Sである。両者の差を求めれば,次のとおりである。

$$\text{収支の差} = nP - np \cdot S$$
$$= n \cdot pS - np \cdot S$$
$$= 0$$

公平の原則をもって計算された保険料に対しては,総収入保険料と総支出保険金とは相等しい。これを「給付及び反対給付相等の原則」(Das Prinzip der

---

[8] 鈴木 [1934] では,「数学的期望金額」となっているが,現在では使われない用語なので「数学的期待値」とした。

6．二大原則的把握の原点

Gleichheit von Leistung und Gegenleistung)，または，簡単に「収支相等の原則」と呼ぶとする（同 p.6）。

そして，この説明に続いて先に取り上げた印南［1951］で引用される説明が続く。上記の公平性の原則による保険料の計算においては，保険事故発生の先天的確率がわかる必要があるが，これは不可能なので保険事故発生の程度が同一になるものを数多く集めて統計を求め，その結果を利用する。過去の経験から総数 N の中に事故の発生したるもの G なることがわかったとし，この割合が今後も変わらないとすれば，保険料を P，保険金を S として，

　　収入すべき保険料総額　　NP
　　支出すべき保険金総額　　GS

この収支を相等と置けば

　　$NP = GS$
　　$\therefore\ P = \dfrac{G}{N} S$

となり，これは収支相等の原則からくる保険料とする。$G \div N$ は保険事故発生の統計的確率である。これを保険事故発生の先天的確率と同一と見做せば，収支相等の原則によって計算される保険料は公平の原則によって計算されたものと一致する。

以上，大変長くなったが，非常に重要な見解なので，先の印南［1951］における考察との重複を厭わず，ほぼ引用に近い形で記述した。$P = pS$ はレクシスの $P = wZ$ に相当するが，鈴木はこれを保険取引の次元で捉えて保険料を保険金の期待値としているので，レクシスの $P = wZ$ についても同様に保険取引の次元で理解していると思われる。$P = wZ$ という式自体を総額ベースと誤解する見解が多い中で正確に把握していたといえるが，レクシスの原理自体は保険団体の均衡と解している。既に取り上げたレクシスの原理の解釈①と同様におそらく，レクシスは給付・反対給付均等の原則＝保険団体の均衡の前提として保険取引の均衡 $P = wZ$ としたと考えたのではないか。鈴木のレクシス解釈がいずれにあるにせよ，鈴木［1934］の議論は，二大原則的把握となっている。鈴木［1934］に先行する鈴木［1923］が近代的保険計算において変わることのない原則を公平の原則としているように，鈴木において最も重視されているのは一貫して公平性である。そのため，鈴木［1934］において保険契約の定義をもって保険の定義とし，基本的な認識は個々の保険契約＝保険取引の次元にあると

思われる。しかし，公平な保険取引が十分大量に得られれば保険団体の収支も均衡するとしているのであるから，二大原則的な把握がなされているといえよう。すなわち，個別の均衡と全体の均衡が把握されている。用語としてはレクシスの名前は出てこないが，ドイツ語から明らかなようにレクシスの原理を保険団体の均衡として把握しており，注目すべきはそれを「収支相等の原則」としていることである。さらに，現実を意識すると，危険率を先天的に把握するというのは困難なので，過去の経験から導き出し，総額ベースの収支相等から危険率を導き出す。印南に対して指摘した $P=wZ$ から $nP=rZ$，逆に $nP=rZ$ から $P=wZ$ という双方向の考察がなされているといえる。しかも，前者を公平性の原則から計算した保険料，後者を収支相等の原則から計算した保険料としているように使い分けがなされている。

　印南［1941］が志田［1926］，磯野［1937］の正しいレクシスの理解にもかかわらずそれを誤ったのは，鈴木［1934］に基づいたためという可能性がある。やや場当たり的にもみえる印南の文献によって異なる双方向からの考察も，鈴木［1934］の影響かもしれない。前述のとおり，二大原則的発想は亀田［1933］において認められたが，数式として特に双方向的な把握を指摘して，二大原則的な把握の直接的な土台を築いたのが鈴木［1934］と考える[9]。それに基づき，レクシスの原理を公平性の原則＝個別の保険取引の次元で把握し，給付・反対給付均等の原則として収支相等の原則と区別して二大原則的把握を行ったのが印南といえよう。ただし，戦前ではレクシスの原理の理解も鈴木［1934］に影響されて，志田［1926］を誤解した総額ベースの把握になったと思われる。

　通常個別の保険取引においては保険料≠保険金であるから，保険料＝保険金というと保険料総額＝保険金総額の総額ベースが連想される。また，「被保険者間」という文言が全体＝保険団体を想起させたと思われ，多くの者が給付・反対給付均等の原則を総額ベースの収支相等の原則的に誤解してしまったのではないか。$P=wZ$ の式を近藤［1940］のように総額ベースにしても式としては成り立つので，給付・反対給付均等の原則を $P=wZ$ としつつ総額ベースで把握する誤解まで生じたものと思われる。ところが，数学者は期待値的把握ができ

---

[9] 印南［1951］において，「鈴木氏は公平の原則（給付・反対給付均等の原則に相当する個別の保険取引の次元の原則……小川加筆）と収支相等の原則との相関関係を初めて指摘された学者である」（印南［1951］p.4）。

ていたから，鈴木の場合は鈴木［1934］のように P=wZ を個別の保険取引の次元で正しく捉え，保険料＝保険金の期待値と把握しつつ，給付・反対給付均等の原則は総額ベースで把握するという誤解になったと思われる。しかし，これは個別の均衡と全体の均衡を結びつけて把握する二大原則的把握であり，後の議論の土台の役割を果たしたといえる重要な議論である。磯野［1937］のように給付・反対給付均等の原則も P=wZ という式もともに保険取引の次元で正しく把握できたというのは例外的であるが，残念ながらそれを全体と結びつけるという考察には発展しなかったので，レクシスの原理の理解としては正しいが，後の議論に対する発展性という点では，たとえレクシスの原理の理解が誤っていたとしても，鈴木［1934］が高く評価されるべきであろう。

次に，保険数学自体はどうであったかを考察しよう。

（２）その他の保険数学のテキスト
① 吉澤嘉壽之丞［1912］，『生命保険数理汎論』森田氏藏。

保険数学の初期の文献である。「一般に保険は損害分配を以て基礎原理とす」（吉澤［1912］p.1）とするように損害説に立つ。しかし，これは「純保険料」，「付加保険料」，「営業保険料」といった用語を導き出すための規定であり，保険の本質や理論について考察がなされるわけではない。確率の考察から保険数学の考察へと進み，生命保険数学について解説がなされる。もっぱら実務的な考察で，二大原則的な考察はない。

② 関伊右衛門［1912］，『最近生命保険数学』保険評論社。

海老原介太郎の序言において，保険に関する法律，経済方面の書物はいくつかあるが，保険の根本原理といえる保険数学については皆無であるとして，保険数学を根本原理としているのが興味深い。

第１章「生命保険の概念」で生命保険の定義も考察している。まず，保険を次のように定義する。

保険とは予め統計的に測定し得べき財産的欠乏を補填せん為経済的に成立せる相互団体なり。（関［1912］p.2）

吉澤［1912］同様，生命保険の考察で保険を損害説（損害塡補説）で把握するのが興味深いが，財産的欠乏の原因に二つありとし，一つは偶然事故による損害でそれに対応するのが損害保険，もう一つは偶然事故による損害以外でそれに対応するのが定額保険，通常は人の生命に対するものなので単に生命保険とする。生命保険数学の考察のための便宜的定義として，かなり粗い考察となっている。その他，簡単に保険成立の範囲や保険史についても考察しており，パターン化している考察の簡易な考察がなされている。このような基礎的な考察も行われるが，二大原則的な考察はない。

③　岩間六郎［1915］，『通俗生命保険数理』保険通信社。
通俗平易な生命保険数理書として書かれたものである。そのため，原理的な考察などはなく，非常に短命で7歳で全員死に絶える一民族を仮定して考察するなど，理解し易さを追求している。

④　中村喜代治編［1916］，『生命保険数理一斑』保険新聞社。
第1章では，級数や対数など数学の基礎について考察する。第2章は保険一般の事項の考察で，保険を次のように定義する。

保険とは偶然の出来事の為めに蒙るべき損害を同一の危険の下にあるべき多数人が分担する制度なり。（中村［1916］p.57）

保険数学を根本原理としたり，損害説（損害分担説）で保険を捉えるなど，先行研究と同様である。

⑤　鈴木敏一講術［1923］，『生命保険数理』保険講習会。
「緒」において，保険に類似した制度は人類が社会を作った時から存在しているほど古いといえようが，今日の科学的根拠の上に立つ合理的組織としての保険は1654年以後のこととする。1654年とは保険会社が設立された年ではなく，確率論が樹立した年である。このように近代保険の成立に保険数学を重視しているのが注目される。そして，次のような注目すべき記述もある。すなわち，近代的保険計算において変わることなき原則を公平の原則とし，「このこ

6．二大原則的把握の原点

とをドイツの学者は給付及び反対給付の相当の原則と云って居る」（鈴木［1923］p.2）との記述である。そして，保険数理の主要な任務の一つを保険料と保険金，権利と義務を公平に決定することに求めている。このドイツの学者は，言うまでもなく，レクシスを指すのであろうし，鈴木の公平重視が注目され，しかも保険料と保険金，または，権利と義務としていることから，鈴木にとっての公平の問題は，保険契約者間の問題ではなく，保険契約者と保険者との関係であることが確認できる。しかし，後述するように，本来公平性の問題は，保険契約者間の問題として考えるべきであろう。

鈴木［1934］のようにレクシスの原理について数式を用いた論述はないが，公平性については「期待金額」のところで鈴木［1934］と同様な議論がある（同pp.86-91）。したがって，「保険料と保険金の公平」というのは保険取引の均衡を指していると思われ，そうであれば，給付・反対給付均等の原則を鈴木［1934］と異なり，保険団体の均衡ではなく保険取引の均衡として捉えていたことになる。鈴木のレクシス理解がいずれであったのかという点は興味深いが，重要なことは二大原則的把握との関係である。保険数学として，保険取引における公平は，個別の均衡をもたらすのみならず全体の均衡をもたらすという点で保険の要であり，それ故保険数学こそが根本原理とされたのであろう。この点を数式を使い明確にしたのが鈴木［1934］であり，その下地ともいうべき考察がなされたのが鈴木［1923］といえよう。

なお，前述のとおり，印南はレクシスの原理を初めてわが国に紹介したのを志田［1926］とする。鈴木［1923］では，レクシスの名前も出ず，それについての考察がなされているわけでもないので，この印南の指摘が否定されることにはならないが，鈴木［1923］が志田［1926］に先行して「給付及び反対給付の相当の原則」という表現でレクシスの原理に言及していることは特筆するに値する。

⑥　中村喜代治［1925］，『生命保険数理教程』巖松堂書店。

同書は保険の根本原理を説くことに努め，これを要求する人のための教科書であるとする。中村編［1916］と同様，保険数学を保険の根本原理とするが，二大原則的な考察はなされない。

⑦　忍田又男［1933］,『実用生命保険数学』生命保険数学会。

冒頭で「保険の一般的原理は多数人が相集まり比較的僅少なる金額を醵出し合い偶然なる事故の発生に伴う経済的需要を充足して以て各自各個を保護せんとするものである」（忍田［1933］p.1）とする。需要説の立場で保険を把握し，保険を相互保護と捉えている。保険についての基礎的な考察がなされるものの，抽象的な次元で数理的なものは一切登場しないため，二大原則に関わる説明はない。基本的な生命保険の種類についての解説もなされるが，実務的である。

⑧　佐藤峯太郎［1934］,『通俗生命保険数学』生命保険数学会。

生命保険の定義として,「比較的少額なる金額を拠出することに依りて生ずる経済的需要を充足する所の制度である」（佐藤［1934］p.2）とする。忍田［1933］と同様，需要説に立つのが興味深い。基本的な事柄について簡単に解説するが，二大原則に結びつくような記述はない。

⑨　瀧谷善一［1935］,『火災保険料率論』寶文館。

同書は保険数学の書ではないが，保険数学を駆使しながら現実の火災保険料の算出について考察する。忍田［1933］，佐藤［1934］に比べると，保険数理の理論的な考察よりも，理論の現実的な適用の面が多いが，これは生命保険と火災保険の危険率の算定の難易度の違いによるのであろう。したがって，同書は生命保険数学に対する火災保険数学の書といえるが，生命保険と火災保険への理論の直接的な適用可能性の違いから，「火災保険数学」とはならずに「火災保険料率論」とされたのであろう。

純保険料の算定については，延焼の危険があるために大数の法則を火災に適用することに困難があるので，自火と延焼とを区別して統計をとるなどの考えが紹介される（瀧谷［1935］pp.182-183）。いずれにしても，実務と理論の関係は大数の法則の応用とすることができるのではないか。この点において二大原則と密接にかかわるが，同書においては大数の法則については言及されるものの，二大原則に関する考察はない。しかし，大数の法則の応用に，保険取引の次元と保険団体の次元の収支の一致が前提とされ，このことに対する理解が二大原則的把握といえるだろう。

⑩　田島正一＝相馬良馬［1937］,『新訂数学概論』4版,長門屋出版部。
　同書は,数学のテキストである。「68.期望金額」において,具体例として生命保険が取り上げられている（田島＝相馬［1937］p.135）。また,確率論を躍進させたのがベルヌーイ（Jakob Bernouilli）であり,彼の最大の功績は数学的確率と統計的確率を区別したことで,自ら「大数の法則」と名づけたとする。この応用がみられるのが生物学,財政学,衛生管理,保険事業としており,同書のような一般的な数学のテキストにおいて,確率に関しては保険が大きく取り上げられているのが注目される。

　保険数学のテキストで特筆されることの一つは,保険数学をもって保険の根本原理とする見解が散見されることである。確かに,保険数学を適用した公平・妥当な保険料が保険全体の収支を均衡させることからすれば,そのような保険料を算出する保険数学こそは保険の根本原理と考えられるのであろう。したがって,数学には当初から個別の均衡と全体の均衡を結びつけて考える発想があったと思われる。しかし,それは一つの合理的制度としての保険の技術的側面を分析するのであって,経済制度としての保険の分析には至らない。保険と社会経済との関わり,特に資本主義社会との関わりが明らかにされるのでなくてはならない。近代資本主義社会で生成発展した保険の意義と限界を問うのでなくては,科学・保険学としての考察としては不十分である。保険数学は保険学の補助諸学の一つといえるが,原理論としての二大原則的把握を現実の保険契約,保険経営に適用するのが保険数学といえよう。二大原則は,こうした技術論が究極的には拠って立つ根本的な原則でもある。その意味で,まさに保険原理論である。
　保険数学においては,保険の基本的,理論的考察はあまりなされず,一応の定義がなされる程度であるが,1910年代の文献では,まだ保険本質論が盛んでなかったためか,生命保険を中心に考察しているのにもかかわらず,損害説に立つものが多い。また,保険本質論の考察が徐々に盛んになりだした1920年代以降の文献をみると,需要説が目立つ。しかし,これらは一応の保険の定義を行うだけで,保険数学とはあまり結びつかない。この点で亀田［1933］,鈴木［1923,1934］のように保険の基本的な理論的考察を行い,保険数学に結びつく二大原則的把握に立つ文献は少ない。それは,レクシスの原理のように

保険取引の次元で危険率に応じた保険料という考え方は，戦前の保険数学において当たり前となっていたからではないか。そのような保険料が大数の法則を考えれば自ずと全体の収支も均衡させるので，あえて全体の次元で収支の一致を問題としなかったと思われる。前述のとおり，保険数学には当初から個別と全体を結びつける発想があったので，個別の均衡と全体の均衡の結びつきが数学者にはあまりにも明確であったために，保険数学では二大原則的考察はあまりなされず，全体の収支の均衡を前提とした実務的な個別の収支の均衡・保険料算出に焦点が当てられたと考える。したがって，亀田［1933］，鈴木［1923, 1934］は二大原則的考察が行われる例外的な保険数学の文献であり，特に鈴木［1934］は数式で二大原則的把握を初めて行った文献で印南の先行研究となったのであろう。

（3）近藤文二［1963］，『社会保険』岩波書店。

ここで近藤［1963］を取り上げよう。その理由は，近藤［1963］では，明示されていないが，近藤［1940］における近藤自身の誤ったレクシス理解を修正し，二大原則による典型的パターンの考察とでもいうべき考察がなされ，また，その過程で鈴木［1934］に対する批判的検討もなされているからである。

すなわち，レクシスの原理は個別の保険取引の次元での把握であり，給付・反対給付均等の原則 $P=wZ$ で表され，保険団体レベルの均衡は収支相等の原則 $nP=rZ$ で表されるとする（近藤［1963］pp.69-70）。確率 w は $\frac{r}{n}$ で表すことができるので，「レクシスの式は $P=\frac{r}{n}Z$ と書きかえることができるわけであり，ここから $nP=rZ$ という式がえられるのである」（同 p.70）とする。印南［1950, 1954, 1967］と同じ $P=wZ$ から $nP=rZ$ の説明であるが，両原則を結びつけたこのような説明が近藤［1963］の頃にはかなり定着していたと思われる。

ところで，これに続く「保険技術的公平の原則」の考察において，鈴木［1934］を批判する（同 pp.71-73）。それは，鈴木［1934］は保険契約者と保険者の関係で公平を論じているが，保険契約者間の関係で公平が論じられなければならないからであるとする。「給付・反対給付均等の原則」も「保険技術的公平の原則」も，数学的には危険と保険料との等価を示すとしているが，二つの原則の意味は異なるとする（同 p.73）。さて，この批判は適切であろうか。

確かに公平の問題は保険契約者と保険者との間の問題ではなく，保険契約者

間の問題であろう。しかし，この公平は何によって確認することができるのであろうか。保険契約者同士が直接取引をしたり，接したりするわけではないのであるから，保険契約者間の関係といっても，その関係をみることによって公平を確認することはできない。保険契約者の負担の公平が問題なのだから，当然負担した保険料で判断される。そうであれば，その負担の重みは，その負担がなされる保険取引，すなわち，保険契約者と保険者との関係で把握せざるを得ないのではないか。保険契約者と保険者との関係で，各保険契約者が同じ重みの負担をしているから，公平と判断できるのであろう。鈴木［1934］はまさにその関係で，期待金額がゼロとなるような負担を取り上げたといえる。ただし，鈴木［1934］の問題は，先の鈴木［1923］の考察で明らかにしたように，鈴木の公平は近藤が批判するような保険契約者と保険者との関係で捉えられ，両者の関係の公平に終わっていることである。そこで，この関係での把握を保険契約者間の公平の判断にまで進展させなければならない。取引両当事者の期待金額がゼロというのが，等価交換を意味するというのが重要である。保険が生成発展した資本主義社会では，原則としてあらゆるものが交換によって入手される。経済的保障についても同様で，保険も通常の財・サービスと同様に経済的保障を達成する手段として市場で交換・取引されるといえ，そこに等価交換の法則が作用するといえる。保険版等価交換とでもいうべきものが，期待金額がゼロとなる給付・反対給付均等の原則による保険取引である。したがって，給付・反対給付均等の原則による保険料は，等価交換の対価を意味するので保険契約者の負担を一致させ，保険契約者間の公平を担保するといえよう。

　保険契約者と保険者の関係は保険取引の問題・交換の問題であるから，等価交換の視点が重要である。等価交換がなされることで取引当事者間の公正が担保され，すべての取引において成立すれば，そのことによって当事者の一方である消費者が等しい支払いをしているという意味で公平に扱われているとなろう。レクシスが「被保険者たちの間には給付反対給付均等の原則が標準となるべき」としているのは，被保険者間の公平を担保するために保険取引における保険料と保険金の等価の関係を給付・反対給付均等の原則として持ち出しているのではないか。したがって，給付・反対給付均等の原則という等価の原則が公平を担保する関係になるので，単に給付・反対給付均等の原則を保険技術的公平の原則と意味が異なるとするのではなく，後者は前者によって導かれる関

係とすべきではないか。この点において，給付・反対給付均等の原則は保険技術的公平の原則よりもより根本的な原則とされ，まさに保険原理とするにふさわしいといえるのではないか。

この近藤の見解は，近藤［1963］「第2章 社会保険の技術」における論述であるが，ここでは保険の二大原則が保険技術との関係から深く考察される。保険の二大原則に関わる重要な先行研究であり，考察がより高度化したといえる。しかも，この二大原則に関わる見解を庭田範秋が批判し，近藤，庭田の間で論争が生じた[10]。この論争がまた二大原則の考察を高度化させたといえる。この点からも，近藤の考察は非常に重要である。

7. 二大原則の確立と伝統的保険学の形成

二大原則的な発想自体は期待値の把握ができている保険数学者にはあったと思われ，保険数学が直接的な先行研究と思われる。この先行研究は，レクシスの原理の解釈と関わり，この解釈論議を通じて印南によって二大原則的把握が確立されたと考える。二大原則的把握はパターン化した考察といっていいほどテキスト的な文献で取り上げられ，正に伝統的保険学の特徴といえるだろう。それがまた，戦前から続く保険本質論争とも相互補完的な関係にあることが重要である。

こうして，戦前から保険本質論，戦後確立する二大原則に連なる研究が盛んに行われ，保険本質論，保険の二大原則重視の伝統的保険学が形成されたと考える。

---

10) この論争については，真屋［1987］pp.38-41, p.55 脚注4) を参照されたい。

第5章
伝統的保険学への批判

1. 問題意識

　保険本質論偏重の伝統的保険学に対する批判が根強く，伝統的保険学離れが生じて久しい。これまでは伝統的保険学がいかなるものであるかを考えることさえなく，漠然と保険本質論偏重が批判される風潮にあったのではないか。本書では伝統的保険学の特徴を保険本質論と保険の二大原則重視としたが，この両者に対する取り組みがどうなっていったかをみることで，初めて伝統的保険学に対する批判をみることになるのではないかと考える。そこで，具体的な伝統的保険学に対する批判を取り上げ，それが研究動向としてみたときどのような流れになっているのかを整理した上で，日本保険学会の動向，シリーズ化されているテキストの推移をみる。

　日本保険学会を取り上げるのは，保険研究を志す者の学会であり，わが国の保険研究そのものといっていい存在だからである。したがって，その動向に保険研究の動向が反映している。シリーズ化したテキストを取り上げるのは，シリーズとしてコンセプトは維持しながら時代を反映して改訂がなされると思われるので，その内容変化に保険研究の動向が反映すると思われるからである。これらを題材にして，伝統的保険学離れの様相に保険研究の動向が反映していることを探りたい。

2. 伝統的保険学批判の流れ

　伝統的保険学への批判は，まず保険本質論に向けられた。過度な保険本質論争に対する批判として，佐波宣平の佐波［1951］がある。

「保険学者の頭数ほど保険の経済的定義があるといっても過言ではないほどである。……（中略）……率直にいうならば，このように手のこんだおびただしい詮議だてを経て最後に下される概念規定よりも，むしろ，1950年代の吾々の良識が頭にうかべる『保険』の方がどれだけ生々しい内容をもっているか知れない。」（同 pp.42-43）佐波は保険の対象である危険との関係から保険の存在目的を明白にし，保険の仕方を考え，固有の仕組み・組織を明白にしたいとする（同 p.44）。確かに，具体的な保険の定義文を求めないという点では，保険本質論争と一線を画するといえそうであるが，このような考察自体は保険本質論的考察とあまり変わらないのではないか。実際，佐波は伝統保険学が依拠するドイツの学者に同様に依拠しながら考察を行っている。

佐波 [1951] の批判を支持する水島一也は，伝統的保険学を次のように批判する。

「（多くの学者が様々な保険の定義を発表したのは……小川加筆）やや皮肉にいえば，それぞれの研究者が，保険学者としての認知を学界で受けるための必要手続きの感さえもった。そして，この概念論が，伝統的な保険学のかなりの部分を占めてきたのである。」（水島 [1979] p.1）そして，「あまり生産的とは思われない保険の定義をめぐる努力を放棄したい。それに代えて，以下では，保険制度を構成するいくつかの重要な要素をとりあげ，それに関連した事項の記述を行うという方法を採用する」とする（同 p.2）。しかし，この考察は，伝統的保険学にみられる保険の本質に関わる図表4-2のパターン化した考察の，保険学説の比較検討→支持する学説の表明→自分なりの定義の過程を省いたに過ぎないものなので，伝統保険学の考察の枠組みの中にあるのではないか。佐波，水島とも様々な学説の解釈，独自の保険の定義文を競うような保険本質論に拒否反応を示しているのであって，考察そのものは伝統的保険学と大きく変わらないのではないか[1]。ただし，数学重視の佐波と，保険経済学を重視し保険学の一般性と特殊性を軸にした水島では次元が異なり，水島はその後の伝統的保険学に対する批判が高度化する契機となった点に注意しなければならない。水島 [1967] では，「保険のもつ特殊性を強調することによっては，保険技術的

---

1) 水島 [1974] において，佐波 [1951] を「伝統的保険理論の代表的著作」に含めている（水島 [1974] p.227）。

側面に必要以上の力点が置かれ，かくて経済理論不在の保険経済学となる危険性が多分にある。他方，一般性の強調によっては，保険に特有の諸要素の捨象化の上に立った理論の展開により，保険経済の本体を見失ったまま『保険の』経済理論を僭称することになるおそれが大きい。この両極の中で，保険経済の特殊性を重視しつつ，これに経済理論の骨組みをいかに与えるか」（水島［1967］序 p.2）とする。この一般性と特殊性の議論は，高く評価されるべきである。米山［2013］は水島を高く評価する。「水島保険学の登場によって，保険論が陥っていた閉塞状況が打破された。すなわち，実務が変われば保険論も変わるといういわゆる従属的な学問から，実務が変化しても保険やリスクマネジメントを根底的に理解することのできる理論的枠組みを構築する方向に保険論の舵を転換させた意義は小さくない」（米山［2013］p.28）とする。

水島［1967］を先行研究とする高尾義一の高尾［1987］では，伝統的保険学に対する批判が高度化してくる。保険学における一般性と特殊性の議論から伝統的保険学を批判し，他の学問領域でのイノベーションを察知・吸収し，保険論の分野へ応用する能力が要求されるとする。伝統的保険学は，保険団体を重視し，保険者は保険団体の順調な運営のための無色透明な潤滑油とする点を批判し，全体論的なパラダイムから原子論的なパラダイムに移行すべきとする。また，伝統的保険学では異常例ないしは例外として扱われてきたモラル・ハザード，逆選択を保険制度の運行に必然的に伴う摩擦現象とする。保険本質論偏重の批判から，一般性，特殊性を軸とした高度な議論となっている。高尾［1987］は，水島にみられる理念的な一般性，特殊性の議論を他の分野のイノベーションの応用を意識しつつ，研究の方向性，具体的な提言に発展させているといえる。

また，次のような一般性と特殊性をめぐる議論もある。庭田［1995］は，保険学の主目的を保険機構自体の理論の解明に置き，保険固有の理論の研究に向かうべきとする大林［1960］の見解を批判する。すなわち，保険は特殊な制度ではあるが，「自体」とか「固有」とかの文言を付して他の経済諸制度と峻別する必要はない（庭田［1995］p.2）。保険を峻別するような姿勢をとり続けたことにより，「保険学は経済学の継子」になったとする（同 p.2）。大林良一との比較からは一般性重視といえる庭田範秋であるが，自ら「経済的保障説」を提唱し，独自の保険本質論を極めて重視するという点で，伝統的保険学に含ま

れるといえる。むしろ,「予備貨幣」という用語を一般化させる努力をしないで保険学説のキー・コンセプトとしている点は,一般性重視の研究姿勢と矛盾する。したがって,庭田の議論は伝統的保険学の枠内での一般性と特殊性の議論であり,枠外からの高尾［1987］の議論とは次元が異なると考える。

　2000年代になると,一般性と特殊性からの議論を転換させ,伝統的保険学に対する批判が保険学の再生を目指す形で高度化する。米山高生は米山［2005］において,一般性と特殊性の議論を保険自体の理論と保険に関係する外延の研究の関係とし,「中核」と「外延」によって規定されているとする。この「中核」と「外延」を「土台」と「自立」に転換し,保険理論を脱中心化すべきとする。土台を通して関連分野と会話をするための共通言語を獲得し,新しい一般性の上に保険論が再生するための唯一の方法であるとする（米山［2005］p.17）。また,「収支相等の原則と給付反対給付均等の原則から始まり,大数法則を通俗的かつ抽象的に解説するという方法は,学生に対して保険の特殊性を強調しすぎるために,他の分野との通訳可能性がない学問であるとの誤解を増大してきたのではないか」（同p.15）と二大原則による把握にまで批判は及ぶ。そして,目指すべき一般性を重視した保険学の再生において,共通言語としてリスクを重視する。そこで,この新しい方向性の保険学を「リスク重視の保険学」と呼ぶことにしたい。

　また,リスク重視の保険学からの批判として,箸方［2003］もある。箸方［2003］は箸方［1962］などの箸方幹逸の従来の主張の集大成的な位置づけをできる面があるので,伝統的保険学に対する以前からの批判である保険団体論への批判が繰り返される。すなわち,「『多数経済主体の結合』という意味で保険団体が存在するという仮定は,経済学的市場論からのアプローチを封じ,現代の保険制度を全て『相互扶助制度』とする保険業界の通念の存続を支えるものである」（同p.150）とする。保険取引重視の側面は高尾［1987］の先行研究でもある。また,リスクを保険学の出発点とし,Harrington=Niehaus［1999］,Doherty［2000］を研究することが日本の保険教育のあり方を考える上で愁眉の課題とし,研究と教育の一体的な考察もなされる。数十年にわたる伝統的保険学に対する一貫した批判に,リスク重視の保険学指向が加えられた注目すべき見解である。

　時間が前後するが,二大原則による把握に対する批判として渡邊［1998］も

注目される。渡邊［1998］では，二大原則の前提といえるレクシスの原理の印南解釈から否定する。印南のレクシス解釈を次のように批判する。「彼（レクシス……小川加筆）は，経験主義的な立場から人間社会における『集団的現象』(Massenerscheinungen) の統計的な研究方法の確立に貢献した一方で，当時の数理経済学や『純粋』経済学－ワルラスやゴッセン－に懐疑を抱いていたと伝えられている。つまり，レクシスは人間行動を比較的単純な要素に還元できる，－例えば『限界効用』のように，－という考え方に批判的であったことが知られている。このような経歴からして，個々の保険料に関して成立するとされる，わが国で『レクシスの法則』とよばれるような法則をレクシスが提唱したとは考えにくい」（渡邊［1998］p.10）。レクシスは「集団的現象」に注目していたのだから，個々の保険取引の次元での把握ではなく，保険団体の次元での把握とすべきとのことであろう。また，保険は不確実な損失に備える共通の基金のようなものであるとのマーシャル（Marshall［1974］）の見解を「準備金モデル」として取り上げ，準備金モデルでは個々の保険料は一定不変で，変化しうるのはWを所与として全体としてみた保険料総額（P），保険金総額（Z）であり，

$$P=WZ$$

の式に従い増減するので，準備金モデルではレクシスの原理を個々の保険料決定の公式と主張することはできないとする（同 pp.10-11）。さらに，ボーシュ（Borch［1990］）が同一の式で「公平の原則」と呼び，公平の原則を全体としての保険料と保険金に関するものとして取り扱うとする。

以上から，数式としては近藤［1940］と同様で，印南［1951］が批判する総額ベースでの把握こそ正しいレクシスの原理の理解であり，公平性の原則も全体的な把握に関わる原則として，通説化している印南解釈を真っ向から否定する。非常に刺激的な議論であるが，次のような疑問が生じる。

「集団的現象」に着目していたからこそ，保険取引の次元を問題とした可能性もあるのではないか。なぜならば，保険の特徴の一つは，支払う保険料と受取る保険金の大きさの違いである。純保険料に限定した考察では全体の収支の均等は自明の前提とすべき事柄であって，掘り下げた考察を行う余地が乏しい。個々の保険取引の次元の不均等がどう全体に結びつき集団的に均衡して現象するのかという問いかけを行った時には，両者の結びつきが考えられ，考察の余地に乏しい全体の収支よりも，必然的に，個々の保険取引の次元に関心が

向くと思われる。個々の保険取引の次元で危険率に応じた負担が，保険金の数学的期待値に等しいということで均等を意味し，均等である個々の取引の積み重ねの全体が均等するとなるのである。もちろん，全体的な把握で保険料総額が保険金総額の期待値であるとできるが，その場合実際に支払う保険金が保険金総額の期待値に等しいということの方が重要であろう。しかし，保険の歴史をみれば明らかなように，全体の収支をうまく行かせるために保険料はいかに決定されるべきかが問題となり，それゆえ近代保険の要件として合理的保険料の算出があげられるのではないか。これは，歴史的にみて，全体の収支を一致させるために個々の保険料に関心が持たれていたことを示す。こうした歴史的流れに対して，「集団的現象」に関心を持っていたとして，ひとりレクシスのみが個々の取引の次元を軽視したとは考え難いのではないか。むしろ，「集団的現象」を重視したが故にそれを成り立たせる個々の次元にも関心を持ち，統計学者であったが故に期待値を考慮した給付・反対給付均等の原則を導き出すことが可能であったと考えられないであろうか。

　公平性に関する議論も疑問である。公平性は何らかの関係を持つもの同士のその関係において意味を持ってくるのであろうが，保険料総額と保険金総額の関係における公平性を問うことにいかなる意義があるのであろうか。保険料総額＞保険金総額なる関係でその額があまりに大きく，保険者が儲け過ぎとの批判が成り立つような状況で公平性が問題になるともいえようが，その場合も結局は，保険加入者と保険者との関係という個々の保険取引の次元で保険料が取り過ぎとなり，個々の保険取引の次元で公平な保険料とは何か，全体と個別との関係ということになるのではないか。また，通常公平性を問題とする場合，個々の保険取引の次元で取引の主体者としての保険加入者と保険者との関係よりも，この関係が結合して形成される保険団体の構成要素としての保険加入者間の関係であろう[2]。保険加入者間の関係であるから，負担する保険料が公平性の問題であろう。世界初の近代的生命保険会社とされるオールド・エクイタブル（The Society for Equitable Assurance on Lives and Survivorships）の採用した年齢別・平準保険料方式は，公平（エクイタブル）な保険料を求めたドドゾン（James Dodson）によって考えられた。このことにおよそ「公平」という問題が

　2）すでにみた，近藤の鈴木に対する批判と同様な批判が当てはまる。

何を意味するかが明らかなのではないか。保険加入者と保険者との間の取引の公平性ではなく，加入者間の負担の公平が公平性を考える中心といえ，そうであるならば個別の保険取引の次元が問題となる。レクシスの原理を個別取引の次元で把握し，合理的保険料を意味すると考え，その合理的保険料がすべての保険加入者に課されるということで負担が公平であるとなるのではなかろうか。

もし，保険団体の次元で公平性を問題とするならば，渡邉［1998］で「第4の特質は，払い渡される金額は扶助の性格をもたず，また拠出される分担金は慈善の性格をもたず，加入当事者間には，むしろ，『給付・反対給付均等の原則』が当てはまる」（同 p.9）とした Lexis［1909］の要約部分は，どのように解釈されるのであろうか。レクシスが数学的期待値（Lexis［1909］S.216）としたのは，相互扶助性の否定，公平性も意識した指摘であり，個々の保険取引の次元ではないのか。何のために公平性を問うかという目的が意識されていないことによる的外れの批判ではないか。以上から，印南のレクシス解釈の方が正しいと考える。

さらに，渡邉［1998］ではP=WZが純保険料ではなく保険料そのものを決定する式として掲げられ，一つの保険需要論とみられるという点からも検討している。伝統的な保険学でも保険料そのものではなく，それを拡張しようとの議論もみられるが，リスク・プレミアムの認識を欠いているとする。「ボーシュは，P=E+A+R という式を示した箇所で，E は統計的な問題でアクチュアリーの仕事であり，A は原価計算の問題で会計士の仕事であるが，リスクプレミアム R は，市場において需要と供給により定まるもの」（同 p.13, Borch［1990］p.15）としており，これに従うと，わが国では真の意味での保険経済学は存在しなかったのではないかとする（渡邉［1998］p.13）。確かにリスク・プレミアムの議論はなかったが，しかし，それをもって保険経済学はなかったとできるだろうか。これでは保険経済学がリスク・プレミアムを考察する学問となってしまうが，保険料の分析一つとっても，それは保険における価格理論といえ，E, A, P すべて，さらには投資収益を含めて考察すべきではないか。また，E は一種の等価交換を示すといえ，リスクを処理する直接的な資金に焦点を当てた分析を行わなければ，保険が一つの経済制度としてなぜ資本主義社会において生成・発展したかを解明できず，経済学の核心部分が抜け落ちることになる。

さらに，EはアクチュアリーのⅠ仕事とするが，ここに情報の非対称性が入り込むとするのが情報の経済学を使った分析ではないのか。渡邊 [1998] の目的は，情報の経済学などの成果に基づく分析を行うことであろうが，Eをアクチュアリーの仕事とすることで，自らの拠って立つ基盤を否定することになるのではないか。もともと，E, A, Pすべて含めて保険価格理論ではないのか。Pの構成要素の一つであるRのみが需給で決まるのではなく，全体のPとして需給で決まるのではないか。そうしないと，キャッシュ・フロー・アンダーライティングの説明もできないのではないか。リスク・プレミアムの分析が重要で，それを保険経済学の一つの理論とするのは良い。伝統的保険学がこのような分析ができていないという批判も正しいであろう。しかし，単に部分理論に過ぎないリスク・プレミアムの議論をもって保険経済学とするならば，それは単なる一部でもって全体系を僭称する暴論ではないか。

米山 [2005]，箸方 [2003]，渡邊 [1998] と時間的には遡るような考察になってしまったが，時系列的に整理すると，規制緩和・自由化を背景に注目されてきた金融工学，情報の経済学などの隣接科学の最新理論からいかに学ぶべきかという課題から保険学の再生に課題が移行し，保険と金融の融合などといわれる中さらなる一般性が指向されている。かくして，伝統的保険学に対する批判は，保険本質論偏重に対する批判で始まり，一般性と特殊性という枠組みに議論が高度化し，共通言語化を図るリスク重視の保険学構築で保険学の再生を目指し，さらなる一般性重視の方向にまで発展したといえよう。この流れを日本保険学会の動向という観点から確認しておこう。

3. 日本保険学会の動向

日本保険学会の動向を把握するために，全国大会を題材に考察する（図表5.1参照）。

全国大会において，共通論題は1986年度から定例化される。1986年度は「医療保険」を共通論題とした。共通論題については，アンケートをとった上でテーマが決定されている。1986年度のアンケートでは「保険と金融」，「金融関連保険商品の検討」，「金融自由化と保険事業」など金融関連のものが多く，「金融関連商品の検討」を第一候補に検討を進めたが，「業界関係者に当たって

みたところ，生損保いずれも今の時期にこの種の問題は対行政の面でもとり上げてほしくないという意向が強かった。従って，業界の協力が得られないということになるので，共通論題としてとり上げるには状況が悪いことになった」（第513号 p.112）[3]ということで，医療保険に変更されたようである。しかし，1987年度に「金融自由化と保険商品」として実施された。ただし，報告者三

図表5.1 日本保険学会の全国大会

年度	開催校	シンポジウム	共通論題
1984	横浜国立大学	−	−
1985	同志社大学	−	−
1986	法政大学	−	医療保険
1987	長崎大学	−	金融自由化と保険商品
1988	明治大学	−	保険監督法の問題
1989	香川大学	−	相互会社をめぐる諸問題
1990	東京国際大学	−	保険事業の新展開
1991	神戸学院大学	−	保険募集制度の課題
1992	早稲田大学	−	保険審議会答申をめぐって
1993	神戸商科大学	−	生損保兼営問題
1994	専修大学	−	規制緩和と保険業
1995	広島修道大学	地震災害と保険	新保険業法について
1996	慶應義塾大学	−	新保険業法の論点
1997	東北学院大学	−	保険事業の規制緩和
1998	一橋大学	−	金融ビッグバンと保険業
1999	神戸大学	モラル・ハザードをめぐる諸問題	21世紀の保険企業の経営戦略──リスク環境の変化をふまえて
2000	駒沢大学	遺伝子診断と保険事業	保険企業の再編と生・損保経営
2001	京都産業大学	介護ビジネスと介護保険をめぐる展望	生命保険の現状と未来
2002	明治大学	ネットワーク技術の普及と保険ビジネスモデル	保険業とコーポレート・ガバナンス
2003	福岡大学	−	高齢社会の保険に及ぼす影響
2004	上智大学	募集行為規制の再検討	販売チャネルの多様化の現状と課題
2005	小樽商科大学	少子社会における保険業	いわゆる「無認可共済」問題の総合的検証
2006	中央大学	民間医療保険の課題と将来	大震災と保険
2007	桃山学院大学	保険金等の支払いをめぐる再検証問題	保険契約法の現代化と消費者利益
2008	独協大学	自由化後10年の検証	いま保険とは何かを考える
2009	龍谷大学	新保険法の課題と展望	保険概念の再検討
2010	早稲田大学	保険販売を考える	保険における消費者保護と金融ADR
2011	神戸学院大学	グローバリゼーションと保険会社の海外進出	保険事業とERM
2012	日本大学	巨大災害・巨大リスクと保険	−
2013	愛知学院大学	保険取引から見た債権法改正	医療保障制度の官民の役割分担

（出所）筆者作成。

名は全員学者（大学人）で業界人は入らなかった[4]。

　金融自由化が進み，保険自由化も意識され出し，保険業法の改正などが話題に上るようになったためか，1988年度の共通論題は「保険監督法の問題」であった。保険行政に絡むためか，報告者は全員学者であった。1989年度は，「相互会社をめぐる諸問題」で保険業法の改正が意識されたようである。1990年度は保険審議会総合部会で保険業法の改正作業が進められることになったため，審議が進められる検討事項が意識されて「保険事業の新展開」になったようである。引き続き報告者は全員学者であった。なお，学会創立50周年の年であったため，50周年記念講演会も行われた。この年度に学会員数が急増し，1,000名を超えた。理事会の席上でも「増員で結構だが会社関係の入会が最近多いが特別勧誘を行っているのか」（第537号 p.102）との質問が出され，積極的な勧誘は行っていないとの回答であった。保険自由化，保険業法改正が見込まれる環境変化に対して，業界人に勉強意欲が湧いてきたということであろうか。

　1991年度のアンケートでは，「保険教育の現状と課題」が注目される。しかし，保険審議会の動向を意識して「保険募集制度の課題」であった。1992年度は保険審議会答申が出されたことから，「保険審議会答申をめぐって」であった。報告者は学者のみである。1993年度のアンケートでは，「21世紀の保険業および保険学の課題」が注目される。一部の関心に留まるのかもしれないが，保険学自体を問うというテーマが出てきた。しかし，保険業法の改正・自由化が意識され，「生損保兼営問題」であった。報告者は引き続き学者のみである。1994年度のアンケートでは「保険学および保険教育の課題」があり，再び保険学関連が登場したことが注目される。しかし，「規制緩和と保険業」であった。報告者は引き続き学者のみである。

　1995年度のアンケートでは「保険学の将来」が注目されるが，保険業法が改正されたため，「新保険業法について」であった。会員外の池尾和人が報告者に含まれたのが注目される。なお，1995年1月に発生した阪神・淡路大震

　3）アンケートについては『保険学雑誌』に掲載されているので，ここでの同誌からの引用箇所については号と頁のみを記載する。
　4）報告者の一人九州大学の古瀬正敏は日本生命保険から出向の客員教授なので，業界人ともいえる。

災を受けて，シンポジウム「地震災害と保険」が設けられた。1996年度のアンケートでは「わが国の保険教育の今後のあり方」が注目される。教育，研究と保険学自体を問うテーマが毎年みられる。しかし，保険業法の改正を受け，「新保険業法の論点」となった。報告者は学者のみであった。

1997年度のアンケートでは，「保険自由化と必要な教育・研究体制について」が注目される。しかし，金融ビッグバンを受けて，「保険事業の規制緩和」であった。報告者は学者のみであった。1998年度のアンケートでは，保険学自体を問うテーマがないのが注目される。金融ビッグバンをテーマとして，「金融ビッグバンと保険業」であった。本格的な自由化幕開けとなって，学問自体を問うといった抽象的なテーマを考える余裕がなくなってきたということか。1999年度のアンケートでも，保険学自体を問うテーマがなく，実務的な「21世紀の保険企業の経営戦略——リスク環境の変化をふまえて」がテーマであった。なお，シンポジウム「モラル・ハザードをめぐる諸問題」が設けられた。2000年度のアンケートでも，保険学自体を問うテーマがなく，「保険企業の再編と生・損保経営」という業界動向がテーマであった。報告者に保険業界以外の実務家が加わった。この年度はシンポジウム「遺伝子診断と保険事業」も開催され，日本保険医学会会員が報告者に含まれた。しかし，同学会との相互交流がその後活発になったわけではない。

2001年度のアンケートでは，「保険教育の現状と課題」があるものの，積極的に保険学について問いかけるものはなかった。金融ビックバン関連，会計制度関連のテーマが多かった。ただし，自由論題で高等学校教育に関するものであるが，「保険教育の現状と課題——高等学校における教科書分析を中心に」があった。生命保険会社の破綻が相次ぎ，生命保険危機といわれた時期を背景としてか，「生命保険の現状と未来」がテーマであった。シンポジウム「介護ビジネスと介護保険をめぐる展望」も行われ，シンポジウムが定例化してくる。

2002年度以降は『保険学雑誌』において，テーマについての検討の経過やアンケート結果について取り上げられなくなったので，簡単に記述したい。2002年度共通論題は「保険業とコーポレート・ガバナンス」である。シンポジウム「ネットワーク技術の普及と保険ビジネスモデル」も行われた。エンロン事件などの企業の不祥事でコーポレート・ガバナンスが注目されてきたことを背景としていると思われる。2003年度はプログラム・コミッティーが設け

られた。メンバーは五名である。共通論題は「高齢社会の保険に及ぼす影響」で，シンポジウムは行われなかった。

　2004年度は共通論題「販売チャネルの多様化の現状と課題」，シンポジウム「募集行為規制の再検討」である。2005年度は「いわゆる『無認可共済』問題の総合的検証」で，社会問題化し，保険業法の改正にまで結びついた無認可共済問題を取り上げている。2006年度は「大震災と保険」である。2007年度は「保険契約法の現代化と消費者利益」で保険契約法の改正を意識したテーマ設定である。なお，2009年度シンポジウムでは改正された保険契約法（新保険法）をテーマにしている。

　2008年度の共通論題は「いま保険とは何かを考える」という非常に大きなテーマである。しかし，保険本質論的な根源的問いかけではなく，非常に厳しい状況の中で，個々人が知恵を出さなければならないためのテーマとされる（石名坂［2009］p.11）。シンポジウムは「自由化後10年の検証」である。

　2009年度の共通論題は「保険概念の再検討」で，2008年に続く保険本質論的なテーマであるが，前年度と同様に保険本質論的な根源的問いかけではない。保険本質論に対して否定的なことに，変化はないようである。シンポジウムは前述のとおりで，「新保険法の課題と展望」である。

　2010年度の共通論題は「保険における消費者保護と金融ADR」，シンポジウムは「保険販売を考える」である。共通論題は，金融ADR（Alternative Dispute Resolution，裁判外紛争解決制度）に関する法律が2010年に施行されたことに対応するものである。シンポジウムは，これまで何度も取り上げられてきた保険自由化や制度改革に関するテーマの続編的なものである。

　2011年度共通論題は「保険事業とERM」，シンポジウムは「グローバリゼーションと保険会社の海外進出」である。共通論題は保険会社にERM（Enterprise Risk Management）が求められるとし，ERMの整備を進めるにあたっての問題点を議論する。シンポジウムは，国内市場が伸び悩む中で海外展開が重要となってきたことから，保険会社の海外進出をテーマとする。

　2012年度は2日目一日かけてシンポジウム「巨大災害・巨大リスクと保険」を開催した。言うまでもなく，東日本大震災を受けたものである。2013年度は，シンポジウムが「保険取引から見た債権法改正」，共通論題が「医療保障制度の官民の役割分担」である。

ここでの考察期間は，保険業法を改正して護送船団体制から自由化へと劇的に舵がきられ，また，生保危機が発生した激動の時代といえる。自由化の混乱として保険金不払問題という社会問題も発生した。そのためか，共通論題のテーマは保険学自体に興味が持たれた時期もあったが，徐々に自由化の流れに着目し，理論的なテーマより現実的かつ時論的なテーマが多い。こうした流れの中で，1995年度の共通論題「新保険業法について」は大きな節目として注目したい。

　前述のとおり，会員外の池尾が報告者に含まれている[5]。会員外の報告というのは例外的である。周知のとおり，この保険業法の改正は56年ぶりの大改正であり，保険自由化を指向するものであった。自由化に向けた規制緩和・規制改革をいわばテーマとしたわけで，池尾は自由化への規制改革において新しい金融論に基づく自由化論者として注目されていた。保守的な保険業界人，保険研究者からすれば，かなり大改正といえそうな保険業法の改正であるが，池尾［1996］では，「今回の保険業法改正は，国内的な文脈からみると，56年ぶりの抜本的改革であるということになるかもしれない。しかし，よりグローバルな文脈からそれをみると，遅きに失した改革のささやかな一歩に過ぎないと言わざるを得ない」（池尾［1996］p.1）と大変手厳しい。具体的には，業態の壁を超えた競争激化を回避するために制度改革の先送りをしたと批判する（同p.2）。特に，業務分野規制がかなり残ったことに対して批判する。欧州はすでにユニバーサル・バンキングが認められており，アルフィナンツ（Allfinanz），バンカシュランス（bancassurance）といわれ，米国も利害調整が済めば数年後業務分野規制の全面撤廃が見込まれると，その時点で正確にグラム＝リーチ＝ブライリー法（Gramm-Leach-Bliley Act）の成立を予測しつつ，こうした欧米の金融コングロマリット化の動向に対して，わが国は著しく遅れているとする。1980年代以降の情報通信，処理技術の発展が分業体制の高度化（今日いうところの業務のアンバンドリング化）をもたらし，金融コングロマリットが指向されるので，業務分野規制を徹底して緩和し，競争を促進すべきとする（同pp.5-6）。池尾［1996］は，保険会社を特殊な金融機関とせず，銀行などと同列に置きながら，BIS規制の形成などに結びつく理論的な枠組みで保険業法の改

　5）この報告に基づく成果が池尾［1996］である。

正を分析したものといえ，学会としての一般性指向を象徴すると思われる。

ただし，その後の共通論題，シンポジウムのテーマは，必ずしも一般性・特殊性という議論の枠組みで一般性指向のテーマではなく，実際に自由化されたことにより生じた様々な課題への対応といった側面が強い。その後，時間が経つと自由化による問題から浮かび上がる根源的な問題に関心が向き，保険本質論的な問いかけもなされるが，伝統的保険学離れ・保険本質論アレルギーは相変わらずで，学問的なあり方や方向性への議論にまで高まらなかった。こうした動きの裏返しとして，一般性指向を指摘することができる。

しかし，より重要な点は，既に池尾の影響を大きく受けている点である。それは，伝統的保険学の批判を高度化させた高尾［1987］は水島［1967］を理念としつつも，保険学の将来の方向性を展望するにあたって，池尾［1985］から類推するという方法をとっているからである（高尾［1987］pp.139-142）。応用ミクロ経済学の重要分野として産業組織論と不確実性の経済学をあげ，後者の中で将来豊かな成果が期待できるのは「情報・組織の経済学」であるとし（同p.126），池尾［1985］を情報の経済学が本格的に利用された研究として注目する（同p.139）。池尾の研究を情報の経済学が適用された新しい金融論と考え，それをそのまま保険学に適用できないとしても，方向性としては同様な方向を目指すべきとの考えと思われ，いわば「新しい金融論」ならぬ「新しい保険論」を指向して，伝統的保険学を批判する。こうした保険研究の動向にも経済学一般の動向が反映し，池尾の学会報告でそれが決定的になったといえるのではないか。

以上のように，今日までの流れをリスク重視の保険学までの流れとして捉えることができるのではなかろうか。それはまた，日本保険学会においても，保険の相対化，保険と金融の同質性重視，保険研究の一般性指向，リスク重視の傾向という第6章で考察する他の学会と同様な傾向がみられるということである。

それでは，これらの批判と伝統的保険学確立後の保険研究の動向の相互関連はどうであったのか。

4. 戦後初期以降の保険研究

　このような学会動向において，伝統的保険学はどのように位置づけられてきたのか。学会動向から示唆されるが，伝統的保険学との関係に焦点を当てた考察をして明確にする。戦前，戦後初期に伝統的保険学が形成されたとの本書の時代区分からすれば，戦後初期以降に伝統的保険学が盛んとなり，その後伝統的保険学離れが生じたといえる。こうした時代的流れの考察も兼ねて，戦後初期以降にシリーズ化されたテキストの動向を分析して，伝統的保険学に焦点を当てる。

　まず，成文堂のシリーズを取り上げよう。成文堂では保険学のテキストとして本田［1978］がある。これを継承したと思われるのが鈴木編［初版1982〜第10版2000］であり，これが装いを新たにしたと思われるのが鈴木編［初版2003，第2版2005］である。さらにこれが装いを新たにしたと思われる大谷編［初版2007，第2版2008，第3版2012］がある。本田［1978］は保険学の考察はないが，保険の二大原則の解説を行い，「保険学説」として独立した章を設けて保険本質論を考察するなど，保険本質論・保険の二大原則重視の伝統的保険学にかなり忠実なテキストといえる。鈴木編のシリーズは保険総論，保険各論の構成が鮮明であるものの，鈴木編［1982，1984，1985，1987］は独立した章ではないが保険学説について考察し，本田［1978］を踏襲して伝統的保険学の枠内の考察が行われる。しかし，鈴木編［第5版1988］では，陳腐化しているという理由で保険学説の考察が削除されている（図表5.2網掛け参照）。以後，大谷編［2007，2008，2012］も含めて保険学説の考察はなされない。このように，保険学説・保険本質論の考察が後退したようである。ただし，大谷編［2007，2008，2012］を含めて二大原則を取り上げ，また，保険の定義を行い，保険の要件を導き出すというパターンの考察が行われており，この点からは伝統的保険学の枠組みでの考察といえるので，あくまでも保険本質論考察の後退となろう（図表5.2参照）。

　1970年代ぐらいから保険本質論偏重の伝統的保険学に対する批判が強くなってくるが，考察項目という点からみると，1980年代後半あたりから保険本質論離れが顕著にみられるようになったということであろう。しかし，二大

図表 5.2　成文堂のテキスト

	本田[1978]	鈴木編[1982]	鈴木編[1984]	鈴木編[1985]	鈴木編[1987]	鈴木編[1988]	鈴木編[1990]	鈴木編[1992]
(1)保険学								
保険学	×	×	×	×	×	×	×	×
保険経済学	×	×	×	×	×	×	×	×
集合科学	×	×	×	×	×	×	×	×
保険法	○	×	×	×	×	×	×	×
保険総論+保険各論	△	○	○	○	○	○	○	○
(2)保険本質論	○	○	○	○	○	○	○	○
保険学説	○共通準備財産説	○共通準備財産説	○共通準備財産説	○共通準備財産説	○共通準備財産説	○共通準備財産説	○共通準備財産説	○共通準備財産説
保険の定義	×	×	×	×	×	×	×	×
独自の保険学説	×	×	×	×	×	×	×	×
損害概念の重視	×	○	×	○	○	○	○	○
相互扶助	○	○	○	○	○	○	○	○
保険団体	○	○	○	○	○	○	○	○
保険の要件	○	×	×	○	×	×	×	×
(3)保険類似制度	○	○	○	○	○	○	○	○
保険可能の範囲	○	×	×	○	○	×	×	×
(4)保険の分類	○	○	○	○	○	○	○	○
様々な基準	○	×	×	×	×	×	×	×
体系的把握	○	○	○	○	○	○	○	○
(5)保険事業の主体	○	×	×	○	○	○	○	○
(6)保険史	○	○	○	○	○	○	○	○
保険の近代化	○合理的保険料	×	×	×	×	×	×	×
(7)保険政策	×	×	○	○	○	○	○	○
(8)保険の利益・弊害	×	×	×	×	×	×	×	×
保険の機能・効果	×	×	○	×	×	×	×	×
(9)保険金融	○	×	×	○	○	○	○	○
(10)保険の二大原則	○	○	○	○	○	○	○	○

4．戦後初期以降の保険研究

	鈴木編 [1995]	鈴木編 [1997]	鈴木編 [2000]	鈴木編 [2003]	鈴木編 [2005]	大谷編 [2007]	大谷編 [2008]	大谷編 [2012]
(1)保険学	×	×	×	×	×	×	×	×
保険経済学	×	×	×	×	×	×	×	×
集合科学	×	×	×	×	×	×	×	×
保険法	○	○	○	○	○	○	○	○
保険総論＋保険各論	×	○	×	○	○	○	○	○
(2)保険本質論								
保険学説	○共通準備財産説	○共通準備財産説	○共通準備財産説	○共通準備財産説	○共通準備財産説	○共通準備財産説	○共通準備財産説	○共通準備財産説
保険の定義	×	×	×	×	×	×	×	×
独自の保険学説	×	×	×	×	×	×	×	×
損害概念の重視	×	×	×	×	○	×	×	○
相互扶助	○	○	○	○	○	○	○	○
保険団体	○	○	×	×	○	○	○	○
保険の要件	○	○	×	○	○	○	○	○
(3)保険類似制度	○	○	×	×	○	○	×	○
保険可能の範囲	○	○	×	○	○	○	×	×
(4)保険の分類	○	×	×	×	○	×	×	×
様々な基準	×	×	×	×	○	×	×	×
体系的把握	×	○	×	○	○	○	×	○
(5)保険事業の主体	○	×	○	×	○	○	×	○
(6)保険史	×	×	×	×	○	×	×	×
保険の近代化	×	○	×	×	○	○	×	×
(7)保険政策	○	○	×	○	○	○	×	○
(8)保険の利益・弊害	×	×	○	×	○	×	×	×
保険の機能・効果	○	○	×	○	○	○	○	○
(9)保険金融	○	○	○	○	○	×	×	×
(10)保険の二大原則	○	○	○	○	○	○	○	○

（出所）筆者作成。

原則による保険の把握についてはそうではないようである。

有斐閣でもシリーズといえるものがみられる。木村ほか［1980，1993］であり，有斐閣アルマの近見ほか［1998，2006］はその続編といえよう。そして，近見ほか［2011］は最新版といえ，それまでの新書の手軽なスタイルから，本格的なものになっている。

木村ほか［1980］は第1章「保険とは何か」が総論的な位置づけとなっており，第2章以下が各論といえ，第2章「損害保険」，第3章「生命保険」，第4章「社会保険」となっている。新書であるから大変コンパクトにまとめられており，コンパクトにまとめる場合の典型的なパターンを示しているといえよう。すなわち，第1章総論で第2章以下を各論として損害保険，生命保険，社会保険を取り上げるというパターンである。木村ほか［1993］はタイトルが変わり，一部執筆者も入れ替わっているが，第1章の執筆者は変わらず，また，章立ても同じであるため，木村ほか［1980］の実質改訂版といえよう。第1章は，危険についての考察から始まり，マーネスの保険の定義（入用充足説）によって保険の要件について考察している。考察の内容は，保険の仕組み（保険の定義，保険成立の条件，保険類似の制度など），保険の分類，保険の起源，保険の機能（直接的機能，間接的機能）となっており，理論・政策・歴史という観点からみたとき，政策部分がない。特に，木村ほか［1980］では，全くといってよいほど政策面に言及がなく，木村ほか［1993］ではわが国の生命保険の歴史分析のところで「日本の保険監督の始まり」として，半頁強保険監督について述べられているに過ぎない。

危険についての考察も注目される。保険の仕組みに関して，「ミクロでみれば，保険に加入することによって危険は保険者に転嫁されますし，マクロでみれば，多数の経済体と結合することによって危険は縮小されます」（木村ほか［1980］p.4，木村ほか［1993］p.4でも語調が異なるが全く同じ記述がある）との指摘があり，危険の転嫁という場合の危険は経済的不利益が発生する可能性（期待値）と捉えていると思われ，危険の縮小という場合は予測値からの偏差（標準偏差）を指していると思われる。それでいて木村ほか［1993］で危険，リスク・ハザード・ペリルを考察する際に「riskの経済学的研究の進歩からか，riskを一定の事故発生の可能性ではなく，一定の予測の数値からの実際に事故が生じた場合のずれ，すなわち偏差を意味するものとして，riskを使う場合も

図表5.3 木村ほか［1980, 1993］と近見ほか［1998, 2006］の比較

	木村ほか［1980］本文241頁	木村ほか［1993］本文255頁	近見ほか［1998］本文263頁	近見ほか［2006］本文253頁
第1章	保険とは何か	総説	総説	総説
第2章	損害保険	損害保険	リスクと保険	リスク・マネジメントと保険
第3章	生命保険	生命保険	保険市場	保険市場
第4章	社会保険	社会保険	保険業とその規制	保険契約法と保険業法
第5章			福祉社会における保険	社会保障と保険

（出所）筆者作成。

ある」（木村ほか［1993］pp.108-109）としているのは大変興味深く，偏差をリスクとする認識は一部にあったものの，1990年代に入ってそれが一般的に意識されだしたことを示すといえるのではないか。

次に，有斐閣アルマの近見ほか［1998, 2006］を考察しよう。近見ほか［1998］は，総合保険学である保険学を指向したテキストとされるので，木村ほか［1980, 1993］と構成は異なる（図表5.3参照）。

木村ほか［1980, 1993］の総論＋各論という構成に対して，保険市場（保険経済学），保険法学といった学問を含むことで，近見ほか［1998, 2006］は木村ほか［1980, 1993］に比べて総合保険学を指向しているといえよう。近見ほか［1998］は第1章で伝統的な制度論的，保険総論的考察を行い，第2章でリスクマネジメント論的考察を行い，第3章ではあまりみられないミクロ経済学的考察が続き，第4章は経済学的視点が入るが，規制に関して保険法学的な考察もなされ，第5章で保険各論的に社会保険を中心とした社会保障論の考察がなされる。従来の保険総論，保険各論と比較すると，保険各論的に社会保険（社会保障）のみ取り上げられていて，損害保険，生命保険などが各論として登場しないのが注目される。また，第1章で限定的（入用充足説と経済生活確保説）ではあるが，保険学説の考察を行っているのが注目される。過度な保険本質論争に対する批判を受け入れつつも，一定の定義があることを便利とする。

近見ほか［1998］の改訂版といえる近見ほか［2006］は，保険業界・学会を取り巻く環境の変化が一段落したと思われるので，環境変化に対応すべく書名も新たに発行されたものである（近見ほか［2006］はしがき p.i）。アメリカ流の Risk Management and Insurance（RMI）に否定的であり，保険学とは，保険経済学，保険法学，保険数理，保険医学等々を包摂する総合科学とする点で，基

本的立場は前著といささかも変わっていないとする（同はしがき pp.i-ii）。木村ほか［1980, 1993］の流れを汲むと思われるものの，総合保険学を指向するために構成が異なる。ただし，保険経済学，保険法学は入るものの保険数学，保険会計学などは含まれない点において，総合保険学とするにはやや弱い感もある。また，保険経済学は考察領域が私的保険に限定され，その補完の意味もあって第5章で社会保障論が取り上げられるのかもしれないが，総合保険学を指向した場合の保険各論の取り扱いについて大いに考えさせられる。保険経済学の考察は類書にみられないが，それが全体の体系との関係でどう位置づけられるかが判然とせず，同書の総合保険学的考察において浮いた存在となっている。換言すれば，成文堂のシリーズと構成そのものは異なるものの，アプローチやカバー範囲という点では大きな違いはなく，保険経済学の部分が著しく異なるぐらいである（図表5.3参照）。

　以上から，伝統的保険学の特徴に関わり，次の点を指摘することができる。伝統的保険学の保険の本質重視に対して，便宜的定義を行うものの保険本質論偏重への批判から保険の本質を軽視している。しかし，二大原則による保険の把握は保持されており，この点で保険の特殊性が維持されている。一方，新たな保険学の枠組みの構築を目指すことなく，一般性を重視した考察が入り，伝統的保険学の枠組みの中に新たな理論が入り込んできた形となっている。

　それでは最新版（近見ほか編［2011］）は，どうなっているのであろうか。同シリーズの前の文献との比較も交えながら，同書を要約する。

　第1章「リスクと保険の基礎理論」は，これまでの同シリーズの「保険」の考察に対して，「リスクと保険」として「リスク」を重視している。「リスク」で本書の考察の口火が切られており，明らかにこれまでとは異なる。Rejda［2005］に基づき，リスクの伝統的な定義を損失発生に関する不確実性とする（近見ほか編［2011］p.1）。しかし，損失というと生命保険に妥当するのかどうかという問題が生じるので，事故発生の不確実性とする。ところで，ファイナンスではリスクをばらつき・散らばりとして理解するが，「リスクを感じるのは，期待値および分散の値がどうであれ，事故または出来事の発生に関して不確実性があるからではないだろうか。だとすれば，保険制度に加入する者が感じ，認識するリスクは，ばらつき・散らばりとしてのリスクではない」（同 p.2）とする。そして，ばらつき・散らばりとしてのリスクは保険制度の運営に関わ

る「大林の言う第二次危険または保険技術的危険である」（同 p.3）とする。かくして，「保険制度への加入者が同制度の運営者に移転するリスクは，ばらつき・散らばりという意味のリスクではなく，不確実性という意味のリスクなのである」（同 p.3）とする。

前述の「リスク重視の保険学」では，期待値と期待値周りの変動性（分散・標準偏差）をリスクとし，後者を重視するが，それと一線を画すための記述にみえる。同書はリスク重視の保険学の影響を受けてリスクから始めていると思われるが，リスクをファイナンス的に捉えない点に伝統性が反映しているといえる。ただし，保険加入者が移転するリスクを「不確実性という意味のリスク」とする点に問題はないだろうか。不確実性は可能性がなければ存在しないとし，「日本の保険法は，損害・保険事故・給付事由の発生の可能性を危険と言っている」（同 p.2）との記述で保険法と同様に把握しているのかもしれない。その場合，不確実性＝可能性との把握となる。いずれにしても，不確実性という用語をばらつき・散らばりを否定するために使用している。しかし，不確実性は可能性に関わる用語というよりも，どうなるかわからない＝幾通りもの場合が発生しうるということで，ばらつき・散らばりに関わる用語として捉えられるのが一般的ではないか。本章で不確実性という用語を導出するために引用した Rejda［2005］では，リスクを不確実性とした後に，客観的リスクと主観的リスクに分け，前者を標準偏差・分散（Rejda［2005］p.4）としている。したがって，不確実性を可能性と結びつけた把握には無理があるのではないか。

次に，リスクがコストであることが述べられるが（近見ほか編［2011］p.3），これもリスク重視の保険学の影響であろうか。これまでのシリーズにはない記述である。続いて，リスク，ハザード，ペリルについて考察し，リスクの分類へと進む。

次に，全く内容が変わり，保険の生成として，海上保険，火災保険，生命保険，さらにわが国の保険の生成について考察する。保険史の考察であるが，リスクから保険史への論旨の展開が理解し難い。ただし，第 1 章での歴史的考察は木村ほか［1980］からパターン化している考察ではある。

次に，「保険とは」を考察する。近見ほか［2006］では，保険の字義に始まるこの考察が最初であった。近見ほか［2006］に比べて考察がやや簡略化されており，そこでは保険学説の考察も経済生活確保説と入用充足説を取り上げて

多少保険学説の考察がみられたのが（近見ほか［2006］pp.6-11），支持する入用充足説のみを取り上げる（近見ほか編［2011］pp.14-15）。そして，定義があった方が理解しやすいということで，保険を次のように定義する。

同様なリスクにさらされた多数の経済主体による，偶然な，しかし評価可能な金銭的入用の相互充足である。(同 pp.14-15)

この定義は近見ほか［2006］と全く同じである（近見ほか［2006］p.11）。
次に，保険制度の構造として，保険は数理的・技術的基礎の上に成立するとして，大数の法則，収支相等の原則，給付・反対給付均等の原則を指摘する。続いて，保険制度の成立要件を考察するが，定義文から成立要件を導き出すというもので，続く保険制度の特質まで，「保険システム」（近見ほか［2006］）と「保険制度」（近見ほか編［2011］）と用語の使い方が異なるのみで中身はほぼ近見ほか［2006］と同じである。
次に，保険の三大要素として，保険者，保険契約者，保険契約を取り上げて考察する。さらに，保険の分類と機能が続くがこれらも近見ほか［2006］の考察とほぼ同様である。
以上のように，かなり近見ほか［2006］と重なる考察であるが，リスクで始めている点が決定的に異なる。リスクを損失概念から離し，保険加入者の移転するリスクをばらつき・散らばりとしてのリスクではないとする点で伝統的といえるが，本章全体はリスク重視の保険学の影響をかなり受けているのではないか。
第2章は「リスクと保険の経済分析」である。生活自己責任原則の資本主義経済において保険はリスク処理策の一つであるとする。リスクと保険の間に損害の発生という事実が存在し，リスクを「損害発生の不確実性」（近見ほか編［2011］p.35）とする。保険学においてリスクが重視されるようになると，生命保険と損害保険との統一的把握から保険を捉える概念として棄却された損害概念が復活し，重視されることとなるが，本章にもそれが当てはまる。なお，損害概念の重視は，第1章で損失概念の使用を避けたことと矛盾するのではないか。
次に，保険の特性を考察する。財としてどのように性格づけられるかという

考察で，保険を無形財，情報財，条件財，価値転倒財，メリット（価値）財，クラブ財とする。同シリーズのみならず，これまでのテキストにみられない整理の仕方である。

次に，保険の原理と機能では，第1章と重複して保険の二大原則，給付・反対給付均等の原則，収支相等の原則を考察するが，第1章と異なり $\omega = \frac{r}{n}$ について大数の法則として考察せず，両原則を同時に満たすことを意味する $\omega = \frac{r}{n}$ が成立するためにはリスク分類が適正に行われることが必要条件であるとして，リスク分類に焦点をあてる。したがって，考察項目としては第1章と重複するものの，第2章の主題と関連した第1章の考察の補完的な説明になっている。ここで重視するリスクの分類とは，リスクの高低であり，リスクに応じた保険料率の設定は保険原理の追求において不可欠であり，契約者の公正が達成されるのみならず，経済的意義もあるとする。

続いて，保険の機能と経済的効果を考察する。三つの大きな保険機能として，リスクのコスト化機能，リスク移転機能，リスク分散（リスク・プーリング）機能をあげる。近見ほか［2006］と同様同書は伝統的保険学を重視しているようであるが，第1章がリスクで始まり，リスク重視の姿勢が今までと異なる。本章では，機能についてもリスクを軸に把握し，伝統的保険学にはみられない保険機能の把握である。そこで，リスク重視の保険学のテキストとして下和田編［2014］を取り上げ，比較してみよう。

リスク・コストはリスク重視の保険学においても重視される点であるが，下和田編［2014］では同じ「保険の機能と経済効果」の考察において「リスクのコスト化機能」はみられない。また，経済効果は機能がもたらすものとして，リスク負担機能，金融機能，再分配機能と独立して社会的コストの軽減効果，不確実性の軽減効果，信用補完効果，資本形成効果，損害予防・防止効果をあげる（下和田編［2014］pp.48-49）。これに対して，本章は機能と効果の関係が判然とせず，効果の指摘が不明確である。また，リスクにこだわり過ぎたためか金融的機能を指摘していないが，これは非常に問題である。さらに，リスク分散機能を個人の直面するリスクの標準偏差を軽減させるとする点も問題であろう（近見ほか編［2011］p.41）。第1章の考察にあるように，標準偏差としてのリスクは第二次危険または保険技術的危険として把握すべきで，保険契約者の次元では期待値のブレではなく，期待値としてのリスクを移転すると考える

べきであろう。いずれにしても，第1章との整合性に欠けている。

次に，保険加入の合理性について考察する。保険加入という行動の合理性を期待効用理論によって考察し，期待効用理論を補う行動経済学による考察へと進む。続いて，保険可能性と限界について考察する。保険需要の決定要因を考察し，保険可能性の条件を提示する。この条件が満たされても市場性が存在しないと保険取引は成立できないとして，保険の限界を考察する。本章最後に，情報の非対称性と逆選択，モラル・ハザードについて考察する。情報の非対称性を原因として逆選択，モラル・ハザードが発生することになるので，両者について説明した後，対応策を考察する。

近見ほか［2006］で本章に相当する章は第3章「保険市場」と思われ，ここで保険の経済学的な考察を行う。ただし，先に指摘したように，この章自体は全体との関係で浮いたような存在である。それに対して，本章はしっかりと近見ほか編［2011］に根づいているといえ，その点でも同書は近見ほか［2006］に比べて優れている。

第3章は「リスク・マネジメント」である。近見ほか［2006］の第2章「リスク・マネジメントと保険」に相当する章と思われる。近見ほか［2006］では第2章でリスクを考察するが，本書ではすでにみたように第1章の冒頭で考察するため，同書はリスク・マネジメントの概念から考察する。リスク・マネジメントを「合理的な手段・方法を用いて，最小の費用で様々な事故・異常事態から生じる損失を最小にしながら，一方で利益を最大にするための，事業運営・推進の仕組みおよび活動である」（近見ほか編［2011］p.57）とする。危機管理やセキュリティ・マネジメントを含む広い概念としてリスク・マネジメントを捉えている。

次に，リスク処理手段の体系を考察する。リスク・マネジメントをリスク処理手段によってリスク・コントロールとリスク・ファイナンシングに二分することができるとし，さらに細分類の手段についてそれぞれ解説を加える。「リスク・マネジメント・システム」として手段の体系を把握しているのが注目される。続いて，リスク・マネジメント・システムの基本構造としてリスク・マネジメント・プロセスなどが考察され，リスク・マネジメント・システムのハザードとリスクの考察へと進む。このように，あまりみかけない「リスク・マネジメント・システム」という用語が本章では重要である。さらに，リスク・

ファイナンシング手段の多様化として，ART（Alternative Risk Transfer）を考察する。最後に，リスク・マネジメント戦略への取り組みとして，BCP（Business Continuity Plan）やリスク・ガバナンス体制について考察する。

第4章は「保険と数理」である。本シリーズにみられなかった保険数学についての考察である。現価計算の解説も含めて収支相等の原則に結びつく保険料の計算を行う。続いて，責任準備金の説明を行う。次に，大数の法則を解説し，期待値，分散を説明する。ここで，給付・反対給付均等の原則に言及する。最後に，生命保険数理，続いて損害保険数理と，生命保険，損害保険に分けた考察を行う。初歩的な保険料計算をわかり易く解説している。ただし，生命保険に比べて損害保険はかなり簡単な記述なので，損害率，コンバインド・レシオの解説などを入れると良かったのではないか。

第5章は「保険契約」である。保険は多数の契約の集合によって保険団体が形成されて初めて機能するので，保険制度と保険契約は相互関係にあるとする。保険契約は保険を形成するためのものなので，保険制度を機能させるために必要な事項が織り込まれる。それは，保険技術面の事項と保険を健全かつ適正に運営するための必要事項に大別される。前者は危険率に応じた保険料率の設定が可能となるような仕組みであり，後者は賭博性とモラル・ハザードを排除する仕組みである。次に，保険が関連する法律を指摘し，保険法を中心に考察を進める。

近見ほか［2006］で本章に相当する章は第4章「保険契約法と保険業法」であると思われるが，同書では第9章「保険政策と保険規制」で保険監督法を取り上げるため，保険契約法の保険法を中心とした考察になっているものと思われる。この点が近見ほか［2006］との構成上の大きな違いの一つである。

第6章は「保険経営」である。保険制度の経営主体として，株式会社，相互会社，協同組合，少額短期保険者を考察する。株式会社と相互会社は比較をしながら考察する。協同組合については，共済についての簡単な説明を行った上で，主要な制度共済として，JA共済，全労災，県民共済，CO・OP共済を簡単に取り上げる。少額短期保険業者についても簡単に解説する。次に，保険販売について考察する。保険需要の間接性を指摘し，保険購入は「外部からの力」が必要であるとし，保険販売チャネルには外部からの力になることが期待されるとする。販売を生命保険，損害保険，新しい販売チャネルに分けて考察する。

新しい販売チャネルは，銀行窓販とインターネット・チャネルに分けて考察する。なお，近見ほか［2006］では，本章に相当する章はない。

第7章は「金融仲介機関としての保険会社」である。保険会社を間接金融における金融仲介機関と位置づける。そのため，保険契約者を資金余剰主体と捉える。これは，いわゆるファイナンス論に盲目的に追随する悪しき例ではないか。こうした考察についての批判は小川［2008］で行っているので，ここでは繰り返さない（小川［2008］pp.212-213）。次に，保険資金の形成と特徴であるが，生命保険資金，損害保険資金に分けて考察を行う。それぞれの特徴について考察し，資産運用の考察へと進む。本章は，近見ほか［2006］にはみられない保険金融の章である。

第8章は「保険市場と保険産業」である。保険法や保険業法では生命保険，損害保険の他に第三分野の保険を加えて三分類化しているが，保険市場および保険産業に関連した様々な区分は生命保険，損害保険の二分類なのでこれに従って考察する。保険市場の規模と普及率を分析し，経済成長に対して保険はかなり成長したが，普及率を諸外国と比較してみると高くないので，とりわけ損害保険の発展可能性が高いとする。次に，保険産業について生命保険産業，損害保険産業に分けて考察する。産業集中度を分析しており，生命保険産業の集中度はかつての寡占体制の下でもそれほど高くないが，自由化後急速に再編が進んだ損害保険産業の集中度が高いことが明らかにされる。損害保険産業のところでは，共同保険，再保険についての説明も行う。それほど違和感はないものの，本章で再保険を取り上げるのは構成上疑問である。近見ほか［2006］では，第2章の「リスク・マネジメントと保険」（近見ほか［2006］p.94）で取り上げられている。第6章で取り上げるべきではないか。

次に，産業融合について考察する。「本来，銀行も，証券会社も，保険会社も，いずれも金融仲介機能を有しており，この点では，何ら異なったところはない。また，リスクに備えるための手段としても，同じように利用可能である。このような側面を強調するなら，銀行業，証券業，保険業は，従来から1つの産業であり，業態と呼んで区分する必要はなかった」（近見ほか編［2011］p.223）との指摘は，第7章と同様に保険者を他の金融仲介機関と全く同列に置くという点で整合性があるが，この点については第7章で批判したとおりである。産業融合では，金融と保険の融合として保険代替市場についても考察する。最後に，

共済と簡保に言及する。保険と金融の同質性の議論である。

　第9章は「保険政策と保険規制」である。学問の体系の一つとして，理論・政策・歴史がある。これは，保険学にも当てはまると考える。しかし，保険学では，もっぱら理論的な考察がなされ，歴史についてはあまり考察されず，政策に至ってはまともに研究されていないといわざるを得ない[6]。テキスト的文献においても，保険政策に独立した章を設けて考察するものは少ない。この点同書は独立した章を設けて保険政策を考察している点で優れている。

　以上のように，構成は図表5.4のとおりで，それまでの5章構成から9章構成になっている。先にこれまでのシリーズに対して，「保険政策がない，近見ほか［1998, 2006］は保険経済学，保険法学を含むものの保険数学，保険会計学などはなく総合保険学とするには弱い」と批判したが，この批判点をかなりの程度克服している。この点で，総合保険学としての方向性が明確となっている。それでは，この点も含めて，同シリーズの特徴，変化をこれまでのテキスト分析と同様に10項目によって行うと，図表5.5のとおりである。

図表5.4　近見ほか編［2011］の構成

	近見ほか編［2011］本文255頁
第1章	リスクと保険の基礎理論
第2章	リスクと保険の経済分析
第3章	リスク・マネジメント
第4章	保険と数理
第5章	保険契約
第6章	保険経営
第7章	金融仲介機関としての保険会社
第8章	保険市場と保険産業
第9章	保険政策と保険規制

（出所）筆者作成。

　網掛け部分が同書のこのシリーズにおける特徴といえ，すでにここまでの論述で確認している。ここでは方向性に関わる同書の特徴として，リスク重視と保険と金融の同質的把握を特に指摘したい。近年のわが国保険研究の動向を，しばしば指摘してきた保険学の一般性と特殊性の議論の枠組みで考えると，一

---

6)「保険政策」がタイトルに入る著作は，野津［1923］，岡部［1969］，堀田［2003］しかないのではないか。

般性重視とできよう。テキストにおいては，アメリカ流の「リスク・マネジメントと保険」が多くなり，そのような中でリスク重視，保険と金融の同質的把握は一般性重視の最たるものである。同書は保険数学，保険金融，保険政策を含むことで総合保険学をこれまでのものより忠実に追及し，そのぶん伝統にこだわっているといえるが，リスク重視，保険と金融の同質的把握から一般性重視となったぶん伝統性が薄れ，リスク重視の保険学に近づいたと思われる。したがって，意識していないかもしれないが，アメリカ流の「リスク・マネジメントと保険」に否定的であった近見ほか［2006］（同はしがき p.i）から路線を変

図表5.5　有斐閣シリーズの比較

	木村ほか[1980]	木村ほか[1993]	近見ほか[1998]	近見ほか[2006]	近見ほか編[2011]
(1)保険学	×	×	×	×	×
保険経済学	×	×	×	×	×
集合科学	×	×	△	△	○
保険法	×	×	○	○	○
保険総論＋保険各論	○	○	△	△	×
(2)保険本質論	×	×	○	○	△
保険学説	×	×	△	△	△
保険の定義	○入用充足説	○入用充足説	○入用充足説	○入用充足説	○入用充足説
独自の保険学説	×	×	×	×	×
損害概念の重視	×	×	×	×	○
相互扶助	×	×	×	×	×
保険団体	○	○	○	○	○
保険の要件	○	○	○	○	○
(3)保険類似制度	○	○	×	×	×
保険可能の範囲	○	○	×	×	×
(4)保険の分類	○	○	○	○	○
さまざまな基準	○	○	○	○	○
体系的把握	×	×	×	×	×
(5)保険事業の主体	×	×	×	×	○
(6)保険史	○	○	○	○	○
保険の近代化	×	×	×	×	×
(7)保険政策	×	×	×	×	○
(8)保険の利益・弊害	×	×	×	×	×
保険の機能・効果	○	○	○	○	○
(9)保険金融	×	×	×	×	○
(10)保険の二大原則	○	△	○	○	○

(注)　1．チェック項目を充足する場合を○，充足しない場合を×とした。
　　　2．「保険総論＋保険各論」の△は，社会保険のみを扱っていることを示す。
　　　3．「保険学説」の△は，限定的（入用充足説，経済生活確保説）ではあるが行われていることを示す。ただし，近見ほか編［2011］は，入用充足説のみの考察である。
　　　4．「保険の定義」の名称は，保険学説名である。
　　　5．「保険の二大原則」の△は，給付・反対給付均等の原則のみを取り上げていることを示す。
(出所)　筆者作成。

更していることになるのではないか。これは，リスク重視の保険学の影響の大きさを物語ると考える。

5. 伝統的保険学への批判とテキスト

箸方［2003］はリスク重視の保険学にとって画期的な文献である。教育面においても，画期的である。箸方［2003］は，わが国の保険学のテキストが印南理論から何らかの影響を受けているとし，わが国の代表的なテキストとして，経済学的要素の強い水島［1999］，経営学・商学の要素の濃い亀井［1989］，その他鈴木編［2000］，木村ほか［1993］，近見ほか［1998］をあげ，これらは優れたテキストとしつつ，現在の他の研究分野から孤立している保険学を救いあげるにはいささか物足りないとする（箸方［2003］pp.149-150）。ここでいう「印南理論」とは，おそらく伝統的保険学の特徴の一つとして指摘した保険の二大原則による保険の把握のことであろう。また，保険の定義→要件という考察パターンも指すのかもしれない。こうして，前述のとおり，箸方［2003］は保険学を救いあげる新たな方向としてリスク重視の保険学を主張する。

鈴木編［2000］，木村ほか［1993］，近見ほか［1998］は本章で取り上げたシリーズに含まれる。近見ほか編［2011］はリスク重視の保険学の影響を受けたとしたが，箸方の批判を免れ，保険学を救い上げたことになるであろうか。これまでのシリーズに比べれば，一般性が指向されてリスクが重視されているが，まだまだ足りないと批判されることになるのではないか。そもそも箸方の問題意識は，伝統的保険学の特殊性・閉鎖性にあると思われる。近見ほか編［2011］に限らず，こうした伝統的保険学の持つ問題点の克服を意識することなく，総じてシリーズ化したテキストの傾向として，本質論軽視，二大原則維持，接ぎ木的な最新理論の吸収という対応がみられ，このことが伝統的保険学離れを示す。

第 6 章

保険学の現状

1. 問題意識

　日常的にリスクが意識され,「リスク社会」という言葉が違和感なく受け入れられるような状況となっている。リスクに対処する手段の一つといえる保険は, リスク溢れるようなリスク社会への移行に伴って盛んとなり, 当然それを分析する学問に対するニーズも高まるものと思われる。学問に対するニーズが高まれば, 大学において保険学関連の科目が増設されたり, 隣接科学でも大いに保険や保険学が注目されるのではないか。ところが, どうもそうなっていないようである。これまでの保険研究の動向をめぐる考察で伝統的保険学離れの様相をうかがい知ることができるが, 本章では保険の教育, 研究の両面の現状をみることによって, 保険学の現状を把握したい。前者については, 大学の保険教育の考察によって把握し, 後者については隣接科学との関係の考察によって把握する。

2. 保険教育の状況

　戦後の日本保険学会活動再開後の保険教育の展開をみるために, 大学における保険教育の実態調査をみることにしよう。保険教育は大学教育に限られるわけではないが, 学問体系をめぐる考察においては大学教育をみるのが適当であろう[1]。体系的な考察の推移をみることによって, 保険学の動向を知ることができよう。わが国における調査は, 1966 年に日本保険学会により初めて調査され, 七回の調査が行われている。概要をまとめれば, 図表 6.1 のとおりである。

第1回は，ハンブルグ大学留学中の名古屋大学古瀬村邦夫助教授より，ドイツ保険学会の年次総会において行うべき報告の資料として，わが国の大学並びに保険業界における保険教育の現状につき照会があり，これに対応するために日本保険学会によって調査がなされたものである（第1回調査，松島［1966］）。この調査では，次の点が注目される。

図表6.1　大学における保険教育の調査

	実施年(間隔)	調査主体	調査大学数	回答大学数	回収率	「保険有」大学数
第1回	1966年	日本保険学会	ー	ー	ー	52
第2回	1978年(12年)	同上	ー	ー	ー	106
第3回	1981年(3年)	生命保険文化センター	175	130	74.3%	107
第4回	1987年(6年)	日本保険学会 生命保険文化研究所	182	160	87.9%	140
第5回	1993年(6年)	同上	208	186	89.4%	164
第6回	1998年(5年)	同上	376	374	99.5%	262
第7回	2006年(8年)	日本保険学会 生命保険文化センター 損害保険事業総合研究所	大学数541 学部数843	学部数759	90.0%	482

(注)　1．第7回の回収率は調査大学843学部に対して回答のあった759学部の比率である。
　　　2．第7回の「保険有」大学数482は，調査依頼843学部に対して保険関連学科「有」の学部の数である。
(出所)　日本保険学会＝生命保険文化研究所［1999］p.3，表1-1，日本保険学会ほか［2008］により，筆者作成。

図表6.2　保険学のカリキュラム

保険総論

保険各論　┃　生命保険論
　　　　　┃　損害保険論──海上保険論，火災保険論
　　　　　┃　社会保険論

保険法学（保険法，海商法など）

(出所）筆者作成。

1）大学教育以外に，みるべき保険教育がないということもある。保険教育に関する文献自体が少なく，長年体系的考察を行っているものとしては庭田［1985］が例外としてあるのみであったが，その後生命保険文化センターによって大学教育以外も含めた保険教育の調査が行われている（生命保険文化センター［2009］）。また，日本保険学会では『保険学雑誌』第623号（2013年12月）を「保険教育特集号」とするなど，近年保険教育に対する関心は高まっているようである。

（1）全体を通じて浮かび上がってくるカリキュラムの型は，図表6.2のとおりである。

これは前述のドイツ総合保険学を保険総論，イギリス・フランス・アメリカの保険種目別研究・個別保険学を保険各論とする伝統と整合的である。

（2）慶應義塾大学には，「保険学説史」，「新種保険論」などもあり，最も充実している。

（3）保険数学は，1校（一橋大学）担当教授未定で記載されているのみである。

（4）「保険経済論」，「保険経営論」が散見される。

大林［1957］[2]では，アメリカの大学における保険教育について分析されており，その調査についても紹介・分析されている。大林［1957］は保険教育およびその調査に関する大変優れた先行研究といえるが，残念ながら，わが国ではすぐには保険教育に関する調査は行われず，海外と関わる突発事項を介して偶然始まったといえる。

第2回は，第1回からかなり時間が経過したので改めて調査を行うとの趣旨のもとに，日本保険学会によって1978年度に行われた（第2回調査，保険学雑誌編集委員会［1978］p.117）。掲載されている大学が，第1回の52大学から106大学へと倍増していることが注目される（図表6.1参照）。その増加の大部分は，私立大学が占める。各大学の科目の中身をみると，1校（富山大学）だけであったが，「リスクマネジメント論」が登場したことが注目される。しかし，なんといっても最も注目すべきは，社会保障関係科目の増加である。第1回は掲載されている科目171科目中社会保障関係科目が15（8.8％）に過ぎないのに対して，第2回では大学数が倍増したことによって科目数も350へと倍増し，しかもそのうち社会保障関係科目は64（18.3％）へと急増している。おそらく，第1回の社会保障関係科目の割合が低いのは，調査が日本保険学会員を主たる対象としているためと思われる。第1回調査に掲載されている担当

2）大林［1956］も，有益な文献である。アメリカの保険研究者，文献などに詳しく，当時のアメリカの保険研究，大学での保険教育を知るのに便利である。なお，「アメリカの大学の教職が特別繁忙なために，研究に没頭することができなくなり，教団人に終るおそれがあるのではなかろうか」（同p.93）との指摘は，現在の日本の大学教育改革において大いに考えさせられる指摘である。

教員95名中73名 (76.8%) が日本保険学会所属である[3]。日本保険学会に所属をしていない者は法学関係者に多く，社会保障関係科目担当者9名中6名が日本保険学会に所属している。担当者がわずか9名に過ぎず，日本保険学会所属者の割合が66.6%となることが注目される。第2回は，担当教員が日本保険学会に所属しているかどうかをあまり意識することなく機械的に社会保障関係科目を加えたと思われ，そのため社会保障関係科目が急増したのではないか。第2回調査に掲載されている担当教員159名中95名 (59.7%) が日本保険学会所属者に過ぎない。しかも，社会保障関係科目担当教員が47名も含まれており，そのうち日本保険学会に所属する者は6名 (12.8%) に過ぎない。したがって，第2回の社会保障関係科目の担当者には，保険学と別体系の学問に基づく担当者が多く含まれているということになるのではないか。

社会保障関係科目は保険学に関わる科目との認識のもとに，担当者がどのような学問領域に属するかということを無視した調査が行われたようである。これは大きな問題をはらんでいる。なぜならば，保険学と別体系の科目として社会保障関係科目が増えているならば，それは保険学の発展とはできないからであり，逆に保険学は社会保険論を中心として，隣接科学としての社会保障論との関係をいかに持たせるかを考えなければならないからである。調査の対象を増やしたという点で第1回の調査から進歩したといえるが，それは量的進歩のみであり，質的進歩という点では課題を残したのではないか。むしろ，この質的側面を無視した量的拡大がその後の調査でも図られたことからすれば，将来に禍根を残すことになってしまった。

第3回は，調査主体が生命保険文化センターとなり，1981年に実施されている（第3回調査，生命保険文化センター [1983a, b]）。「保険有」大学数は第2回の106校から107校へとほとんど変化がないが，掲載されている科目数は350から321に減少している。それにもかかわらず，社会保障関係の科目数は65と微増したため，割合は20.3%に上昇している。第2回同様，社会保障関

---

[3] 日本保険学会所属状況は，第1回から第6回までは『保険学雑誌』掲載の名簿によって把握した。第1回は日本保険学会 [1966]，第2回は日本保険学会 [1978]，第3回は日本保険学会 [1981]，第4回は日本保険学会 [1987]，第5回は日本保険学会 [1993]，第6回は日本保険学会 [1998] による。第7回は，日本保険学会会員名簿（2007年7月現在）による。

係科目担当者の学問領域を無視した調査が行われたようである。

　第4回以降は，第6回まで生命保険文化研究所が日本保険学会の共同調査機関・事務局となった。第4回については，1987年に実施された（第4回調査，生命保険文化研究所編［1988］）。学科目を保険論（保険学，保険経営論を含む），生命保険論，損害保険論（海上保険論，火災保険論，新種保険論などを含む），社会保障論（社会保険，社会政策を含む），保険法（海商法を含む），社会保障法の六つの類型に分類して，調査をしている。この分類は，先に指摘した第1回の調査から得られるカリキュラムの型と整合的である。第3回までは分類方法が明示されていなかったが今回は明示されており，より詳細な類型化を行って調査がなされたといえる。したがって，調査がさらに充実したといえるが，残念ながら，今回も社会保障関係科目が担当者の学問領域を無視して含められてしまった。なお，リスクマネジメント論が消えているのが注目される。

　第5回は，1993年に実施された。学科目を保険論，生命保険論，損害保険論，保険法，社会保険・社会保障，社会保障法の六つに分類している。この分類は，基本的に第4回と同じである。この調査に関する座談会（第5回調査，生命保険文化研究所編［1994］）が行われており，そこでは様々な問題が指摘されているが，特筆すべき指摘事項を取り上げると，次の二点である。

（1）生命保険論は，他の学科目に比べて非常勤講師への依存度が大きい（同p.3）。

（2）従来型の基礎科目・総論科目としての保険論＋各論科目としての生命保険論・損害保険論に対して，社会保障関係，リスクマネジメント論関係の科目が成長している。

　分類そのものは，保険論＋生命保険論・損害保険論に法学が加わるという伝統的な分類法であるが，社会保障やリスクマネジメントとの関係が重視されているのが注目される。また，座談会参加者が保険学を総合科学とする点で一致しており，前述した戦後の日本保険学会の方向性が反映していると思われる。この頃になると，伝統的な保険学から，社会保障関係科目，リスクマネジメント論への顕著なシフトがみられ始めたといえよう。ただし，社会保障関係科目の増大は，第2～4回の調査で示唆されているように，保険学と別体系の学問領域に属する研究者によって担当された科目によるものと思われるので，保険学の分野内での移動とはいえないのではないか。

第6回は，1998年に実施されている（第6回調査，日本保険学会＝生命保険文化研究所［1999］）。第5回の調査対象が「商，経営，経済，法」など保険関係学科目の設置されている可能性のある学部・大学院であったのに対して，第6回は「商，経営，経済，法，社会，文学，家政」などの学部・大学院すべてを対象にしたため，調査大学数がそれまでに対して大幅増となっており，また，回収率も高めたため，回答大学数は第5回から倍増している（図表6.1参照）。この点から，それまでの調査と比較するときに，回答大学数の違いに留意する必要がある（日本保険学会＝生命保険文化研究所［1999］p.4）。学科目を保険論，生命保険論，損害保険論，保険法・商法，社会保険・社会保障論，社会保障法，リスクマネジメント論，保険数学の八つに分類している。質問に使用テキストが入っているのが注目され，質量ともにそれまでの調査に対して，充実しているといえよう。この調査に関しても座談会が設けられている（同 pp.21-40）[4]。この座談会において，大学大綱化によって大学教育自体が大きく変化していることとの関係について，活発に議論されているのが注目される。また，第5回の座談会ほど保険学を総合科学とする点が強調されるわけではないが，保険学の学際性については強調されている。また，一部の出席者ではあるが，保険の理解には，保険の一般性と特殊性の理解が必要であるとしている。

　日本保険学会＝生命保険文化研究所［1999］では，調査の概要を次のようにまとめている（同 p.1）。

（1）調査対象が著しく増加している。
（2）保険に関する教育が，「保険論」の分野から「社会保障論」などの分野にシフトしている。
（3）保険関連講義開設の大学院研究科，学部が多様化している。
（4）受講者数は開設講義数と同様の傾向にあるが，大学院で生命保険，損害保険の受講者数が著しく少ない。
（5）教授，助教授，非常勤講師の割合は6，1，3の割合となっており，助教授の割合が少ない。
（6）テキストは，大学院で2〜3割，学部で5〜6割の講義で利用している。

4）第6回調査については，生命保険文化研究所の分析もある。生命保険文化研究所［1999］を参照されたい。

（7）寄付講座に大きな変化はない。
（8）前回調査対象であった研究科・学部での保険講義総数は増加しているが，伝統的学科目（保険論，生命保険論，損害保険論）の講義数は減少している。

特に，（8）の指摘とも結びつく（2）の指摘が重要であろう。座談会でも複数の出席者が指摘しているように，（2）の捉え方は事態を単純化しているきらいがある。すなわち，「保険論が減って，社会保障論が増えたという単純な構造ではない」（同 p.1），「商学部や経営学部で伝統的に提供されている保険論と社会保障論，社会福祉論とでは，学問体系が異なっており，この意味から，同じ次元ですべてを捉えるのはどうか」（同 p.2）ということである。先に繰り返し指摘した，社会保障関係科目担当者の学問領域を無視した調査の問題である。伝統的学科目（保険論，生命保険論，損害保険論）の講義数の減少は，第5回にもみられた指摘であるが，第5回調査対象における学部で伝統的な講座が第6回調査では82講座も減少（日本保険学会＝生命保険文化研究所［1999］p.19，図表6.5）していることから，この傾向がさらに強くみられたといえる。社会保障関係科目の急増は，社会福祉関係の人材養成が大学の教科科目に求められ，国家資格の取得と関連しているのであろう。しかし，これらの変化は，第5回の調査に対して指摘したように，伝統的な分野から社会保障分野へのシフト，あるいは，保険学内での専門の移動とはできないであろう。保険学プロパーから保険学以外への移動（または，単なる保険学プロパーの減少）と捉えるべきであろう。すなわち，第6回調査は，社会保障関係科目の担当者の学問領域を無視するという第2～5回調査の有する問題を，調査対象の拡大を通じて，さらに深刻にしてしまったのである。これは非常に重要な点なので，第6回調査を分析して確認しよう。

社会保障分野へのシフトが保険学内での専門分野の移動なのか，保険学プロパーから保険学以外の分野への移動かを調査結果を使って分析する方法として，担当教員の日本保険学会所属状況をみることにする。それは，日本保険学会に所属していれば必ず保険学の体系に基づいた講義を行っているとはいえないものの，少なくとも，所属していない者は保険学とは別の体系に依拠していると考えることができると思われるからである。そこで，第6回調査結果を教員に基準を置いて整理しなおして，日本保険学会所属状況をみたのが図表6.3

である。

図表 6.3 に集計するにあたって，学科目を保険学，保険法，社会保障論，社会保障法としたが，それぞれ下記のような学科目名の総称としてこの四つの学科目名を用いている。これらに含めることができない科目を「その他」とした。

保険学－保険学，保険論，保険総論，保険経営論，保険システム（論），損害保険論，農業保険論，保険年金市場論，リスクマネジメント（論），危機管理論，リスク保険論，リスクと保険，高齢社会の政策課題，

保険法－海商・保険，保険（法）・海商（法），商行為・保険・海商法，商法，商法（保険法を含む），商法第3部，商法Ⅲ，商法Ⅳ，商法・海商法，海空法，消費生活と損害保険

社会保障論－社会保障論，社会保障各論，社会保障政策学，社会政策論，社会政策特殊問題，社会福祉論，社会福祉行政，社会政策総論，社会福祉学，社会福祉総論，社会福祉原論，社会福祉概論，社会福祉原理論，社会福祉財政論，社会福祉制度論，福祉政策論，福祉財政論，現代福祉社会の課題，現代と社会福祉，福祉政策，福祉行政論，福祉職論，公的扶助論，福祉経済（論），加齢経済，比較福祉国家研究，医療保険制度の国際比較，老年学，高齢化社会と社会保障，医療の経済，健康福祉経済論，福祉援助，社会福祉援助技術論，児童福祉論，障害者福祉論，地域福祉論，仏教社会福祉論，老人福祉論，医療福祉論，福祉社会学，労働福祉研究，ケースワーク，グループ・ワーク，社会福祉調査，医療ソーシャルワーク論，暮らしと福祉，社会福祉とボランティア

社会保障法－社会保障法，社会保障法総論，社会保障制度と法，社会保険法，社会福祉法制論，労働補償法，

その他－統計学，統計学序論，確率論，生活経済学，生活設計論，生活福祉（学），生活システム学文献研究，農業財政金融論，農業協同組合経営論，林政学第一，社会問題論，損害賠償法，経営管理論第3，商行為法，生活関連法，企業法，都市社会学

この科目の分類は，保険学・保険法を伝統的保険学，社会保障論・社会保障法を社会保障関係科目として二分して，実態を把握しようとするものである。保険法，社会保障法を設けたのは，法学関係の占める割合が高いからである。以上の結果が，図表 6.3 である。

社会保障関係の科目が増えているといっても，図表 6.3 に明らかなように，その講座の担当者のほとんどが日本保険学会員ではないということから，保険

図表6.3　日本保険学会所属状況　　　　（単位：人）

	合計	学会員	割合
保険学担当者	79	62	78.8%
保険法担当者	77	31	40.3%
社会保障論担当者	311	6	1.9%
社会保障法担当者	46	0	0.0%
その他	14	1	7.1%
合計	527	100	19.0%

（出所）第6回調査，日本保険学会［1998］より，筆者作成。

学とは別体系の社会保障論・社会保険論が展開されているといえる。したがって，伝統的な保険分野が減少し，社会保障分野が増大しているという現象は，保険学の衰退を意味するのではないか。大変な危機意識を持つと同時に，第7回の調査ではどうなっているのか非常に気になるところである。社会保障・社会保険との関係でいえば，日本保険学会所属のいわゆる保険学者の大半は，損害保険か生命保険を専門とし，社会保障・社会保険を専門とする者は少ないということでもある。したがって，保険関係分野の調査対象に社会保障・社会保険関係を含めるのは妥当ではあるものの，社会保障・社会保険関係の担当者が増えても，そのことが保険学界や保険研究を活発化させているわけではないことに注意を要する。通常の社会保障論，社会政策学，社会福祉論などの担当者は，保険学と別体系の学問領域に所属するといえ，そのため社会保障や社会政策を専門とする者は，極端な言い方をすれば，社会保険で社会保障を行うのは邪道として保険を忌み嫌うか，情報の経済学を使った社会保険の議論をするといった者が多いのではないか。すなわち，保険学無視の社会保障論・社会保険論ではないか。筆者は以前からこのような問題意識を持っていた（小川［2005］）。図表6.3でこの問題意識そのものを確認できたとはいわないが，社会保障関係科目が保険学とかなり疎遠なものということは確認できよう。このように考えると，社会保障分野へのシフトという現象は，保険学の衰退というわが国保険学にとって忌々しき事態を意味すると受け止めるべきである。また，伝統的な学科目の減少は，保険が経済的保障制度ではなく，リスクを処理する手段として，リスクファイナンスと把握されてきたことも影響しているのではないか。すなわち，保険のリスク処理手段の側面，ファイナンスの側面からの把握は，金融と保険の同質性の議論といえるが，それが行き過ぎて保険の

特殊性・異質性を軽視した同質性・一般性優位の研究に流れ出しているのではないかということである。この点に注意をしつつ，第 7 回調査（日本保険学会ほか [2008]）について考察しよう。

第 7 回調査は調査対象が 541 大学 843 学部と前回（376 大学）に比べ大幅に増えている。個人情報保護法施行の影響のためか回収率が悪化したため様々な努力を行ったものの，ほぼ完璧な前回（99.5%）に対して 90.0% となった。科目は前回調査を参考とし，「保険論」，「生命保険論」，「損害保険論」，「保険法・商法」，「社会保障論」，「社会福祉論」，「社会保障法」，「リスクマネジメント論」，「保険数学」，「共済論・協同組合論」，「ファイナンス」，「その他」の 12 区分を基本としている。

調査分析としては，前回調査から対象が大幅に増大したためか，前回調査との比較が可能である 48 大学・大学院を抽出して行っているのが特徴的である。その他の注目点としては，次の点があげられる。

（1）「ファイナンス」の科目を調査に含めたこと。
（2）調査を「教務担当者」と「教員」の二つに分けて行い，教務担当者も含まれていること。また，両者に意見などを聴取していること。
（3）個別の科目では，社会保障論に減少傾向がみられること。リスクマネジメント論が伸び悩んでいること。

そして，保険学の動向に関して，「アンケート調査結果（概要）」において「②保険関連科目；保険に関する教育が，『保険論』の分野から『リスク・マネジメント論』『社会保障論』さらには『ファイナンス論』領域に分散，多様化している」（同 p.2）との指摘に象徴されるように，保険学プロパー科目の減少傾向には歯止めがかかっていないようである。第 7 回ではファイナンスを調査科目に含めたので，今後の継続的調査で保険学プロパーからファイナンスへの移行がみられるかが注目される。しかし，いずれにしても，保険学プロパーの領域の動向を把握する工夫が必要であり，その単純な方法としては，すでに本章で行った担当教員の日本保険学会所属状況の把握というのがあろう。このような工夫なしでファイナンス科目の調査を継続させた場合，社会保障関係科目と同様な問題を抱えることになる。調査が困難な状況もみられるが，保険学分野の変化がより適切に把握できるよう，さらなる調査の充実が期待される。

図表 6.3 と同様な集計をファイナンス担当者，リスクマネジメント論担当者

について行ったのが，図表6.4である。すなわち，それぞれの科目の専任教員の日本保険学会所属状況を把握したものである。以下のような科目名をそれぞれの科目として集計した。

ファイナンス－ファイナンス（論），ファイナンス基礎，パーソナルファイナンス論，ポートフォリオ理論，ライフプランニング論，金融論，国際金融論，金融工学
リスクマネジメント論－リスクマネジメント（論）

図表6.4 ファイナンス担当者，リスクマネジメント論担当者の
日本保険学会所属状況　　　　　　　　　　　（単位：人）

	合計	学会員	割合
ファイナンス担当者	35	4	11.4%
リスクマネジメント論担当者	27	17	63.0%

（出所）日本保険学会ほか［2008］，日本保険学会会員名簿（2007年7月現在）により，筆者作成。

　ファイナンス担当者の日本保険学会所属状況は低く，リスクマネジメント論担当者の所属状況は高い。しかし，リスクマネジメント論領域は比率が高いものの，わが国保険学がアメリカナイズされてリスクマネジメント論が増加していると考えていたので，筆者の受けた印象としては，予想よりも低いというものである。リスクという用語が様々な学問領域において重視されつつあるといえ，予想以上に保険学と異なる学問領域からリスクマネジメント論が開講されているということであろうか。したがって，前述のとおり，ファイナンス担当者の学問領域が少なくとも保険学に属するかどうかを示すような統計が望まれるとともに，この比率が上がってくるような努力が重要なのではないか。わが国保険学の発展に，調査結果を生かすとの明確な目的意識を持つ必要があろう。

　保険学全般の動向についても確認しておこう。これまでの考察で明らかなように，第2回目以降その都度アンケート内容の充実が図られてきたため各回の基準が異なっており，単純に比較して推移をみることができない。そこで全般の動向についてみるために，第5回目以降の伝統的学科目（保険論，生命保険論，損害保険論）の推移によって，最近の状況を把握することとしたい。

　図表6.5では，前述した，第5回調査280講座から198講座へと82講座も

減少している様子を示した。図表6.6では，第6回から第7回への推移が内訳も含めて明らかになっている。生命保険論は4講座しか減少していないが，保険論だけで86講座減少し，損害保険論も26講座減少してほぼ半減となり，合計で116講座も減少している。第4回以前についても伝統的学科目の減少が指摘されており，非常に厳しい状況にあり，保険学の衰退といった危機的状況を示すといえないだろうか。

図表6.5 伝統的学科目の推移（第5回から第6回）

	第5回	第6回	差
計	280	198	− 82

（出所）第6回調査により，筆者作成。

図表6.6 伝統的学科目の推移（第6回から第7回）

	第6回	第7回	差
保険論	163	77	− 86
生命保険論	25	21	− 4
損害保険論	49	23	− 26
計	237	121	− 116

（注）第6回アンケート先基準のため，第5回アンケート先基準の図表6.3と第6回の講義数が一致しない。
（出所）第7回調査により，筆者作成。

今後は，社会保障論，ファイナンス，リスクマネジメント論担当者の日本保険学会所属の比率を上げることが重要である。この比率の上昇とは，いわゆる保険学プロパー以外の研究者が保険学に関心を持ち，保険学の成果を生かして研究がなされるということに結びつくであろう。それができなければ，保険学は衰退していくのではないか。図表6.5，6.6の第7回の調査を受けた伝統的学科目数の推移からも保険学の危機的状況がうかがえ，保険学が金融論，ファイナンス論に埋没していく危険性があるのではないか。

3. 保険に関連する学会の動向

保険に関連する学会との関係から，保険学と隣接科学の関係を探ろう。
保険に関連する学会を「保険に直接的に関連する学会」，「保険に間接的に関

連する学会」に分けて考えてみよう。分類基準は次のとおりである。内閣府の特別機関である「日本学術会議」の協力学術研究団体「日本学術会議協力学術研究団体」をわが国の公式の学会とすることができると思われるが，この団体に含まれないものでも全国大会や地方部会の研究会の実施，機関誌発行などを行っているものは学会と見做して選び出した保険に関連する学会が図表6.7のとおりである。このうち日本保険学会は保険学のメインの学会として別に扱い，既に第5章で取り上げた。これを除いた学会で学会員の中心を日本保険学会会員，保険業界関係者が占めるもの，もしくは，保険を主たる研究対象とするものを「保険に直接的に関連する学会」とし，そうでないものを「保険に間接的に関連する学会」に分類する（図表6.8参照）。

図表6.7 保険に関連する学会

学会名	設立年	学会誌
社会政策学会	1897	社会政策学会誌
日本アクチュアリー会	1899	アクチュアリージャーナル
日本保険医学会	1901	日本保険医学会
日本保険学会	1940	保険学雑誌
日本金融学会	1943	金融経済研究
日本リスクマネジメント学会	1978	危険と管理
生活経済学会	1985	生活経済学研究
日本リスク研究学会	1988	日本リスク研究学会誌，Journal of Risk Research
日本ファイナンス学会	1993	現代ファイナンス，International Review of Finance
日本金融・証券計量・工学学会	1993	和文ジャーナル，Asia-Pacific Financial Markets（英文ジャーナル）
日本保険・年金リスク学会	2003	リスクと保険（実務ジャーナル），ジャリップ・ジャーナル（査読誌）
法と経済学会	2003	法と経済学研究

(注) 網掛けは，日本学術会議協力学術研究団体に含まれないもの。
(出所) 筆者作成。

図表6.8 保険に関連する学会

保険に直接的に関連する学会	保険に間接的に関連する学会
日本アクチュアリー会	社会政策学会
日本保険医学会	日本金融学会
日本リスクマネジメント学会	生活経済学会
日本保険・年金リスク学会	日本リスク研究学会
	日本ファイナンス学会
	日本金融・証券計量・工学学会
	法と経済学会

(出所) 筆者作成。

保険に直接的に関連する学会は，日本アクチュアリー会，日本保険医学会，日本リスクマネジメント学会，日本保険・年金リスク学会とする。日本アクチュアリー会は保険計理人（アクチュアリー）の学会であり，保険業界関係者の学会といえるからである。日本保険医学会は，保険医の学会ということで生命保険業界の学会といえ，要人も業界関係者が占めるからである。日本リスクマネジメント学会はリスクマネジメントに関心のある日本保険学会会員により設立され，学会員の多くが日本保険学会会員であるからである。日本保険・年金リスク学会は，日本保険学会会員が中心を占めるわけではないが，学会名に「保険」が入り，保険を直接的な考察対象にしているので含めることにする。

　保険に間接的に関連する学会は，社会政策学会，日本金融学会，生活経済学会，日本リスク研究学会，日本ファイナンス学会，日本金融・証券計量・工学学会，法と経済学会である。社会政策学会は，社会保険との関係からである。わが国の保険研究者は，生命保険，損害保険いずれかを専門とするものが多く，社会保険を専門とするものは多くないので，本学会に所属する日本保険学会会員は少ない。日本金融学会は，保険会社が金融機関の一種とされ，また，保険が金融の一種とされるからである。さらに，保険のオプション性など保険とファイナンス論・金融工学との親和性から日本ファイナンス学会，日本金融・証券計量・工学学会も含める。保険にとっての最重要概念の一つといえる「リスク」との関係から日本リスク研究学会を含める。法と経済学会は，自由化によって法と経済の関わりが重要となってきたことを背景に設立され，この点からは保険を含めたあらゆる分野と関わるといえる。

　これらの学会と保険との関わりをみるために，主として1980年代以降の金融自由化の時期に注目する。それは，保険との関わりを含めた学会の動向をみるにあたって，英米に主導された世界的な自由化の流れが重要であると考えるからである。その大きな節目が2008年のリーマン・ショックといえよう。また，わが国の保険事業が劇的に自由化された流れも，この流れに含まれよう。保険事業の劇的な変化が保険の研究にも大いなる影響を与えたと思われるが，その根本の流れを金融自由化と捉える。以上から，各学会の動向，保険との関わりについて，主として1980年代以降の金融自由化の時期に焦点を当て，考察する。まず，金融自由化について考察し，保険に直接的に関連する学会，間接的に関連する学会について考察する。

4. 自由化と学問

　世界的な自由化の起点は，1971年のニクソン・ショックにあると考える。これでブレトンウッズ体制の崩壊が始まり，1973年の変動相場制への移行をもってブレトンウッズ体制が崩壊したとする。ブレトンウッズ体制の崩壊によって金融市場は変動の激しいものとなり，その変動に投機が蔓延りますます変動性を高めるという悪循環に陥ったと考える。この悪循環は，慢性的な資金余剰である実物経済に対する金融経済の肥大化によってもたらされた。特に，1980年代以降の金融自由化で競争が激化する中，金融機関がレバレッジを効かせる手法をとったことが金融経済肥大化の主因の一つであろう。1980年代に実物経済の1.5倍であった金融経済は，「100年に1度」といわれた2008年のリーマン・ショック時には3.7倍にまで膨れ上がっていたといわれる[5]。変動の激化に対応するためのヘッジ手段として商品市場にみられたデリバティブが金融市場にも導入されるが，そのレバレッジの便利さに投機が蔓延り，金融デリバティブは金融の変動性，肥大化に対してマッチポンプ的な役割を果たし，金融経済肥大化の主因となった。

　このような経済の金融化ともいえる金融の大きな躍進を支えたのがコンピュータであろう。1980年代の米国で「金融革命」といわれた時期の新金融商品の登場も，膨大な顧客管理を可能とするコンピュータの発達によって可能となった。さらに，単に机上の空論に過ぎなかった今日いうところのファイナンス論をコンピュータが実務への応用を可能とし，実務主導でこれらの理論が注目されてくる。ファイナンス論の土台の一つであるマーコヴィツ（Harry Max Markowitz）の平均分散法も実務への応用が可能となり，実務に普及したことで高く評価され，ノーベル経済学賞（1990年度）の受賞につながったのではないか。また，米ソ冷戦構造の終焉という大きな変化が生じ，世界的な市場経済化の流れが形成されるが，コンピュータは情報通信の発展に結びつき，IT（information technology，情報技術）革命とまで呼ばれるようになり，それがまた世界的な市場経済化の流れを加速した。こうして1990年代は世界一体化の流

5）数字は『日本経済新聞』朝刊，2010年7月21日，p.7による。

れがグローバリゼーションとして生じるが，その原動力はIT革命を背景とした自由化，特に金融自由化の流れといえる。「ITと金融が1990年代の世界を変えた」(野口 [2010] 第3章) とまでいわれるほどである。

　金融経済の肥大化の中で何度も行き過ぎ＝バブルが発生し，崩壊するが，その度に市場や経済を支えるための財政金融政策がとられ，「バブルリレー」(山口編 [2009]) と呼ばれるような事態となった[6]。そのような動向において，リーマン・ショックは，これまでのバブル崩壊とは比べ物にならないほどの大きなバブル崩壊とされる（井村 [2010]）。金融機関が危機的な様相を呈し，米投資銀行は破綻するか普通銀行に鞍替えするかに追い込まれ，ついに米国では投資銀行が消えるまでの影響があった。これまでの金融自由化を先導し，ビジネス・モデルとして注目され一世を風靡した投資銀行の消滅が，今回のバブル崩壊が今までとは異なるものであることを示唆しているといえよう。それはまた自由化一辺倒だった流れが，金融規制を世界的に見直す流れに逆流し出したことに示唆されている。事実，アメリカでは2010年7月に1930年代以来約80年ぶりに金融規制が改革された。そこでは，元FRB（Federal Reserve Board）議長のボルカー（Paul Volcker）の名を冠した「ボルカー・ルール」が規制強化の象徴とされた。1987年ボルカーからグリーンスパン（Alan Greenspan）にFRB議長が交代するが，時の大統領レーガン（Ronald Wilson Reagan）は規制を重視するボルカーから規制緩和を喜んで受け入れる者に交代させたかったようである（Stigliz [2010]，楡井＝峯村 [2010] p.13）。グリーンスパンの働きはレーガンが望んだ以上のものと思われ，「バブルリレー」はマエストロ・グリーンスパンがなんとかしてくれるという「グリーンスパン・プット」の賜物であろう。したがって，「ボルカー」という名前の登場自体に，時代の流れが逆流し出したことが示唆される。

　また，2010年はPIIGSといわれる国々の債務問題が意識され出すが，特に脆弱なギリシャの債務危機として現れ，欧州債務危機に拡大する。こうして金

6）ファイナンス論によると次のようになろう。「歴史を紐解くと，投機的な期待が過熱してバブルを生み，その崩壊による失望が規制につながるが，また新しいリスクの模索を繰り返している。金融エンジニアと呼ばれる証券市場の発明家たちの登場によってその循環が確実に早まっているように見えるが，それも歴史的に見れば自然な流れである。」（大村 [2010] p.77）

融機関の危機はソブリン・リスクにまで深刻化したようである。この場合のソブリン・リスクとは，単純化すれば，国債のデフォルト・リスクであろうから，ファイナンス論のリスク・フリーの概念が動揺し出したことを意味する。また，正常化に向けた「出口戦略」の問題が一時取り沙汰されていたが，先進国の多くは出口に立つどころの騒ぎではなく，新興国頼みがますます明確となってきた。しかし，ソブリン・リスクから欧州では財政引締めが検討され，2010年6月開催のカナダでのG20では，主要国について2013年までに財政赤字を半減する目標が掲げられ，皮肉なことに財政政策は出口戦略的な行動となりかけた。日本は残念ながら主要国には含められなかった。明らかに国家間の力関係も変わり，世界的に重要な会議もG7・G8からG20に変わったといえよう。正にリーマン・ショックで「世界が変わった」ようである。

　以上の流れを年表で確認すると，図表6.9のとおりである。図表6.9では，日本の保険に関する動向も記載している。銀行，証券の後追いの保険自由化が，1996年の日米保険協議決着を契機として保険が日本版ビッグバンの先頭に立たされることで，漸進的なものから急進的なものへ移行した。こうした自由化の動向やそれに結びつく大きな世界的な自由化の流れが保険研究に与えた影響について考察するが，特に世界的な自由化の流れが顕著となる1980年代以降を考察期間とする。

　その影響をみるにあたって，「リスク」をキーワードにする。かつて，「リスク」は人間の社会や活動にとって重要な要素であるのに，学際的に体系づけようという新しい学問的試みがわが国ではみられないと批判されたが（武井[1983]まえがきp.1），今日では様々な分野で重視される用語となり，注目度という点において隔世の感がある。それは，金融においてリスクの重要性が決定的に変わったこと，「リスク社会」という言葉が定着し時代のキーワードといってよいぐらいリスクという言葉が様々な分野で取り上げられているからである。前者について詳述すれば，銀行を中心とする間接金融を前提とした貨幣論，銀行論中心の従来の金融論に対して，ミクロの主体行動，資本市場の均衡理論を中心にファイナンス論が発達してくるが，こうした分野の違いのみならずリスクを真正面から取り上げている点で従来の金融論と異なるほどファイナンス論においてはリスクが重視される。後者に関連して，リスク社会への対応としてリスク学の構築が試みられている。このように，保険の研究動向をみるには，

図表 6.9　自由化の進展

年	主な出来事	保険関係の出来事
1971	ニクソン・ショック、スミソニアン合意	
1972	CME(IMM)で通貨先物取引開始	保険審議会答申「国際化の進展に伴う法制上の諸問題について」
1973	変動相場制に移行、ブラック・ショールズ・モデル発表、第1次石油危機、福祉元年	ファミリー交通傷害保険発売、ノンマリン代理店制度実施
1974	米国対外投融資規制撤廃	積立ファミリー交通傷害保険発売
1975	先進国首脳会議、CBTでGNMA債先物取引開始	保険審議会答申「今後の保険事業のあり方について」
1976	CMEでT-Bill先物取引開始	生命保険文化センター設立、国際アクチュアリー会議東京で開催
1977	CBTでT-Bond先物取引開始	財形貯蓄積立保険発売
1978	日中平和条約調印、新東京国際空港開港	保険審議会答申「今後の生命保険事業のあり方について」
1979	サッチャー政権誕生、第2次石油危機	保険審議会答申「今後の地震保険制度の改定について」
1980	フリードマン「選択の自由」、新外国為替法施行（原則自由化）	新ノンマリン代理店制度実施
1981	レーガン政権誕生	保険審議会答申「今後の損害保険事業のあり方について」
1982	新銀行法施行、国鉄・専売三公社の分割・民営化答申（臨調）、累積債務問題	勤労者財産形成年金貯蓄制度発足
1983	銀行公共債窓口販売	スキー・スケート総合保険発売
1984	日米円ドル委員会、実需原則・円転制規制撤廃	大蔵省通達「生命保険会社の財産利用について」、「損害保険会社の財産利用について」
1985	プラザ合意、電電・専売公社民営化、大口定期預金金利自由化、債券先物市場創設	保険審議会答申「新しい時代に対応するための生命保険事業のあり方について」
1986	「前川レポート」、投資顧問業法施行、突然ノーパン、ペッケ（伝熱社会）、チェルノブイリ原発事故	変額保険発売、積立普通傷害保険、積立家族傷害保険発売
1987	ブラックマンデー、タテホ・ショック、国鉄民営化、JR発足、総合保養地域整備法成立	保険審議会答申「新しい時代に対応するための損害保険事業のあり方について」
1988	BIS規制（バーゼルI）合意、少額貯蓄非課税制度廃止、株価指数先物	財産貯蓄傷害保険発売
1989	ベルリンの壁崩壊、消費税実施	保険業界国債窓口販売開始、保険審議会「総合部会」を設置
1990	日米構造協議、不動産投融資総量規制	保険審議会総合部会答申「保険事業の役割について」
1991	金融スキャンダル（損失補填、架空預金等）、湾岸戦争、ソ連邦消滅	国民年金基金発足
1992	マーストリヒト条約調印、COSOレポート	保険審議会答申「新しい保険事業の在り方」
1993	簡前川レポート崩壊、「平岩レポート」	国際保険学会セミナー東京で開催
1994	預金金利完全自由化	保険審議会報告「保険業法等の改正について」、損害保険各社日本証券業協会に加入
1995	阪神・淡路大震災、地下鉄サリン事件、WTO発足	新保険業法の成立・公布
1996	米証券市場改革法、日本版ビッグバン構想	新保険業法の施行、日本損害保険協会決着、子会社方式による生損保相互参入

4．自由化と学問

年		
1997	アジア通貨危機, 金融危機（三洋証券, 北海道拓殖銀行, 山一證券破綻）	保険審議会報告「保険業のあり方の見直しについて」, 日産生命破綻
1998	金融システム改革関連4法成立, 金融監督庁発足, LTCM破綻, 長銀・日債銀国有化	保険業法の改正・公布, 保険契約者保護機構の創設
1999	子会社方式による銀行・信託・証券業務への参入, グラム＝リーチ＝ブライリー法成立	早期是正制度の導入
2000	金融庁発足, 介護保険法施行, ITバブル崩壊	金融審議会答申「21世紀を支える金融の新しい枠組みについて」, 生保危機（6社破綻）
2001	中央省庁再編, 米国同時多発テロ, エンロン破綻, 確定拠出年金法の交付・施行	第3分野参入規制の撤廃, 損害保険代理店制度の自由化, 銀行窓販開始
2002	ワールドコム破綻	損害保険料率算出機構設立
2003	日本郵政公社発足	「自然災害リスク対応のための責任準備金制度のあり方の検討」に関する報告書
2004	バーゼルⅡ, COSO・ERM, マクロ経済スライド制導入	三井生命株式会社化
2005	個人情報保護法の全面施行	保険金不払問題発生
2006	堀江貴文・村上世彰逮捕	少額短期保険業制度導入
2007	金融商品取引法施行, 夕張市財政破綻	かんぽ生命発足, 窓口販売全面解禁
2008	リーマン・ショック	保険法成立, 大和生命破綻
2009	民主党政権誕生	保険業法等の一部改正（ファイアーウォールの見直し, 利益相反管理体制の構築）
2010	バーゼルⅢ, 米金融規制改革法成立	第一生命株式会社化
2011	東日本大震災, 福島第1原発事故	地震保険巨額支払, 準備金枯渇, 原資力損害賠償責任保険免責
2012	AIJ投資顧問年金消失問題, JPモルガンチェース巨額損失事件, 衆議院解散・自民党勝利	金融審議会「保険商品・サービスの提供のあり方に関するワーキング・グループ」報告書
2013	アベノミクスで円安・株高, 参議院選自民圧勝でねじれ解消	日本郵政・アフラック提携, 主要生命保険会社逆ざや解消

(出所) 筆者作成。

「リスク」という用語をめぐる動向が重要であると考える。

しかし，リスクを一つのキーワードにしつつ，より根本的に，保険の研究をも含む，自由化による学問への影響といったものを考える必要があろう。自由化の流れが学問に対してどのような影響を与えたのか，その影響を学問の一分野である保険学も受けていると考えるべきであろう。そこで，保険学の土台を経済学に求め，その動向をみることによって学問への影響をみることにする。ここでは，ノーベル経済学賞の受賞者をみることによって経済学の動向を探る。周知のとおり，正確にはノーベル経済学賞というものはない。ノーベル（Alfred Nobel）の遺言では，物理学，化学，生理学または医学，文学，平和の5賞となっており，経済学は入っていない。経済学賞はスウェーデン銀行が創立300年を記念して賞金などの諸経費をノーベル財団に寄託し，1969年に始まった。正式名称は何度か変わっているが，現在は the Sveriges Riksbank Prize in Economic Science in Memory of Alfred Nobel である。

図表6.10で概要をみると，国籍のほとんどが米国であることが注目される。また，学派ではいわゆるシカゴ学派（Friedman, Schultz, Stigler, Markowitz, Miller, Coase, Becker, Fogel, Lucas Jr.）が多い。1976年度の受賞者のフリードマン（Milton Friedman）については，マネタリズム，新自由主義，新古典派，シカゴ学派など様々な言われ方をするが，いずれにしても，市場機能に全幅の信頼を置き，資本主義を純化させるべきであるという「市場原理主義者」といえ，自由化の象徴といえる経済学者である[7]。こうした市場原理主義的な考えはサッチャー政権，レーガン政権で現実のものとなり，1980年代の金融自由化につながっていく。

図表6.11で分野別に受賞動向をみると，計量経済学が最も多く，次いで金融経済学，ゲーム理論，そして，マクロ経済学，ミクロ経済学が続くが，ここでは金融経済学が8名，情報の経済学が5名受賞していることに注目したい。不確実性下の契約取引は当事者間の情報の非対称性を前提とするので情報の経

---

[7] シカゴ大学という点では，保険にとっても重要な独自のリスク理論を展開したナイト（Frank Hyneman Knight）も含まれるが，本書では戦後の「フリードマン学派」といえるものを「シカゴ学派」とする。「シカゴ学派」については，根井［2009］pp.126-146を参照されたい。また，リスクに関わる経済思想については酒井［2010］を参照されたい。

済学による分析が発展してきたが，特に金融取引において重要なため，情報の経済学は金融論に取り入れられてきている。こうした点からは，情報の経済学は金融関連分野といえ，そのように考えると，金融関連の受賞者数は飛躍的に増大する。また，ゲームの理論なども金融と密接であり，多くの受賞者の研究が金融と関わっているといえ，ノーベル経済学賞の傾向として「米国」の他に「金融」，すなわち，米国化・金融化を指摘することができよう。

ところで，ノーベル経済学賞受賞者の講演録[8]を収めたBreit=Roger［1986，1990，1995］，Breit=Hirsch［2004，2009］は初版から第5版であり，一部翻訳もされている（佐藤ほか訳［1988］，村中訳［2008］）。同書（同訳書）で取り上げられている経済学者は図表6.12のとおりである。

原書は単純に前の版以後講演を行ったものを対象に講演録を追加して版を重ねているが，翻訳は第2，3，5版については行われず，また，初版の翻訳は原書どおりであるが，第4版の翻訳は原書18名に対して8名に絞り込んでいる（図表6.12参照）。その理由を「開発経済学（ルイス），マネタリズム（フリードマン），産業組織論・経済史（スティグラー），証券投資理論（シャープ），ゲーム理論（ハーサニー），金融工学（ショールズ），労働経済学（ベッカー），計量経済学（ヘックマン）と，様々な専門分野を網羅したかったからです」（村中訳［2008］p.i）とする。しかし，この理由と翻訳書のタイトル『金融経済の進化に寄与したノーベル賞経済学者たち』は矛盾していないだろうか。引用分からは一見様々な分野にみえるが，タイトルどおり実は金融経済に密接に関連している分野ばかりであり，しかも，シカゴ学派に著しく偏っている人選である。この人選にシカゴ学派重視の姿勢がうかがわれ，それはまたこの訳書に限らずわが国における一般的な傾向といえるのではないか。もちろん，シカゴ学派が金融経済に関連する様々な分野を席巻する圧倒的な研究を誇っている結果とされるのかもしれない。いずれにしても，このような傾向が，保険研究の動向にも影響を与えていると思われる。

ここで「金融経済学」，「ファイナンス」という用語についても考察しておこ

8）トリニティ大学（Trinity University）で開催された「私の経済学者としての進化」という共通演題での講演である。講演者の選定など詳細については，Breit=Roger［1986］pp.iv-vii，佐藤ほか訳［1988］pp.1-11を参照されたい。また，第5版以後に講演を行った経済学者については，ホームページ（http://www.trinity.edu/nobel/）で参照できる。

図表 6.10　ノーベル経済学賞の受賞者

年度	受賞者	国籍	分野	受賞理由
1969	Ragnar Frisch	ノルウェー	計量経済学	経済過程の分析のために動学理論を発展させ応用した
	Jan Tinbergen	オランダ	計量経済学	経済過程の分析のために動学理論を発展させ応用した
1970	Paul A. Samuelson	米国	部分均衡理論、一般均衡理論	静学的、動学的経済理論を発展させた科学的業績、経済学の分析水準向上への顕著的貢献
1971	Simon Kuznets	米国	経済成長と経済史	経済、社会構造と経済発展過程についての新しく深い洞察を可能にした経済成長の実証的な解明
1972	John R. Hicks	英国	一般均衡理論と厚生経済学	一般経済均衡論と厚生経済学に対する先駆者的貢献
	Kenneth J. Arrow	米国	一般均衡理論と厚生経済学	一般経済均衡論と厚生経済学に対する先駆者的貢献
1973	Wassily Leontief	米国	産業連関表分析	投入産出分析の発展、その重要な経済問題への応用
1974	Gunnar Myrdal	スウェーデン	マクロ経済学、制度派経済学	貨幣、経済変動の理論への先駆的貢献および経済、社会、相互依存関係についての懸命な分析
	Friedrich August von Hayek	オーストリア・英国	マクロ経済学、制度派経済学	貨幣、経済変動の理論への先駆的貢献および経済、社会、相互依存関係についての懸命な分析
1975	Leonid Vitaliyevich Kantorovich	旧ソ連	資源の最適配分の理論	資源の最適配分の理論への貢献
	Tjalling C. Koopmans	米国	資源の最適配分の理論	資源の最適配分の理論への貢献
1976	Milton Friedman	米国	マクロ経済学	消費分析、貨幣史・金融論への業績および経済安定化政策の複雑性の証明
1977	Bertil Ohlin	スウェーデン	国際経済学	国際貿易理論や国際資本移動の理論を開拓した貢献
	James E. Meade	米国	国際経済学	国際貿易理論や国際資本移動の理論を開拓した貢献
1978	Herbert A. Simon	米国	管理科学	経済組織内部の意思決定過程の先駆的研究
1979	Theodore W. Schultz	米国	開発経済学	発展途上国の問題を特に考慮した経済発展研究の先駆的研究
	Sir Arthur Lewis	セントルシア	開発経済学	発展途上国の問題を特に考慮した経済発展研究の先駆的研究
1980	Lawrence R. Klein	米国	マクロ計量経済学	計量経済モデルの作成とその景気変動、経済政策分析への応用
1981	James Tobin	米国	マクロ計量経済学	金融市場および金融市場と支出、雇用、生産、価格との関係の分析
1982	George J. Stigler	米国	制度組織	産業構造、市場機能、公的規制の原因と影響についての発展的研究
1983	Gerard Debreu	米国	一般均衡理論	経済理論への新しい分析方法を取り入れたことおよび一般均衡理論の厳密な再定式化
1984	Richard Stone	英国	国民所得統計	国民経済計算システムの発展に重要な貢献をし、それによって経済分析の基礎が大幅に改善したこと
1985	Franco Modigliani	米国、イタリア	マクロ経済学	貯蓄と金融市場の先駆的分析
1986	James M. Buchanan Jr.	米国	公的金融	経済的、政治的意思決定の契約論、組織の基礎を発展させた
1987	Robert M. Solow	米国	経済成長理論	経済成長理論への貢献
1988	Maurice Allais	フランス	部分均衡理論、一般均衡理論	市場と資源の効率的活用の理論への先駆的研究
1989	Trygve Haavelmo	ノルウェー	計量経済学	計量経済学の確率的基礎の解明と経済構造の同時性分析

4．自由化と学問

年度	受賞者	国籍	分野	受賞理由
1990	Harry M. Markowitz	米国	金融経済学	金融経済学の理論における先駆的貢献
	Merton H. Miller	米国	金融経済学	金融経済学の理論における先駆的貢献
	William F. Sharpe	米国	金融経済学	金融経済学の理論における先駆的貢献
1991	Ronald H. Coase	英国	市場制度の理論	経済の制度的構造と機能において取引費用と所有権が重要な役割を果たすことの発見と明確化
1992	Gary S. Becker	米国	ミクロ経済学と経済社会学	ミクロ経済学の領域を非市場行動を含む広域な人間行動と相互作用にまで広めた
1993	Robert W. Fogel	米国	経済史	経済的、制度的変化を説明するために経済理論と計量的手法を適用し、経済史の研究を一新した
	Douglass C. North	米国	経済史	経済的、制度的変化を説明するために経済理論と計量的手法を適用し、経済史の研究を一新した
1994	John C. Harsanyi	米国	ゲーム理論	非協力ゲーム理論の均衡に関する先駆的分析
	John F. Nash Jr.	米国	ゲーム理論	非協力ゲーム理論の均衡に関する先駆的分析
	Reinhard Selten	ドイツ	ゲーム理論	非協力ゲーム理論の均衡に関する先駆的分析
1995	Robert E. Lucas Jr.	米国	マクロ経済学	合理的期待仮説を発展させ、それを適用し、マクロ経済分析を変革し、人々の経済政策に対する理解を深めた
1996	James A. Mirrlees	米国	情報の経済学	情報の非対称性下での誘因の経済理論に対する先駆的貢献
	William Vickrey	米国	情報の経済学	情報の非対称性下での誘因の経済理論に対する先駆的貢献
1997	Robert C. Merton	米国	金融経済学	デリバティブの価格決定の新手法
	Myron S. Scholes	米国	金融経済学	デリバティブの価格決定の新手法
1998	Amartya Sen	インド	厚生経済学	厚生経済学への貢献
1999	Robert A. Mundell	カナダ	国際マクロ経済学	異なる通貨体制における金融財政政策の分析および最適通貨圏の分析
2000	James J. Heckman	米国	計量経済学	離散選択モデルの理論と手法の発展
	Daniel L. McFadden	米国	計量経済学	離散選択モデルの理論と手法の発展
2001	Joseph E. Stiglitz	米国	情報の経済学	情報の非対称性の下での市場分析
	George A. Akerlof	米国	情報の経済学	情報の非対称性の下での市場分析
	A. Michael Spence	米国	情報の経済学	情報の非対称性の下での市場分析
2002	Daniel Kahneman	米国・イスラエル	経済心理学と実験経済学	特に、不確実性下の人間の判断について、心理学を経済学に応用して発展させた
	Vernon L. Smith	米国	経済心理学と実験経済学	特に、代替的な市場メカニズムの研究において、実験を経済分析の手法として確立した
2003	Robert F. Engle III	米国	計量経済学	予測誤差の条件分散が変化する時系列モデル（分析自己回帰モデルARCH）に対して

年度	受賞者	国籍	分野	受賞理由
2003	Clive W.J. Granger	英国	計量経済学	予測誤差の条件分散が変化する時系列モデル（分析自己回帰モデル ARCH）に対して
2004	Finn E. Kydland	ノルウェー	マクロ経済学	動学的マクロ経済学への貢献：経済政策における動学的不整合性とリアルビジネスサイクル
	Edward C. Prescott	米国	マクロ経済学	動学的マクロ経済学への貢献：経済政策における動学的不整合性とリアルビジネスサイクル
2005	Robert J. Aumann	イスラエル・米国	ゲーム理論	ゲーム理論の分析を通じて対立と協力についての理解を深めた
	Thomas C. Schelling	米国	ゲーム理論	ゲーム理論の分析を通じて対立と協力についての理解を深めた
2006	Edmund S. Phelps	米国	マクロ経済学	マクロ経済政策における異時点間のトレードオフに関する分析
2007	Leonid Hurwicz	米国	ミクロ経済学	メカニズムデザイン理論の基礎の確立
	Eric S. Maskin	米国	ミクロ経済学	メカニズムデザイン理論の基礎の確立
	Roger B. Myerson	米国	ミクロ経済学	メカニズムデザイン理論の基礎の確立
2008	Paul Krugman	米国	国際経済学、地域経済学	貿易パターンと経済活動の配置
2009	Elinor Ostrom	米国	経済的ガバナンス	経済的ガバナンス、特にコモンズに関する分析
	Oliver E. Williamson	米国	経済的ガバナンス	経済的ガバナンス、特に企業の境界に関する分析
2010	Peter A. Diamond	米国	サーチ理論、労働経済学	サーチ摩擦のある市場の分析
	Dale T. Mortensen	米国	サーチ理論、労働経済学	サーチ摩擦のある市場の分析
	Christopher A. Pissarides	キプロス	サーチ理論、労働経済学	サーチ摩擦のある市場の分析
2011	Thomas J. Sargent	米国	マクロ計量経済学	マクロ経済における原因と結果の実証分析
	Christopher A. Sims	米国	マクロ計量経済学	マクロ経済における原因と結果の実証分析
2012	Alvin E. Roth	米国	マーケットデザイン	安定配分の理論とマーケットデザインの実践
	Lloyd S. Shapley	米国	マーケットデザイン	安定配分の理論とマーケットデザインの実践
2013	Eugene F. Fama	米国	金融経済学	資産価格の実証分析
	Lars Peter Hansen	米国	計量経済学、金融経済学	資産価格の実証分析
	Robert J. Shiller	米国	金融経済学	資産価格の実証分析

（出所）ノーベル賞公式ホームページ（http://nobelprize.org/）より、筆者作成。

4．自由化と学問

図表 6.11　ノーベル経済学賞の分野別受賞者

受賞分野	人数	受賞者
計量経済学	11	Frisch, Tinbergen, Klein, Tobin, Haavelmo, Heckman McFadden, Engle, Granger, Sargent, Sims
金融経済学	8	Markowitz, Miller, Sharpe, Merton, Scholes, Fama, Hansen, Shiller
ゲーム理論	7	Harsanyi, Nash Jr., Selten, Aumann, Schelling, Roth, Shapley
マクロ経済学	6	Friedman, Modigliani, Lucas Jr., Kydland, Prescott, Phelps
ミクロ経済学	6	Hurwicz, Maskin, Myerson, Diamond, Mortensen, Pissarides
均衡理論	5	Samuelson, Hicks, Arrow, Debreu, Allais
情報の経済学	5	Mirrlees, Vickrey, Stiglitz, Akerlof, Spence
国際経済学	4	Ohlin, Meade, Mundell, Krugman
制度派経済学	2	Myrdal, Hayek
計量経済史	2	Fogel, North
開発経済学	2	Lewis, Schultz
実験経済学	2	Kahneman, Smith
経済的ガバナンス	2	Ostorm, Williamson
資源配分論	2	Kantrorovich, Koopmans
経済成長と経済史	1	Kuznets
産業連関	1	Leontief
管理科学	1	Simon
制度組織	1	Stigler
公的金融	1	Buchanan Jr.
市場制度の理論	1	Coase
経済社会学	1	Becker
厚生経済学	1	Sen
経済成長	1	Solow
国民所得統計	1	Stone
計	74	

（出所）ノーベル賞公式ホームページ（http://nobelprize.org/）より，筆者作成。

う。1990年度，1997年度は，今日いうところの「ファイナンス論」，「金融工学」といった分野での先駆的業績のある者が受賞している（図表 6.10 参照）。両年度の受賞分野（Field）は，ノーベル賞公式ホームページでは "Financial economics" となっている。本書では「金融経済学」と訳したが，わが国ではあまり「金融経済学」という言葉は聞かれない[9]。

西川編［1995］は『経済学とファイナンス』というタイトルであるが，「はしがき」でわざわざファイナンスという言葉について説明している。すなわち，

9）国立情報学研究所が提供する Webcat Plus で「金融経済学」で 1980 年以降の文献（本）を検索するとヒット数がわずか 11 件であるのに対して，「金融論」，「金融工学」，「ファイナンス」はそれぞれ 531 件，108 件，1254 件であった（アクセス日 2014 年 8 月 5 日）。

図表6.12 Breit=Roger [1986, 1990, 1995], Breit=Hirsch [2004, 2009], 訳書（佐藤ほか訳 [1988], 村中訳 [2008]）に収録の経済学者

1986年初版	初版翻訳	1990年第2版	1995年第3版	2004年第4版	第4版翻訳	2009年第5版
W. A. Lewis	W・A・ルイス	W. A. Lewis	W. A. Lewis	W. A. Lewis	W・A・ルイス	W. A. Lewis
L. R. Klein	L・R・クライン	L. R. Klein	L. R. Klein	L. R. Klein	M・フリードマン	L. R. Klein
K. J. Arrow	K・J・アロー	K. J. Arrow	K. J. Arrow	K. J. Arrow	G・J・スティグラー	K. J. Arrow
P. A. Samuelson	P・A・サミュエルソン	P. A. Samuelson	P. A. Samuelson	P. A. Samuelson	W・F・シャープ	P. A. Samuelson
M. Friedman	M・フリードマン	M. Friedman	M. Friedman	M. Friedman	J・C・ハーサニー	M. Friedman
G. J. Stigler	G・J・スティグラー	G. J. Stigler	G. J. Stigler	G. J. Stigler	M・S・ショールズ	G. J. Stigler
J. Tobin	J・トービン	J. Tobin	J. Tobin	J. Tobin	G・S・ベッカー	J. Tobin
		F. Modigliani	F. Modigliani	F. Modigliani	J・J・ヘックマン	F. Modigliani
		J. M. Buchanan	J. M. Buchanan	J. M. Buchanan		J. M. Buchanan
		R. M. Solow	R. M. Solow	R. M. Solow		R. M. Solow
			W. F. Sharpe	W. F. Sharpe		W. F. Sharpe
			R. H. Coase	R. H. Coase		R. H. Coase
			D. C. North	D. C. North		D. C. North
				J. C. Harsanyi		J. C. Harsanyi
				M. S. Scholes		M. S. Scholes
				G. S. Becker		G. S. Becker
				R. E. Lucas Jr.		R. E. Lucas Jr.
				J. J. Heckman		J. J. Heckman
						V. L. Smith
						C. W. J. Granger
						E. C. Prescott
						T. C. Schelling
						E. S. Phelps

（出所）筆者作成。

「本書では，ファイナンスとは，個人，法人の別を問わず，その資金調達，金融資産の蓄積・選択などを指すものとしている。これらは近年における『金融自由化』，あるいは『金融革命』の進展に伴って展開しつつある多様な金融商品市場の構造，機能，効率性を検討するため，学界でも鋭意研究が進められている分野で，従来の貨幣経済学，証券経済論，銀行論（時には金融論）として教授されてきた教科であるけれども，近年の研究はマクロ経済学，ミクロ経済学の理論をベースとして展開されている」（西川編［1995］はしがき pp.i-ii）とする。「ファイナンス経済学」というタイトルにしようかと迷ったとも指摘されるが（同 p.ii），同書第2版大村ほか［2004］では，初版から10年近く経ってファイナンスとは何かについて「説明を加える必要がないほど『ファイナンス』という用語は広がった」（大村ほか［2004］はしがき p.iii）とする。このことに1990年代半ばの時点では，まだまだわが国では「ファイナンス」という用語が専門用語として定着していなかったことがうかがわれる。そして，同書がもともと日本証券アナリスト協会の実施する証券アナリスト検定試験科目の「経済学」の基本テキストであったことに注目すべきであろう。投資顧問会社の設立などを背景に1980年代半ば以降のバブル生成期から証券アナリスト検定会員取得が各金融機関で徐々に盛んとなり，資格取得のための「証券分析」，「経済学」の勉強で今日のファイナンス論が実務に普及していった。この分野の研究は米国からの輸入学問といえるが，Sharpe［1981］の翻訳（『現代証券投資論』）など代表的な文献の翻訳を同協会や実務家が行っている。ここにわが国ファイナンス教育・研究が実務主導に進んだことがうかがえる。前述のマーコヴィッツのノーベル賞受賞やLTCM（Long Term Credit Management）[10]の破綻に象徴されるこの分野のノーベル賞学者の実務との関わりから，この分野が実務主導なのは米国も同様である。「金融工学」についても，今野［1999］では「金融工学」という言葉は避けられていた所もあるが，ようやく当たり前の呼び名になったとされる（今野［1999］pp.171-172）。

---

10) LTCMは，マートン，ショールズというノーベル経済学賞学者を擁し，ドリーム・チームといわれた周知のヘッジ・ファンドである。LTCM破綻については，Lowenstein［2000］（東江＝瑞穂訳［2005］）を参照されたい。ポジションの取り過ぎという点では，ファンドマネージャーとしてはど素人であったということが主因である1995年に発生したベアリング証券，大和銀行ニューヨーク支店の巨額損失事件と同じといえる。

ノーベル経済学賞の受賞で1990年代はファイナンスにとって躍進の10年といえ，ファイナンス・ブーム到来といえよう。これで金儲けの研究として一人前の学問とは認識されていなかった分野が一躍脚光を浴びる形となり，その後のアカデミズムの動向に大きな影響を与えた。こうして，1990年代のファイナンス・ブームの幕が切って落とされる形となり，後にみるように，わが国でファイナンス系の学会が1990年代以降に設立される。

　なお，「ファイナンス論」，「金融工学」という学問に関しても，簡単に確認しておこう。本書では，ファイナンス論とは，経済主体の資金運用，資金調達，金融機関の活動，さらに金融商品の価格決定に関する学問であるとする。簡単にいえば，文字どおり「資金の融通」にかかわる学問であるが，従来の金融論を補う形でミクロ経済学を基礎に発展してきた学問と捉える（大村ほか［2004］カバー裏）。金融工学とは，このファイナンス論のうち，工学的な数学を適用して金融を研究するものである。中心は，高度な数学を適用するデリバティブ，ストラクチャード・ファイナンスの価格理論，リスクマネジメント（リスクの計量）である（日本リスク研究学会編［2008］pp.80-81）。

　シカゴ学派的な新自由主義が優勢になる中，ファイナンス論が金融自由化と互いに導き合いながら，保険研究を含めたアカデミズムに大きな影響を与えた。このアカデミズムに対する影響に，1990年代から進められている大学教育改革も含まれよう[11]。すなわち，大学教育改革も含めて，新自由主義に基づく米国化・金融化の流れに包摂されたと考える。

　それでは，このような学問における動向を踏まえて，保険に関連する学会について考察する。

---

11) 金融工学にも及ぶ大学人への次のような痛烈な批判がある。「市場原理主義の流れに巻き込まれ，人間本来の理性，知性，そして感性を失って，人生最大の目的はただひたすら儲けることという，まさに餓鬼道に堕ちてしまった大学人が少なくありません。その象徴が，今回の歴史的規模の金融恐慌の直接的な要因をつくり出したサブプライム・ローンと，それを徹底的に悪用した金融工学です。」（宇沢＝内山［2010］p.18）

5. 隣接科学の動向

(1) 保険に直接的に関連する学会
① 日本アクチュアリー会

純粋な学会というよりも専門職団体としてのアクチュアリー（保険計理人）の会であるが，アクチュアリーの教育・育成，資格試験の実施，海外のアクチュアリー団体との交流などの他にアクチュアリー学の研究を行っており，保険の学会ともいえよう。1899年設立の大変歴史ある会である。近代保険の要件の一つは合理的保険料の算出にあるといえ，わが国保険の近代化に重要な役割を果たしたという点では，保険事業の学会ともいえる。

機関誌である『アクチュアリージャーナル』をみると（図表6.13参照），1990年創刊とかなり新しいことが注目される。保険審議会の議論が活発になったことを背景に，同誌は見開きの小冊子で25年間112号にわたった「アクチュアリー会ニュース」に替わり，会員の発言の場を確保するために創刊されたとされる（樫村[1992] p.1）。金融自由化で銀行，証券，保険の垣根が低くなることを背景とした動きともいえるが，保険サイド（アクチュアリー）からの一方的な展開ではなく，1993年に都市銀行が日本アクチュアリー会の賛助会員になるなど双方向の動きがみられる。

同誌における理事長などによる巻頭言，末尾の「編集後記」などをみると，特に創刊後間もない1990年代前半は，資金運用や投資理論の重要性が繰り返し指摘されているのが注目される。1988年投資理論に関心のあるアクチュアリーの国際的な集まりであるAFIR（Actuarial Approach for Financial Risks）が国際アクチュアリー会（International Actuarial Association, IAA）の部会として作られたように資金運用が重視されてきたが，この動きをフォローしつつわが国の金融自由化も背景に本学会でも資金運用が重視されてきたものと思われる。代表的な指摘を引用すれば，「伝統的には，保険・年金という長期キャッシュ・フローのコントロールは，保険リスクのモデルでカバーできると見做されてきたが，金融自由化は金融リスクについても同等の重みで考慮すべき事を要求する。金利が一定の保険数学の世界から，金利の期間構造モデル等の金融理論をも包摂した新しい保険システムの制御理論としてのアクチュアリアル・サイエ

ンスへの脱皮という全世界規模におけるパラダイム転換が求められている」（第4号p.79）[12]とする。また，「大転換期にある，金融制度の動きに合わせたアクチュアリー制度の核心」（第5号p.73）が今ほど求められる時代はないとされる。そして，「現在アクチュアリーは保険，年金という制度の中でPricing, Valuationという業務を営んでいるが，より広い金融的対象に対しリスクコントロールを行うことになるかもしれない」（第7号p.84）とファイナンス分野に踏み込む。

「リスク」をキーワードにしながら，1990年代後半頃より指摘される「保険と金融の融合」をいわば先取りするような指摘であるが，金融自由化による大きな環境変化の中で今後のアクチュアリーの役割をテーマとしていたと思われる。その役割において，1990年代前半にはこれまでの活動で直接的な関わりを持つとされた負債サイドのみならず資産サイドも重要であるとされ，資金運用との関係でファイナンス論が重視され始めるが，さらにファイナンスに踏み込んだ発言もみられたわけである。しかし，同誌の掲載論文などの中身からはファイナンスへの積極的な踏み込みはみられない。ところが，2000年代になってくると，資金運用との関係に留まらないファイナンスとの関わりが顕著に進展する。すなわち，後述の日本保険・年金リスク学会（2003年設立）の学会誌『リスクと保険』が日本アクチュアリー会会員向けには『アクチュアリージャーナル』特別号とされる。このような動向において節目となったのが，2000年12月発行の同誌第40号であろう。第40号は「ファイナンスと保険」の特集号で，1990年代に指摘された方向性に本格的に歩みだしたといえるのではないか。「第40号『ファイナンスと保険』の頃から，ファイナンス関係の話題の掘り起こしを意識的にはじめました」（第50号p.3）とされる。なお，特別号は産学協同プロジェクトの一つの成果（第53号p.217）とされるが，金融工学と保険数理学の統合を指向し，その点でファイナンスとの関係を強めているので，産学協同もさることながら，保険と金融の融合を指向している面もあろう。

また，2000年代の同誌の特集では保険の国際会計，ERM（Enterprise Risk

---

[12] ここでの『アクチュアリージャーナル』の文献表示は号と頁のみとする。詳細は，図表6.13を参照されたい。

図表6.13 『アクチュアリージャーナル』の発行状況

発行年月	号	特集テーマ	備考
1990.9	創刊号	保険計理を考える（第1集）	ディレギュレーション，競争原理導入後の保険経理のありかた
1990.11	2	保険計理を考える（第2集）	
1991.2	3	保険計理を考える（第3集）	
1991.5	4	企業年金の現場から（第1集）	新運用とその評価の重要性を指摘
1991.7	5	企業年金の現場から（第2集）	
1991.9	6	－	パネルディスカッション「資産運用を巡る諸問題について」
1991.11	7	ブランダー博士を迎えて	ダイナミックソルベンシーテストの提唱者
1992.3	8・9合併号	年次大会パネルディスカッションから	保険業法改正の流れを背景にアクチュアリーの役割を議論
1992.5	10	（「アクチュアリー」出版，その後）	金融改革を意識したアクチュアリーの役割の議論
1992.7	11	－	バブル崩壊・運用難を背景にALMの指摘
1992.9	12		
1992.12	13	保険審議会答申を読む	
1993.3	14	－	アクチュアリー業務規範
1993.5	15	－	投資理論の保険・年金数理への適用を指摘
1993.8	16	－	規制緩和，自由化の時代を協調
1993.11	17	－	保険計理フォローアップ研究会について
1994.2	18	－	アクチュアリー業務を決めた収斂現象
1994.5	19	ウィルキーモデルについて	ソルベンシー・テストのための投資モデル
1994.9	20	－	
1994.12	21	（投資理論と生保ALM）	
1995.2	22	－	例会報告「運用に対するアクチュアリーの係わり方」
1995.5	23	（規制緩和後の企業年金の財政運営のありかた）	金融機関におけるリスク管理の重要性を指摘
1995.8	24	－	
1995.12	25	－	
1996.2	26	我が国のコンサルティング・アクチュアリーの現状と展望	
1996.6	27	－	第2回例会報告「企業人としてのアクチュアリー」
1996.8	28	－	第3回例会報告「保険業法改正について」
1996.12	29	－	
1997.3	30	－	
1997.7	31	－	日本版ビッグバン
1997.12	32	－	自主的経営の強化と専門職としてのアクチュアリー
1998.3	33	年金会計	
1998.7	34	－	保険・年金という分野の垣根を超えたファイナンス理論等の知識の必要性
1998.11	35	－	アクチュアリーの存在感が希薄化しているとの指摘
1999.3	特別号	ワークショップ特別号	
1999.6	36		
1999.12	37	100周年記念大会特集号	金融工学との関係が重要との指摘
2000.3	38		国際会計基準

発行年月	号	特集テーマ	備考
2000.8	39	–	日本アクチュアリー会の指定法人化
2000.12	40	ファイナンスと保険	
2001.4	41	–	ワークショップ　保険の時価会計
2001.7	42	企業年金２法の成立とアクチュアリーの役割	
2001.10	43	–	研修例会報告「時価会計の動向について」
2002.3	44	–	寄稿「金融リスク管理の進展と日本の生保業における対応」
2002.6	45	–	
2002.9	46	企業年金特集号	
2002.12	47	損害保険特集号	
2003.4	48	保険の国際会計基準	
2003.7	49	–	パネルディスカッション「生保ALMの現状と課題」
2003.10	50	–	例会報告「保険会社に関する国際会計基準最新情報」
2004.1	51		
2004.4	52		
2004.7	53	–	査読誌「リスクと保険」の原稿募集
2004.10	54	–	研修例会報告「保険価格決定理論　保険数理とファイナンス理論の融合」
2005.1	55		
2005.3	特別号	JARIP『リスクと保険』創刊号	
2005.4	56		
2005.7	57	損害保険特集号	
2005.11	58	年金特集号	
2006.2	59	–	ERM
2006.3	特別号	JARIP『リスクと保険』第二号	
2006.4	60	–	保険法改正
2006.9	61	–	
2007.3	62	–	パネルディスカッション「リスクマージンとソルベンシーの国際的動向」
2007.3	特別号	JARIP『リスクと保険』第三号	
2007.8	63	–	
2007.12	64	–	
2008.3	65	–	例会報告「ソルベンシー・マージン基準の見直しについて」
2008.3	特別号	JARIP『リスクと保険』第四号	
2008.8	66	–	ERM
2008.11	67	年金特集号	
2009.3	68	ERM特集号	
2009.3	特別号	JARIP『リスクと保険』第五号	
2009.8	69	損害保険特集号	
2009.10	70	–	
2010.2	71	ソルベンシー特集号	
2010.5	72	–	特別企画「金融危機とERM」
2010.8	73	損害保険特集号	
2010.12	74	年金特集号	パネルディスカッション「年金運用戦略の再考～金融危機を踏まえて～」
2010.3	特別号	JARIP『リスクと保険』第六号	
2011.3	75	社会保障特集号	パネルディスカッション「公的年金改革」
2011.3	特別号	JARIP『リスクと保険』第七号	

5．隣接科学の動向　　235

発行年月	号	特集テーマ	備考
2011.5	76	－	寄稿「保険検査マニュアルの改定について」
2011.9	77	ソルベンシーⅡ特集号	
2011.12	78	－	
2012.3	79	東日本大震災特集号	
2012.3	特別号	JARIP『リスクと保険』第八号	JARIPフォーラム　ソルベンシーⅡと保険会社のERM
2012.6	80	－	特別講演「国際的な金融規制改革（バーゼルⅢ）とそのインプリケーション
2012.8	81	－	パネルディスカッション「新企業年金法の10年とこれから」
2012.12	82	－	プレゼンテーション「年金基金のためのERM」
2013.3	83	－	プレゼンテーション「保険会社のERMにおける実務と課題」
2013.3	特別号	JARIP『リスクと保険』第九号	
2013.6	84	－	2011年 AFIR (Actuarial Approach for Financial Risks) 国際会議概要
2013.10	85	－	パネルディスカッション「生命保険のセカンダリーマーケットの意義と実情」
2014.3	86	－	例会報告「ERM－日本のリスク管理体制を確認しつつ，米国の統計と比較を行う」
2014.3	特別号	JARIP『リスクと保険』第十号	特別講演「今後の国際規制の日本の保険会社への影響」

（注）　1．「特集テーマ」は，特集がなく，座談会があった場合はそのテーマを記載し，両者ともなかった場合は「－」とした。
　　　2．備考は，巻頭言，寄稿，編集後記などで注目された事柄などを記載した。
（出所）筆者作成。

Management），ソルベンシーなどが目立ち，1990年代からの自由化，グローバリゼーションの動きを反映したテーマが多くなった。ファイナンス・ブームを背景としながら，「リスク」をキーワードにしてアクチュアリー学がファイナンスに接近してきている様子がうかがえる。リスクが重要となり，ERMなどでリスクマネジメントがクローズアップされ，また保険と金融の融合の指向は，保険をリスクマネジメントの一手段と把握し，特殊なものではなく金融的なものとしてより一般的に把握することを指向することとなり，保険研究において保険の相対化，一般性指向という傾向がみられることとなる。

② 日本保険医学会

1901年（明治34年）に設立された古い学会である。「保険医学とは，生命の予後に関する研究を根幹とし，基礎医学・臨床医学を始めとして生命保険事業が健全に運営されるために必要な法学，経済学，社会学，数学と言った様々な分野を綜合した応用科学である」とするが，保険医のための学会であり，学会

の要職は生命保険業界人が占める。保険というよりも，生命保険事業の学会といえよう。志田鉀太郎，玉木為三郎，粟津清亮の三氏が「保険学会」の名称で『保険学雑誌』を発行したのが1896年，保険数理に関わる日本アクチュアリー会が設立されたのが1899年，保険業法が制定されたのが1900年，保険医学に関わる本学会が設立されたのが1901年であることから，19世紀末から20世紀初頭にかけて，法律的枠組みが整備されながら保険学理，保険引受に関わる専門的技術者の学会の設立がみられた。

　本学会創立100周年記念式典に日本保険学会理事長，日本アクチュアリー会理事長が出席していることから（日本保険医学会編［2001］pp.37-50），これら三学会は密接な関係を有する。なお，同式典には日本の医学の学会日本医学会会長も招かれている。日本医学会は1902年設立の医学・医療関連の様々な分科会の集合体であるが，本学会は1918年に日本医学会に加盟しており，当然のことではあるが，医学との関係も密接である。しかし，このことが単純に日本医学会における分科会としての安泰を意味するわけではなく，1950年代後半に本学会に対する批判が高まり，分科会からの離脱を望む声さえ出たようである[13]。その理由は，生命保険事業の学会としての異質性，たとえば，「経済的基盤は生命保険各社からの寄付金によるため会員が会費を払っていない」，「宿題報告はおろか一般論題の提出すらないものが会長に就任している」などであった。その後こうした批判に応える努力として1971年に会長選出方法が変わり，学会の近代化が進んだとされ，批判は消えていったようである。主たる構成員が保険医であるという特徴から完全に異質性を払拭することは困難であろうが，日本医学会の分科会として他分科会のような運営がなされるようになって，保険自由化を迎えたといえよう。

　学会誌に着目すると，2002年に100号刊行に際して，年1回発行の学会誌と1976年から発行されていたニュースを発展的に合体させ，『日本保険医学会誌』として，装い，内容を新たにし，年4回の季刊誌を目指すこととなった（小林三代治［2002］p.1）[14]。ところで，自由化の影響については，「保険医学は危険選択を通して，生命保険事業に関わり，生命保険制度とともに歩んできま

---

13) 日本医学会の日本保険医学会に対する批判については，平尾［2002］を参照されたい。
14) 第100巻は2号しか発行されなかったが，第101巻以降は年4号の季刊誌発行となっている。

5．隣接科学の動向　　237

した」（薙野［2002］p.16）とされるように，危険選択に関するものが中心となろう。自由化によってより低コストで精度の高い原価把握が求められ，査定法，検査法自体が競争にさらされることを意味するからである。こうした点からすれば，自由化・競争激化で危険選択に関する考察が増えると思われる。

図表6.14　『日本保険医学会誌』に掲載された危険選択に関わる論文数

発行年	論文数	発行年	論文数	発行年	論文数
1970	1	1985	3	2000	4
1971	3	1986	3	2001	1
1972	0	1987	2	2002	2
1973	0	1988	4	2003	1
1974	3	1989	1	2004	3
1975	3	1990	6	2005	9
1976	4	1991	2	2006	6
1977	4	1992	3	2007	3
1978	2	1993	4	2008	3
1979	2	1994	5	2009	3
1980	3	1995	3	2010	15
1981	1	1996	3	2011	4
1982	1	1997	6	2012	10
1983	2	1998	4	2013	9
1984	1	1999	5	2014	2

（注）2014年は第2号までである。
（出所）筆者作成。

　図表6.14で危険選択に関わる論文数をみると，1970年代（1970～79年）22本，1980年代（1980～89年）22本，1990年代（1990～99年）41本，2000年代（2000～09年）35本，そして，まだ途中の2010年代は既に40本であり，予想したとおり増えている。特に，2014年第1号では，論文数には含めなかったが，アンダーライター特集が組まれ，危険選択が非常に重視されていることが如実に現れている。ただし，1990年代後半の自由化の幕が切って落とされた頃は，戦後初の破綻会社（1997年4月日産生命保険会社）が現れ，生命保険業界が危機的様相を深めていく局面であったため，「生保危機」との関係から死差益重視の文脈で危険選択が取り上げられるという面があった。この点からは，自由化の影響が出る以前の生命保険業界としての厳しい状況が反映しているといえよう。自由化を意識し，その意味で自由化の影響を受けた研

究は，岩佐［2002］，後藤［2004］のように，21世紀になってからといえる。冒頭で指摘したように，実質的に生命保険事業の学会といえる本学会には，自由化に反応する余裕のない生命保険事業の動向が反映したといえよう。なお，前述のとおり，2010年代に入って急増しているが，これは入院リスクに関わるものが増えたのが主因である。

内容的には，生命保険証券の売買などがファイナンス論と密接に関わるというものの医学がベースとなるので，自由化の影響を受けるがファイナンス論との関わりは強くない。

③　日本リスクマネジメント学会

1978年に創設され，日本学術会議法第18条に基づく，わが国唯一のリスクマネジメントに関する公認学術団体であるとされる。本学会内資格としてリスクマネジメント・アドバイザー，リスクマネジメント・コンサルタント，リスクマネジメント・カウンセラーの認定を行ってきたが，2002年より日本リスク・プロフェッショナル学会が資格認定，実践的研究を行うこととし，日本リスクマネジメント学会は純然たる研究を行う学術研究団体となった。なお，日本リスク・プロフェッショナル学会は2002年に危機管理カウンセリング研究所，危機管理総合研究所，家庭危機管理学会の三団体を改組したものであるが，2009年に設立されたソーシャル・リスクマネジメント学会と2010年に合併し，現在はソーシャル・リスクマネジメント学会である。

以上のように，日本リスクマネジメント学会に関連した学会の新設，再編がみられるが，その動向にはリスクマネジメントを一つの専門事業とし，そのための専門家育成，また，分野として社会的リスクマネジメント指向が反映しているといえよう。

次に，学会誌を取り上げて研究動向についてみてみよう。第13号からRM双書となりテーマが掲げられるが，そのテーマをみると，興味深いことにファイナンス関連のものが見当たらない。そこで，学会誌に掲載されたファイナンス関係の論文数をみてみると，財務管理まで含めても，非常に少ないことが分かる（図表6.15参照）。

日本アクチュアリー会がリスクを介してファイナンスと密接になっていったのに対して，リスクの本家本元といえる本学会がファイナンス・ブームの影響

5．隣接科学の動向　　239

図表6.15　『日本リスクマネジメント学会学会誌』におけるファイナンス関係の論文数

発行年月	号	テーマ	ファイナンス
1979.1	創刊号		0
1979.7	2		0
1980.1	3		(1)
1980.7	4		0
1981.1	5		0
1981.7	6		0
1982.1	7		0
1982.7	8		0
1983.1	9		0
1983.7	10		0
1984.1	11		(3)
1984.9	12		(1)
1985.3	13（RM双書第1集）	保険管理の機能と限界	0
1986.3	14（RM双書第2集）	企業の犯罪危険とリスクマネジメント	0
1987.3	15（RM双書第3集）	現代社会とリスクマネジメント	1
1988.4	16（RM双書第4集）	リスクマネジメント事典	0
1989.3	17（RM双書第5集）	危険処理手段の選択	0
1990.3	18（RM双書第6集）	経営管理とリスクマネジメント	0
1991.3	19（RM双書第7集）	リスクマネジメントの国際性	0
1992.3	20（RM双書第8集）	リスクマネジメントの変遷と展望	0
1993.3	21（RM双書第9集）	経営コンサルタントとRM	0
1994.3	22（RM双書第10集）	リスクマネジメントの将来像	0
1995.3	23（RM双書第11集）	経営破綻とリスクマネジメント	0
1996.3	24（RM双書第12集）	企業災害とリスクマネジメント	2
1996.10	25（RM双書第13集）	危機管理とRMA・RMC	0
1997.3	26（RM双書第14集）	規制緩和とリスクマネジメント	0
1997.10	27（RM双書第15集）	経営戦略とリスクマネジメント	0
1998.3	28（RM双書第16集）	各国のリスクマネジメント	0
1998.10	29（RM双書第17集）	保険・金融不安とリスクマネジメント	0
1999.3	30（RM双書第18集）	リーガル・リスクマネジメント	0
2000.3	31（RM双書第19集）	高齢化とリスクマネジメント	0
2001.3	32（RM双書第20集）	企業危機管理と家庭危機管理	0
2002.3	33（RM双書第21集）	コーポレートガバナンスとリスクマネジメント	0
2003.3	34（RM双書第22集）	企業の巨大化とリスクマネジメント	0
2004.3	35（RM双書第23集）	企業価値向上・ITとリスクマネジメント	0
2005.3	36（RM双書第24集）	自然災害とリスクマネジメント	0
2006.3	37（RM双書第25集）	CSRとリスクマネジメント	0
2007.3	38（RM双書第26集）	保険金不払い問題とリスクマネジメント	0
2008.3	39（RM双書第27集）	現代企業におけるリスクマネジメントの役割	0
2009.3	40（RM双書第28集）	企業倫理とリスクマネジメント	1
2010.3	41（RM双書第29集）	雇用とリスクマネジメント	0
2011.3	42（RM双書第30集）	現代社会とリスクマネジメント	1

（注）括弧書きは，財務管理テーマの論文数である。
（出所）筆者作成。

を受けていないようである。この点に関連して，当学会の理事長・会長を長年務め，現在名誉会長である亀井利明の見解をみてみよう。

亀井［2004］では，ファイナンス論を使った企業価値最大化をリスクマネジメントの目的とする考えや ERM に否定的である（亀井［2004］p.7）。また，リスクの捉え方も事故発生の可能性として，ファイナンスに親和的な期待値の変動性という捉え方に否定的である。伝統的なリスクマネジメント論を先発理論とし，ファイナンス的な見解をはじめとする最近のリスクマネジメント論を後発理論として，前者を支持する立場である。そして，先発理論研究を行う日本におけるリスクマネジメント研究の老舗的存在が本学会であるとする（亀井＝亀井［2009］p.222）。さらに，リスクが社会化したため，ソーシャル・リスクマネジメントが必要であるとする点でかなり独創的でもある（同第14章）。そもそも日本独自のリスクマネジメントを指向しており（亀井［1992］pp.189-190），それが米国化の流れ，ファイナンス・ブームに抗うことになったと思われ，本学会の基本姿勢にもなっているようである。ただし，ブームを無視していない点に注意を要する。

④ 日本保険・年金リスク学会（The Japanese Association of Risk, Insurance and Pensions, JARIP, ジャリップ）

具体的な研究対象として，広い意味での保険市場，保険リスク，リスクファイナンス，保険ビジネス・リスクマネジメント，保険リスクプライシング，保険デリバティブ，年金リスクマネジメント，年金運用などと関わる経済的，金融的意思決定に関わる理論的・実証的領域をあげる。学会誌は『リスクと保険』，『ジャリップ・ジャーナル』であり，前者は，前述のとおり，日本アクチュアリー会会員向けには『アクチュアリージャーナル』特別号，JARIP 会員向けには実務ジャーナルとされているように，アクチュアリー的な研究が中心の一つを占める。

『リスクと保険』は，第1, 2号は『アクチュアリージャーナル』特別号として本誌独自の印刷製本がなされるわけではなかったが，第3号より印刷製本は独自のものとなった。また，第3号より査読論文以外の特別寄稿などが掲載されるようになった。特別寄稿などをみると，第3号はリスク尺度，第4号は内部モデルを使ったリスク管理，第5号はリスク尺度，第6号はリスク管

理と自己資本規制であり，経済価値ベースの規制やERMという実践的なテーマに関連したものばかりである。『リスクと保険』第3号の学会についての説明では，端的に，「保険数理学と金融工学を統合し，更に他の学際的な諸科学で得られた先端研究成果を共有することにより，新しいリスクの研究方法や分析手法，リスク管理技術を発展させ，その研究成果を広く社会に還元させていく必要がある」とする。

『ジャリップ・ジャーナル』創刊号（第1巻第1号）では，保険の機能は社会的に極めて重要であるが業態的思考に束縛されて社会的ニーズに十分応えておらず，重要なことは各経済主体に最適なリスクポジションを構築させることであるとする（刈谷［2005］p.2）。同誌第1巻第2号では，明治に始まる長い歴史を有するわが国の保険数理学や保険経済学は長い規制時代が続いたためかすっかり切れ味が鈍っており，規制緩和の方向に大きく舵が切られた今日，理論的基礎の不足が目立ってきたので，それを充足することが必要であるとし，そのためにJARIPの研究活動を金融工学が金融業に果たしたのと同様な貢献をすることとし，それが次の目標であるとする（田中［2006］p.1）。

日本金融・証券計量・工学学会の学会長であった刈屋武昭は本学会の学会長も務めていたことから，保険に直接関わる学会といえるものの，金融工学系の学会といえよう。ファイナンス重視を背景に登場した。

（2）保険に間接的に関連する学会
① 社会政策学会

1950年創立であるが，名称と財産を戦前の社会政策学会から継承しており，戦前の学会は1897年創立である。したがって，大変歴史ある学会であるが，工場法への対応をめぐる内部対立の結果，1924年から1950年に至る約4半世紀の間，社会政策学会の学会としての活動は停止しており（武川［1998］p.71），戦後装いを新たに活動が再開された。学会動向に関する先行研究として武川正吾の武川［1998］がある。武川［1998］は，福祉国家をめぐる大変刺激的な議論を展開しながら社会政策学会の動向を振り返っているので，これによりながら本学会について考察する。

武川［1998］は高度成長期以降を「転換期」とし，1973年の第一次石油危機から執筆時前年の1997年までを考察期間の転換期とする。この転換期を福

祉国家の形成と危機が同時進行した時期とし，社会政策学は守備範囲を広げて一般化すべきであったが，それができなかったとする。その点を大会の共通論題を取り上げて確認する。すなわち，学会ホームページでは「経済学，社会学，法律学，政治学，歴史学など多分野の研究者約900人が集うインター・ディシプリナリーな学会です」（同 p.92）とされるが，1973年以降の50回の大会における共通論題を調べると，労働に関わるものに偏向しているとする（同 p.93）。

武川［1998］が考察した以降の時期を含めた期間に対して，同様の分析をしてみよう。論題の意味まで入り込まず単純に「労働，労働者，労務管理」，「社会政策」，「雇用，賃金，労使関係」，「福祉」，「社会保障」という言葉がどれだけ含まれていたかをみる。たとえば，第63回大会（1981年11月）「総合社会政策と労働福祉」であれば，「社会政策」，「労働」，「福祉」に各一つずつカウントする。このようにして作成した図表6.16をみると，1997年までは確かに武川［1998］の指摘どおり労働偏重といえなくもないが，社会政策もかなりの数で登場している。武川［1998］以降，特に2000年以降はあまり労働関連は登場せず，それに対して「社会政策」はそれまでどおりコンスタントに取り上げられているため，社会政策が相対的に多くなっている。この点からは，2000年以降は労働偏重との武川［1998］の批判を免れることができそうであるが，「福祉」，「社会保障」などは相変わらず少なく，守備範囲が広がっていないという肝心な点については大きな変化はないといえよう。ただし，経済格差（2001年），グローバリゼーション（2001年），雇用形態の多様化（2002年），格差社会（2006年），ワーキングプア（2008年）など，時論的なテーマは取り上げられている。

この2000年代の展開をどのように評価したらよいのであろうか。そのために，武川［1998］の「守備範囲を広げる」，学会ホームページの「インター・ディシプリナリーな学会」という指摘について少し掘り下げて考えてみよう。武川［1998］は「福祉」，「社会保障」などに共通論題のテーマが広がっていないとして「インター・ディシプリナリーな学会」ではないと批判するが，この批判は正当であろうか。本書において時代の流れの基礎として捉えている1980年代以降の新自由主義の展開を考えるならば，正に新自由主義による福祉国家の危機によって，福祉や社会保障が大きな時代のテーマになったといえ，両者は

様々な分野で取り上げられるべき学際的テーマといえよう。それにもかかわらず本学会がこれらをテーマとして取り上げなかったのであるから，とてもインター・ディシプリナリーな学会とはいえないだろう。したがって，武川［1998］の批判は正当といえよう。しかし，武川［1998］の日本型福祉社会論に対する捉え方は理解しがたい。

武川［1998］は，通常指摘される日本型福祉社会論が時代錯誤的に国家の責任を社会に転嫁しようとする胡散臭さを認めつつも，ここには社会政策学が資本主義の矛盾を覆い隠す胡散臭いものとしてマイナス・シンボルとしていた福祉国家をプラス・シンボルとする価値の逆転があるとし，時代錯誤にすべて解消できない「福祉国家の限界の問題」という棘が刺さっているとして，福田徳三の「社会政策とは社会が社会のために社会の力によって行うところの政策である」という言葉を結びとする（同 pp.102-103）。

福田の引用で一種の先祖がえりを提案し，資本主義の胡散臭さを社会で乗り越えろということか。いずれにしても，日本型福祉社会論は新自由主義による反福祉国家政策＝自由化の一環であろうから，社会政策学的にみて，福祉国家の棘というよりも，福祉国家の否定に直面し，これまでとられてきた政策の縮小，後退を意味するのではないか。したがって，それに対して社会政策学がどう向き合うかが課題であったとすれば，その課題に対して労働に偏重であったことが問題であったといえよう。

2000年代は，先に取り上げた学際的テーマといえる「福祉」，「社会保障」を引き続き取り上げていないという点からは武川［1998］の批判が当てはまり，とてもインター・ディシプリナリーな学会とはいえないとなろう。しかし，テーマに含まれる言葉を通じた分析からはそのような結論も導けるものの，テーマそのものをみれば明らかなように，2000年代はグローバリゼーションによる労働市場，雇用形態の破壊に関するものが中心といえる。この点から，「福祉」，「社会保障」は重視されなかったものの，社会政策学が向き合うべき課題が意識されていたとはいえよう。その課題とは，グローバリゼーション，経済格差，労働市場の破壊といった問題であり，1990年代より進んだグローバリゼーションによってもたらされた労働市場，雇用形態の破壊という大問題であるがゆえに学際性を有する問題である。

1990年代のグローバリゼーションが社会主義国・東西冷戦構造の崩壊とIT

図表 6.16 社会政策学会の共通論題のテーマ

年	各回の共通論題	労働, 労働者労務管理	社会政策	雇用, 賃金労使関係	福祉	社会保障
1980	日本における労使関係の現段階, 現代の福祉政策と労働問題	1		1	1	
1981	現代日本の賃金問題, 総合社会政策と労働福祉	1	1	1	1	
1982	現代の合理化, 「構造変動」と労働者・労働行政	2				
1983	行財政改革と労働問題, 国際化する労働問題と社会政策	2	1			
1984	先進国における現段階の労働運動, 婦人労働における保護と平等	2				
1985	先端技術と労働問題, 社会政策の危機と国民生活	1	1			
1986	日本の労使関係の特質, 変貌する産業社会と社会政策学		1	1		
1987	現代の労働時間問題, 現代労働問題と「人づくり」	2				
1988	「産業空洞化」と雇用問題, 転換期に立つ労働問題	1		1		
1989	日本の企業と外国人労働者, 戦後社会政策の軌跡	1	1			
1990	社会保障改革の現局面, 社会科学の諸方法と社会政策研究		1			1
1991	現代日本の労務管理, 社会政策学の生活の論理	1	1			
1992	現代女性労働と社会政策, 変化のなかの労働と生活	2	1			
1993	日本における外国人労働問題, 日本型企業社会と社会政策	1	1			
1994	現代日本のホワイトカラー, 今日の生活と社会保障改革					1
1995	技術選択と社会・企業, 弾力化・規制緩和と社会政策		1			
1996	21世紀の社会保障——戦後50年の総括と展望, 今日の賃金問題			1		1
1997	アジアの労働と生活, 社会政策学会100年——100年の歩みと来世紀にむかって	1	1			
1998	現代日本の日雇い労働者とホームレス, 高齢社会と社会政策	1	1			
1999	社会政策における国家と地域, 社会構造の変動と労働問題	1	1			
2000	自己選択と共同性——20世紀の労働と福祉を振り返って, 「福祉国家」の射程	1			2	
2001	社会変動と経済格差, グローバリゼーションと社会政策の課題		1			

年	各回の共通論題	労働,労働者労務管理	社会政策	雇用,賃金労使関係	福祉	社会保障
2002	雇用関係の変貌――雇用形態の多様化と時間管理の変化,現代日本の失業			2		
2003	新しい社会政策の構想,社会政策学と賃金問題		2	1		
2004	若者――長期化する移行期と社会政策,少子化・家族・社会生活		1			
2005	労働・生活時間の構造変化から見る社会政策――仕事と生活のバランスをめぐって,社会政策における福祉と就労	1	2		1	
2006	転換期に立つ労働問題「格差社会」のゆくえ,東アジアの経済発展と社会政策――差異と共通性	1	1	1		
2007	子育てをめぐる社会政策――その機能と逆機能,社会保障改革の政治経済学		1			1
2008	雇用・労働政策の変容,ワーキングプア――労働・生活・運動	2		1		
2009	福祉社会の変貌と労働組合,最低賃金制度と生活保護制度――仕事への報酬と生活保障との整合性	1		1	1	
2010	地域の生活基盤と社会政策,現代日本の社会政策の評価と将来選択		2			
2011	変化する教育訓練とキャリア形成,健康のための社会政策		1			
2012	福島原発震災と地域社会,震災・災害と社会政策,「新しい公共」と社会政策		2			
2013	ジェンダー平等と社会政策,居住保障と社会政策		2			
計		26	28	11	6	4

(注) 共通論題は大会が春季,秋季,年二回開催のため二つ記載してある。
(出所) 筆者作成。

革命によって,1980年代からの新自由主義による自由化がより徹底した流れであると捉えるならば,本学会が直面した学際性のある大問題は,いわばグローバリゼーションによってもたらされた,ひいては自由化によってもたらされた問題といえる。したがって,本学会は自由化の影響を受けるというよりも,自由化の問題に直接取り組む学会といえよう。そもそも,社会政策が自由放任の限界に対して生成したことを考えれば,当然の展開といえるだろう。しかし,問題は学際性ある自由化の問題を閉じた世界で行っていることである。そのことを象徴するのが,本学会のリスク概念の希薄さである。先の引用文にあるように,本学会は経済学,社会学,法律学,政治学,歴史学の研究者が集う学際

的な学会とされているが，ここで取り上げられている学会のほとんどがそれぞれの分野において，正にリスクが重要となっているのに，なぜ本学会ではリスクがキーワードにならないのか。おそらく，様々な学問分野を掲げても，イデオロギーが限定されているからではないか。

また，そもそも経済学，社会学，法律学，政治学，歴史学などの学問をあげて学際的とできるであろうか。これらの学問は，経済学部，社会学部，法学部，政治学部といった大学組織として学部にすることができるという意味で基幹的な学問といえ，学会という点からすれば，これらの学問自体を直接の研究テーマとする学会でもない限り，多くの社会科学系の学会は関連するといえよう。こうした基幹的な学問と関連することをもって学際的といっても意味はなく，せいぜい総合的な学問とでもいうべきものである。したがって，本学会は学際的というよりも総合的な学問を行う学会というべきではないか。その学会が学際的な問題に直面していると考えるべきである。

学問の性格上新自由主義，自由化と密接に関わり，設定するテーマという点で自由化と結びつくが，新自由主義と対極にあるイデオロギーから，考察方法としては新自由主義の影響はみられない。保険に関しては，社会保障が軽視されていたので，社会保険も含めて，ほとんど考察されない。リスクとの関わりが希薄なことも，保険との関係を疎遠にしていると思われる。

② 日本金融学会[15]

戦前設立された本学会は，経済の金融化においていわば総元締め的な学会といえよう。金融制度会（1922年設立）が前身である通貨制度研究会（1932年設立）が本学会の前身である。戦中の困難な時期である1943年設立であるので，日本が近代化する明治以来の歴史からすればあまり長いとはいえないものの，戦前から続く社会科学系の学会が少なく，米国金融学会の設立が1939年であることから，日本銀行関係者が発起人に加わる歴史ある学会といえよう。設立趣意書によれば，学者と実務家による総合的研究団体であるとされる。実際，銀行協会，銀行などの支援が絶大で運営費の多くを会費収入に依存しない稀有な

---

15) 日本金融学会については，主として，学会創立40周年誌（金融学会編［1984］），60周年誌（日本金融学会編［2005］）を参照した。

学会という点において日本保険医学会に類似したが，1970年代半ば頃より会費制懇親会が定着するなど適正化していった。これまた日本保険医学会と同様な動向である。

　年二回（春季，秋季）開催される全国大会では，1951年より共通論題が設定される（図表6.17参照）。1951年より始まる共通論題のテーマを理論的な問題，現実的な問題に大別すれば，圧倒的に後者が多く，それだけに世相を反映しているといえよう。自由化基調の中で，バブルの生成・崩壊，その後の停滞，デフレの長期化を反映しているといえる。1980年以降のテーマをみると，ファイナンス論が顕著に優位であるとはいえないものの，自由論題ではデリバティブの分析，資産選択論，情報の経済学，リスクマネジメントなどが増えてきており，また，学会誌『金融経済研究』第5号ではミラーの寄稿論文（ミラー［1993］）が掲載されるなど，ファイナンス論優位の状況となってくる。

　なお，本学会における保険関係の研究報告については家森［2010］で分析されており，「多くの金融学者が関心を持って，保険学会とは無関係に，『保険』を研究しているというよりは，『保険』を金融面から捉えることに関心のある保険研究者が日本金融学会でも報告しているというのが実態のようである」（家森［2010］p.13）とされる。報告の中身について若干補足すれば，当初の資金運用をテーマとしたものから広がりをみせ，ミクロ経済学を使った需要分析なども行われ，経済学の動向，ファイナンス重視の傾向が概ね反映していると思われる。

　金融の本家本元の本学会がファイナンス優位になってきているものの，もっとファイナンス論に特化したいという要請が強いと思われ，それがファイナンス関連の学会の新設につながったのではないか。本学会が金融危機直後の2009年春季大会で早くも金融危機を共通論題のテーマにしているのが注目される。

③　生活経済学会

　個人（家計）の経済生活の諸問題を市民・生活者の立場から学際的に研究する学会として1985年に設立された。労働者，消費者などとは区別された「生活者」という経済主体を策定し，生活者の経済問題を生活者を取り巻く経済社会システムとの関係において分析することを生活経済学の課題とし，積極的に

図表 6.17　日本金融学会全国大会

年	春秋	テーマ
1980	春	国際通貨をめぐる諸問題
1980	秋	金融構造の変化を伴う諸問題
1981	春	金融政策の現状と今後のあり方
1981	秋	金融構造の変化と制度改革
1982	春	変動相場制の回顧と展望
1982	秋	金融構造の変化と直接および間接金融
1983	春	金融政策の再評価と今後の展望
1983	秋	日本における金融のイノベーション
1984	春	金融の対外的側面
1984	秋	金融構造はどこまで変わるか──主として日・米の現状と展望
1985	春	金融革新と金融政策
1985	秋	金融理論の最近の発展，金融の国際化と金融政策
1986	春	技術革新と金融ファンダメンタルズへの影響
1986	秋	円高基調下での金融政策
1987	春	金融革新と金融システムの安定性
1987	秋	金融の証券化
1988	春	金融グローバリゼーションと金融市場の安定性
1988	秋	金融自由化とリスク管理
1989	春	貨幣とはなにか，金融システムの発展に関連して
1989	秋	金融環境の変化と民間金融機関の役割 業際問題をどう考えるか，金融環境の変化と金融政策
1990	春	「金融大国」日本の課題
1990	秋	資産価格変動と金融政策
1991	春	21世紀の民間金融と公的金融
1991	秋	世界のマネー・フローと資金過不足
1992	春	銀行の公共性と信用秩序
1992	秋	EC通貨統合と国際通貨制度の将来
1993	春	1980年代の金融経済，金融システムの安定性をいかに維持するか
1993	秋	三極体制と国際通貨制度
1994	春	金融システムの健全性とその活性化
1994	秋	アジアの金融改革と日本の金融システム──日本はモデルとなりうるか
1995	春	平成不況──マクロ経済と金融システム
1995	秋	共通論題Ⅰ　国際通貨制度改革と日本の選択 共通論題Ⅱ　中央銀行の独立性
1996	春	金融システムの再構築
1996	秋	共通論題Ⅰ　中央銀行の独立性 共通論題Ⅱ　転換期の金融制度
1997	春	公的金融の課題と展望
1997	秋	日本版ビッグバン
1998	春	金融システムの安定性，信用秩序維持に関連して

5．隣接科学の動向　　249

年	春秋	テーマ
1998	秋	アジアの通貨危機と日本の役割
1999	春	構造不況と金融政策
1999	秋	金融システム不安からの脱却
2000	春	現下のわが国金融政策運営について
2000	秋	金融再編と金融業の未来
2001	春	21世紀の金融制度のアーキテクチャー
2001	秋	21世紀の日本経済と金融
2002	春	地域経済，地域金融の再生
2002	秋	金融システムの変化とコーポレート・ガバナンス
2003	春	デフレと金融市場
2003	秋	日本の金融再生プログラム
2004	春	市場型間接金融の展望
2004	秋	地域金融の多様性と普遍性――新しい地域金融のモデルを求めて
2005	春	新BIS規制をめぐる諸問題
2005	秋	新しい時代に向けた公的金融制度
2006	春	M&Aと企業価値
2006	秋	新たなステージの地域金融
2007	春	量的金融緩和政策を振り返って
2007	秋	市場型間接金融と金融システムの進化
2008	春	金融イノベーション――決済システムの新展開
2008	秋	国際金融市場の変貌とアジア経済
2009	春	クレジット市場と金融危機
2009	秋	世界金融危機後の金融規制
2010	春	世界危機後の企業金融の変貌――日本の金融システムの再構築に向けて
2010	秋	危機下のユーロ
2011	春	アジアの成長と国際的金融規制
2011	秋	東日本大震災後の復興のための金融・資本市場の課題
2012	春	金融危機後の金融規制の新潮流
2012	秋	アジアの成長と日本の金融――アジアを取り巻く金融環境の変化と成長のためのアジア金融システム
2013	春	グローバル金融とガバナンス
2013	秋	1932年日銀国債引き受けはどのようにして始まり，終わったのか？
2014	春	リーマンショックから5年――金融危機は再発するか

（出所）日本金融学会［2005］，学会ホームページより筆者作成。

生活経済学の確立に向けての努力が必要であるとする。本学会では，生活経済学体系化に向けて生活経済学体系化委員会を組織し，その成果が原＝酒井編［1997］『生活経済学入門』である。生活経済学という学問について，1冊の書物としてまとめられているので，これを取り上げてみよう。

同書では，富める国の貧しい生活という日本の状況に対して，生産者第一から生活者中心に価値転換すべきとし，この価値転換にふさわしい新しい学問を構築することが必要であるとして，それを「生活経済学」とする（原＝酒井編[1997]はしがき pp.ii-iii）。そして，生活経済学を学際的な学問領域とし，家政学，厚生経済学，社会政策学の三つが背後から支える流れとする（同 p.iii）。家政学の流れからは，家族の生活を守り，時代の生命を育てることの大切さ，厚生経済学の流れからは，人間生活を多面的に改善するための施策の方針，社会政策学の流れからは，市場の不安定性をチェックし，人間らしい最低限の生活を守ることの必要性が示されるとする（同 p.iii）。この三つの流れの合流によって，新しい生活経済学の構築，体系化を目指している。特に第1章では「生活経済学とは何だろう」として，生活経済学がどういう学問であるかが考察されている。そこでは，GNP 至上主義を問題とし，それは従来の経済学が一人一人を「家計」として労働市場では労働者，消費財市場では消費者，金融市場では貯蓄者として寸断して把握しているためとし，「生活者」という新しい視点でとらえ，金銭的・非金銭的な指標を総合的に考えてゆたかな生活とは何かを多角的に分析する学問が生活経済学であるとする（同 pp.9-10）。そして，生活経済学の源流として，前述の家政学，厚生経済学，社会政策学を指摘する。家政学は，経済学の家計とは異なる家庭を分析対象として生活経済学にとって有効なアプローチを提供し，現代の家庭をめぐる問題として個人化，生涯生活，超高齢化社会を指摘する（同 pp.13-14）。厚生経済学は，通常経済学が対象とする人間が単に損益計算だけを行う「経済人」であるのに対して，感情や夢を持ち習慣に流される「あるがままの人間」を想定しており，この厚生経済学の見解を生活経済学構築の糸口とする（同 pp.14-16）。社会政策学は，市場経済が不安定であるために人間らしい最低限の生活を保障するような施策を考えるにあたって重要であるとする（同 pp.16-17）。こうした流れから構築される生活経済学は，ゆたかさを求める多面的な行動の分析を対象とする（同 p.19）。そのゆたかさは，単に物質的なもののみならず，時間的，空間的，精神的なものを含み，物質的なゆたかさは効率性，時間的ゆたかさは公平性，空間的ゆたかさは安全・安心，精神的ゆたかさは自由の問題に通じるとする。人間のゆたかな生活の意味を考える学問として，生活経済学を考えているようである。

次に，生活経済学の研究について，出版動向でみてみよう。国立情報学研究

所が提供するWebcat Plusを使って「生活経済学」で文献（本）を検索すると，ヒット数は戦前が7，戦後1979年までが2，1980年代7，1990年代9，2000年代10，2010年代2件である[16]。戦前に結構文献がみられたといえるが，戦後は1980年代頃より盛り上がり，学会成立の時代背景にもなっているのであろう。もっとも，学会成立後は学会関連の文献がヒット数に含まれており，生活経済学の研究が必ずしも活発になったとはいえない。いずれにしても，学会成立後に生活経済学分野が盛り上がりをみせたとはいえず，原＝酒井編［1997］は問題提起の書とはいえても，それ自体が生活経済学の体系を示したものではなく，その後も学問体系を示す成果が表れていない。出版動向も含めてこのような状況からは，未だ生活経済学としての体系が構築されていないといわざるを得ない。三つの流れを汲み，社会政策学会などが隣接学会として考えられるが，そのような学会との交流など学際的な展開もみられない。しかし，前述の流れとの関係からは，安全・安心の問題から生活経済学と保険は直接関わるものと推測できる。すなわち，生活保障の面で関連しよう。

　それでは，本学会における保険研究の動向をみるために，学会誌『生活経済学研究』掲載の論文をみてみよう。入手可能な第10巻以降を使って保険関係論文の掲載本数および分野を整理すると図表6.18のとおりである。分野は社会政策学の流れが重視されるだけに社会保険が有力な対象となると思われることから「社会保険」の分野を置き，郵政問題もしばしば取り上げられ簡易生命保険が意識されることおよび預金保険なども問題とされるので社会保険以外の公的保険を意識して「公的保険」の分野を置き，さらに，分析手法の点で本学会の傾向として計量経済学的アプローチが多いので「経済分析」の分野を置き，これらに含まれないものを「その他」とした。したがって，「公的保険」に簡易生命保険を含め，社会保険や公的保険について経済学的に分析される場合は，社会保険，公的保険を優先して分類した。

　生活保障の側面で保険が関わり，生活経済学に密接な学問として保険学を指摘できるが，掲載論文数からはあまり盛んに保険の研究がなされていない。社会保険については，社会保険という次元の論文が1，年金7，医療2，介護1で老後保障としての生活保障が対象の中心を占める。公的保険については，簡

---

16) アクセス日2014年8月5日。

図表6.18 『生活経済学研究』掲載の保険についての論文

発行年月	巻	社会保険	公的保険	経済分析	その他	計
1994.12	10	1	1			2
1995.12	11					0
1996.12	12			1		1
1998.2	13	1		1		2
1999.1	14	1				1
2000.2	15			2		2
2001.3	16	2				2
2002.3	17					0
2003.3	18					0
2004.3	19		1			1
2004.9	20	1				1
2005.3	21		1			1
2006.3	22, 23			1		1
2006.9	24					0
2007.3	25					0
2007.9	26					0
2008.3	27					0
2008.9	28					0
2009.3	29					0
2009.9	30					0
2010.3	31					0
2010.9	32	1				1
2011.3	33	1			1	2
2011.9	34					0
2012.3	35	1		1	1	3
2012.9	36			2		2
2013.3	37	1		1	2	4
2013.9	38			1		1
2014.3	39	1				1
計		11	3	10	4	28

(出所) 筆者作成。

易生命保険1，預金保険2である。経済分析には，保険と広告の分析や生命保険に関するものがみられた。全体を通じて，損害保険に関わるものがないのが注目される。また，他学会における保険研究と異なり，社会保険・社会保障関連の研究，金融との関係からの預金保険の分析など，日本保険学会に所属する保険研究者以外による研究がみられる。自由化との関係では，自由化によって生活保障をいかに主体的に組み立てるかという点から，私的保障と公的保障の

関係の視点で考察するものがみられる。

　こうした保険研究にも示唆されるように，社会保障，金融，保険関連の研究者が多く含まれる学際的な学会といえる。ただし，共同成果のような研究はみられず，研究の中身については学際的とは言い難い。また，リスクとの関わりも薄い。

　④　日本リスク研究学会
　アメリカに本部を持つ国際的なリスクについての学術団体SPA（The Society for Risk Analysis, リスク分析学会, 1980年設立）の Japan Section として1988年に発足した。SPAは健康，安全，環境へのリスク問題を個別学問分野を超えて学際的な展望のもとで取り扱おうとする人々により設立されたが，高度産業技術社会を迎えて学際的でかつ国際的な視野を持ったリスク分析とリスク管理の必要性がわが国でも認識されてきたとする。関連研究分野におけるリスク研究の相互理解と協力を促進し，これまでの国際交流をさらに継続発展させ，国際的な連携を深めるというのが本学会の設立趣旨とする。防災科学，公衆衛生，環境医学，環境工学，放射線科学，保健学，社会心理学，災害心理学，経営学など個別分野における「安全の科学」を踏まえて発展した総合的政策科学としての「リスク学」の成果を体系的に紹介したとする『リスク学事典』（日本リスク研究学会編［2006, 2008］）を発行している。同事典は，「アカデミックであり，かつ体系的な分野構成がなされ，そのどの分野を読んでも統一的・共通の枠組みを意識して解説が施されているリスク学の事典」（日本リスク研究学会編［2000］p.i）の構想に基づく，分野別項目事典である[17]。「リスク学」という新たな学問を興しているのが注目される。なお，リスクマネジャーの養成，認定も行っている点で，日本リスクマネジメント学会に類似している。

　学会誌投稿方法によれば，投稿する原稿内容の分野を「リスク学全般」，「環境・健康リスク」，「災害リスク」，「工学リスク」，「経済学・保険リスク」，「リスク認知とコミュニケーション」，「リスク分析・評価の方法」，「リスクマネジメントとリスク政策」のいずれから一つ選択することとしている（日本リス

---

17) 同事典では，「国内に類似のリスク学事典はいまだ存在しない」（同 p.ii）としているが，金融機関のリスクマネジメントに限定されるものの包括的にリスクを扱う『危機管理事典』（危機管理事典編集員会編［1995］）が1995年に発行されている。

研究学会誌編集委員会［2006］p.96)。これらの分野に本学会が総合政策科学としてのリスク学を指向していることが反映しているといえよう。こうした様々な分野について，それぞれの分野からの研究がどれほどあるか学会誌を使って分析してみよう。

　上記八分野は学会誌投稿の際の規定であるので，その点から学会誌の分析において一つの有力な基準といえるが，たとえば，環境リスクを題材にリスク評価を行っている場合，「環境・健康リスク」に分けられるのか，「リスク分析・評価の方法」に分けられるのかの判断が困難である。よりどちらに力点が置かれているのかで判断するのであろうが，判断が困難な場合があり，しかも，自然科学，医学など社会科学とは異なる知識を求められることが多い。もとより筆者にはそのような素養がないので，ここでの種類分けはかなり便宜的なものとならざるを得ない。ただし，「経済学・保険リスク」への区分は多少予備知識があるので，ある程度精度が高い分類ができているだろう。ここでの目的は自由化の影響をみることであるから，ファイナンス系の分析がどの程度反映しているかという点が重要である。その点からは，「経済学・保険リスク」への分類を通じて，ある程度把握することが可能であろう。いま，以上のような点を勘案しながら図表6.19をみると，次のとおりである。

　ファイナンス論を意識した視点からは，時期的な面を含めて特に偏りがみられず，様々な分野からの考察が行われており，正に本学会の特徴が反映しているかのようである。ただし，先に取り上げた総合政策科学を指向した関連科学に「保健学」はあっても「保険学」はないにもかかわらず，投稿分野に「経済学・保険リスク」として「保険」が入っているのが注目される。この分野についても，これといった傾向を指摘できないが，内容に立ち入ると，ファイナンス的なアプローチによる保険関係の論文がみられ，この点においてファイナンス論の影響が見て取れるといえよう。しかも執筆者は日本保険学会員であることから，本学会における保険関係の研究は日本金融学会と同様といえよう。また，本学会の分析の多くは計量的なものが多く，その点でもファイナンス論と親和的である点を指摘しておく必要があろう。さらに，内容面でもう一点指摘したい。

　しばしば，リスク概念の不一致について指摘されていることである[18]。第12巻第2号は「リスク概念の進化を探る」という特集を組んでいるが，未だ

5．隣接科学の動向

図表6.19 『日本リスク研究学会誌』の分野別論文数

	号	リスク学全般	環境・健康リスク	災害リスク	工学リスク	経済学・保険リスク	リスク認知とコミュニケーション	リスク分析・評価の方法	リスクマネジメントとリスク政策	その他	計	特集
1989.9	1(1)		4	1		2	2	2	1		12	
1990.9	2(1)		4	2	1			5	1		13	
1991.10	3(1)	1	2			2	2	4	2	1	14	廃棄物問題のリスク
1992.11	4(1)	3	1			4	1	5	1		15	リスク学のアプローチ
1993.9	5(1)	5	8	3		1	2	8	3	1	31	
1994.3	5(2)	2	5	1				3	2		13	
1994.12	6(1)	1					9	5			16	阪神淡路大震災リスク問題について
1995.12	7(1)	1	1			3	7			2	14	
1996.6	7(2)			10		1			1		12	環境に起因する健康リスク対策のあり方
1997.3	8(1)		3				3	4	9	1	18	SPRハワイ共同年次学会論文集（英文）
1997.11	8(2)			1		4	5	3	2		18	
1997.12	9(1)	1	2	1		1	7	1	3	1	17	10周年記念シンポジウム
1998.12	10(1)	2	3				3	1	1		11	
1999.11	11(1)	1	4				1	1			8	
2000.6	12(1)		1			1	3	1	4	2	12	シンポジウム――リスク概念の進化を探る
2001.1	12(2)	5	1			1		3	2	1	13	
2001.12	13(1)	1				1	2	3	2		9	
2002.6	13(2)		4			2	3	3	9		18	シンポジウム「食の安全とリスクへの対応」
2002.12	14(1)			1		1	3	5	2		16	
2003.11	14(2)		5				2	2		1	10	シンポジウム――遺伝子組換え食品から食の安全性を考える
2004.11	15(1)	2	1				2	2	1		8	

256　第6章　保険学の現状

号	リスク学全般	環境・健康リスク	災害リスク	工学リスク	経済学・保険リスク	リスク認知とコミュニケーション	リスク分析・評価の方法	リスクマネジメントとリスク政策	その他	計	特集
2005.7 15(2)	1	2	3				2			8	シンポジウム「大都市における総合的な災害リスクマネジメントを考える」
2006.3 16(1)	1	4			1	1	1	1		9	シンポジウム「ダイオキシン類等のリスク評価を考える：最新のエビデンスから」
2006.12 16(2)			1			2	1	1		5	シンポジウム「廃棄物処理と住民参加型リスクマネジメント」
2007.3 17(1)		7			1	5	1	2	2	18	シンポジウム「科学物質による内分泌かく乱作用のメカニズム」
2007.9 17(2)		2	1		1	1	9	1		15	
2008.3 17(3)	1	1	6			4	3			15	第19回研究発表企画セッション「災害リスクのガバナンス」
2008.8 18(1)	1				1	6			5	16	第20回春期講演シンポジウム「安全安心のまちづくりと参加型リスクマネジメント」
2008.12 18(2)	1	1			1	4		1		8	リスク概念に基づくアプローチを阻害するものは何か—第2回横幹連合総合シンポジウムでの日本リスク研究学会企画セッション
2009.3 19(1)	2	1				3	2	1		9	
2009.7 19(2)	1	1				3	2			7	
2009.10 19(3)	2	4	1			2		1	1	11	第22回シンポジウム「リスクガバナンスを支える情報共有プラットフォーム現状と課題—環境、防災、化学物質を中心に—」
2009.12 19(4)		1			2	4	1	1		9	
2010.3 20(1)	3	2			1					6	
2010.7 20(2)						1	4		1	6	
2010.10 20(3)	1	2				2	2			7	

5．隣接科学の動向

	リスク学全般	環境・健康リスク	災害リスク	工学リスク	経済学・保険リスク	リスク認知とコミュニケーション	リスク分析・評価の方法	リスクマネジメントとリスク政策	その他	計	特集
2010.12	20(4)	1	2			1	2	2			8	
2011 春	21(1)		1	1		1		2			5	
2011 夏	21(2)	1	2				1	3			7	
2011 秋	21(3)		4	1			2	1		1	8	
2011 冬	21(4)	4		1				3		1	9	
2012 春	22(1)		1	1		1	1			1	5	
2012 夏	22(2)	2	1	1			1	1			6	
2012 秋	22(3)		2				1			2	5	
2012 冬	22(4)		1	1			3	1			6	【特集1】多様な視点からのリスク研究、【特集2】大震災前後でリスクコミュニケーションはどう変わったか
2013 春	23(1)	1					3		1	1	6	
2013 夏	23(2)		2				1	1	3	1	8	
2013 秋	23(3)	1	1				1	5		2	10	
2013 冬	23(4)	1	1				1	1		1	5	
2014 春	24(1)	4		1			1			3	9	【特集】学会におけるリスク人材育成──リスクマネジャ制度の今後
計		54	99	44	1	37	113	105	59	32	544	

(注) 研究短信は除いた。
(出所) 筆者作成。

一致をみていないようである。様々な分野からの考察は同時に，様々なリスクへのアプローチでもあるので，互いがどう関係するのかが重要である。それにもかかわらず，必ずしも互いの関係が明確ではなく，リスク概念の不一致に「リスク学」が十分体系化されていないことが示唆されている。こうした問題はあるものの，ファイナンスとは異なる文脈でのリスク学志向は，リスクに関わる研究動向として大いに注目される。

⑤ 日本ファイナンス学会

本学会は，1993年に設立された。1991年ノーベル経済学賞をマーコヴィツ，シャープ，ミラーのファイナンス研究の学問的基礎づけに貢献した研究者が受賞したことにより，ファイナンス研究が経済学の重要な研究領域として広く認知されたとする。こうした状況において，日本におけるファイナンス研究の飛躍的発展に資する全国的な学会組織を創設する機会がきているとして設立された。ファイナンシャル・エコノミクス（金融経済学）の分野で理論，実証，応用研究を行い，最新の研究成果の発表と議論の場を設けることにより，わが国ファイナンス研究の推進母体になることを活動目的とする。

特別賛助会員をみると，証券取引所，証券会社，信託銀行，投信顧問会社などで保険会社はみられない。学会誌としては『現代ファイナンス』，International Review of Finance がある。前者は1997年3月創刊でMPTフォーラム[19]と共同で刊行されている。後者は Asian Finance Association と共同で発行する研究雑誌で2000年3月に創刊した。1997年大会以来の予稿集も発行されている。『現代ファイナンス』の分析を通じて，研究動向を考察しよう。

同誌所収の論文のテーマを次の基準で分類する。すなわち，「保険」，「株式市場」，「債券市場」，「為替市場」，「投資信託」，「デリバティブ」，「分析」，「リスク」，「システム」，「その他」である。「保険」には年金も含める。「株式市場」，

---

18) たとえば，木下 [1992]，加藤＝才津 [1997]，山本ほか [2004]，田村 [2009] を参照されたい。

19) 1989年に金融機関を中核とする法人28社とファイナンス学者有志によって結成された「MPT応用研究部会」に，1992年より東洋経済新報社が参加して「MPTフォーラム」として新発足した。米国において発展したモダン・ポートフォリオ理論（Modern Portfolio Theory, MPT）の研究と実践面の応用を目的とした組織である。

「債券市場」,「為替市場」,「投資信託」,「デリバティブ」は各市場についてばかりではなく,運用対象としての分析も含む。「分析」には,ポートフォリオ分析,複数市場に及ぶ時系列分析や単一市場に対するものであっても分析手法の方に主眼のあるもの,アセット・プライシング,コーポレート・ファイナンス,コーポレート・ガバナンスなど各種の分析を含める。「リスク」はリスクの計量などリスクマネジメントや不確実性に関わる考察を指す。「システム」は制度論的な分析を指す。また,「債券市場」には転換社債など普通債以外の債券（債券市場）も含める。「分析」の範囲が広すぎるきらいはあるが,市場に直接関連するもの,制度論的なものの把握にメリハリをつけることを重視した基準である。

図表6.20をみると,各種分析を「分析」としてしまったのでこれが全体の約4割を占める。発行直後は各種分析よりも,特定の市場や金融商品に対する分析が多かったが,株式・株式市場に関する分析はその後もコンスタントに行われているものの,全体的には各種の分析が増えていった。

予想していたよりも株式が多く,デリバティブが少なかった。金融イノベーションの象徴といえるオプションや最近流行りのリアルオプションから,もっと多くのデリバティブに関する分析が行われていると予想していた。また,リスク重視の傾向により「リスク」に関わるもの,特に信用リスクなどを含めて2000年代になると多くなるのではないかと予想していたが,これもそうではなかった。自由化の起点となり,日本金融学会では取り上げられることの多い為替に関するものがほとんどなかったのも意外であった。保険に関するものは,変額年金保険,確定拠出年金といずれも年金に関わるもので3本しかなかった。

「分析」に分類したものには,IR活動と株式市場といった「情報」に関わるものもみられるが,市場ということでは株式市場に関係し,このようなものも含めると,全体的にはやや株式市場に偏っていると思われる。最も注目される市場に関する分析が多いということであろうか。株式市場に関わる分析は効率性向上などに貢献し,その点で社会経済的意義があるのかもしれないが,全体的には社会経済的意義をあまり感じられない。リーマン・ショックに対する反応が鈍く,第18回大会（2010年5月22, 23日開催）において金融危機に関わる報告が70報告中3しかない状況をみると,本学会の社会経済的意義に疑問

図表 6.20 『現代ファイナンス』の分野別論文数

発行年月	号	保険	株式市場	債券市場	為替市場	投資信託	デリバティブ	分析	リスク	システム	その他	計
1997.3	1		1	1	1							5
1997.9	2		1	3			2			1	1	5
1998.3	3		1					1	1	1		4
1998.9	4			1		1		1		1		4
1999.3	5		1				1	1			1	6
1999.9	6		1					4				3
2000.3	7							2				3
2000.9	8		2	1				4	1			5
2001.3	9							2				4
2001.9	10		1					2				4
2002.3	11							2				3
2002.9	12		2				1	2				3
2003.3	13							1				3
2003.9	14	1	3					1				3
2004.3	15		1				1	1				3
2004.9	16		2	1			1	1				4
2005.3	17		2				1	4				3
2005.9	18			1	1		2		1	1		5
2006.3	19			1			1	1	1			7
2006.9	20		1					3	1			4
2007.3	21			1			1	4				3
2007.9	22		1					1				4
2008.3	23		4	1				1				7
2008.9	24		1						1	1		6
2009.3	25	1	2					2				3
2009.9	26	1						3				3
2010.3	27											4
2010.9	28		1									4
計		3	28	10	2	1	12	47	6	5	2	116

(出所) 筆者作成。

が呈せられないだろうか[20]。ファイナンス論，金融工学という学問自体が厳しい批判にさらされていることに対する反応が鈍くないだろうか。前述の日本金融学会の反応との差が目立つ。

　また，ファイナンスの本家本元といえる本学会において，保険と金融の融合に関わるテーマが全くみられないことも特筆される。特に，日本アクチュアリー会の状況と比較すると，大変興味深い。リスクに関する分析が少ないことも，保険との接点を少なくしているのだろう。そして，保険のみならず学際的な展開がみられないことが特筆される。ファイナンス・ブームに乗って，大手を振って学問として資金運用収益を追求しているということであろうか。結局，本学会は資金運用に関心があるようである。

⑥　日本金融・証券計量・工学学会（The Japanese Association of Financial Econometrics and Engineering，JAFEE，ジャフィー）

　本学会は，ファイナンシャル・エンジニアリング，インベストメント・テクノロジー，クウォンツ，理財工学，ポートフォリオ計量分析，ALM（Asset Liability Management），アセット・アロケーション，派生証券分析，ファンダメンタルズ分析などの領域に関係する産官学の研究・分析者が，それぞれの立場から個人ベースでリベラルな相互交流のできる場を形成し，それを通じてこの領域を学術的領域として一層発展させ，国際的水準に高めるために設立された。

　評議員を原則として学術関係者10名，産業界および官界から10名選出して産学官のバランスがとれた組織運営を指向し，実務関係者が個人会員全体の5割以上を占める。これは，学術関係者主導の学会からは生まれにくい新しい発想の提案や有益な意見交換のためとされ，産官学のバランス，実務家の積極参加が重視されるところに特徴がある。

　学会誌は和文ジャーナルと英文ジャーナルがある。和文ジャーナルは『ジャフィー・ジャーナル』と呼ばれるが，単行本として出版されている（図表6.21参照）。

---

[20] 2009年度第17回大会は2009年5月9，10日に開催され，63報告中金融危機に関わるものは一つもなかった。

図表 6.21　ジャフィー・ジャーナル

発行年月	タイトル
1995.9	金融・証券投資戦略の新展開
1998.3	リスク管理と金融証券投資戦略
1999.12	金融技術とリスク管理の新展開
2001.7	金融工学と新展開
2003.6	金融工学と資本市場の計量分析
2006.8	金融工学と証券市場の計量分析
2008.3	非流動性資産の価格付けとリアルオプション
2009.3	ベイズ統計学とファイナンス
2010.3	定量的信用リスク評価とその応用
2011.4	バリュエーション
2012.3	市場構造分析と新たな資産運用手法
2013.4	実証ファイナンスとクオンツ運用
2014.4	リスクマネジメント

(出所) 筆者作成。

　第1巻 (森棟＝刈屋 [1995])[21] では,「自由化, 国際化の中で銀行・証券・年金・保険・信託などの資金運用にからむ国際環境は厳しく, 新しい金融的技術や分析手法への需要はいっそう大きくなっている。本書の内容は, それぞれの分野で実際の投資や資産運用の意思決定の基礎研究となるものであり, 今後これらの分野のいっそうの発展を促すものと信じる」(森棟＝刈屋 [1995] はしがき pp.i-ii) と実務との関係が強調される。テーマとしては, 第1巻はかなり資産運用に直結するものが多かったが, その後は確率過程論, 計量経済学, 数理統計学, 数理計画法など様々なものが掲載されている。

　和文ジャーナル第4巻 (高橋編 [2001]) で,「ジャフィー (日本金融・証券計量・工学学会) は1993年に設立されて以来, 少なくとも年2回の国内大会と国際大会や, フォーラム等を通じてわが国における金融工学の発展と普及に努めてきております」(高橋編 [2001] はしがき p.i) とされているように, 端的にいうと金融工学の学会といえよう。

　保険に関わる論文は, 次の三つである。

---

21) 第1巻には学会長 (刈屋武昭) によるジャフィーとジャフィー・ジャーナルについての紹介が掲載されている。

刈屋武昭［2001］,「信用リスクと保険リスクを合わせた統合ポートフォリオの有効性：バンカシュランスの理論的妥当性」第4巻.
江本麗行［2008］,「期待効用理論による気温オプションの価格付けと電力とガス事業者間のリスクスワップ取引への応用」第7巻.
山田雄二［2008］,「風速予測誤差に基づく風力デリバティブの最適化設計」第7巻.

　実務や海外との関係は重視されるものの，他の学会との学際的な関係はあまりみられない．なお，リーマン・ショック直後の第30回大会（2009年1月29, 30日開催）において，早くも会長企画特別セッションとして「サブプライム問題と金融工学」という講演が行われている．日本ファイナンス学会と対照的な反応である．

⑦　法と経済学会

　本学会は,「法と経済学」に関する理論及びその応用についての研究発表,知識の交換,会員相互及び内外の関連学会との連携共同を行うことにより,「法と経済学」の進歩・普及を図り学術的な発展に寄与することを目的として，2003年2月に設立された．アメリカでは，民事法，刑事法，公法を問わず，法の経済効果を主としてミクロ経済学の手法を活用して分析する「法と経済学」が発達し，現実の裁判実務や立法に具体的な影響を及ぼすことも多くみられるのに対して，わが国ではこの分野の成果が蓄積されつつあるが一部の領域に留まり，その方法論が法学界，経済学界において共有されているとは言い難いとされる．このような状況の打破が，本学会設立の主たる理由のようである．

　学会誌は『法と経済学研究』である．電子ジャーナルとしてインターネット上で公開されており，現在まで印刷物としては刊行されていない．全国大会における研究発表論文も「梗概集」としてHPで公開されており，インターネットによる情報提供が充実している．「梗概集」により保険関係の研究報告を調べてみると，第1回全国大会（学術講演会）（2003年度）なし，第2回全国大会（2004年度）1件（Optimal Liability Rule under Moral Hazard），第3回全国大会（2005年度）なし，第4回全国大会（2006年度）1件（介護保険制度の帰着分析），第5回全国大会（2007年度）なし，第6回全国大会（2008年度）1件（就業変動と社会保険の非加入行動の関係），第7回全国大会（2009年度）なし，第8回全国大会（2010年度）なし，と例外的にしか行われていない．保険業法の改

正や保険法の独立など法の動きが激しいといえる保険分野ではあるが，あまり考察の対象とはなっていないようである。もっとも，保険のみならず金融分野全般に法改正の動きが激しかったといえるが，そのような動向と本学会の動向とにあまり関係はないようなので，実際の法の動きと本学会の動向に関係がみられないのは，保険分野に限らない本学会の一般的傾向であるのかもしれない。

この点について図表6.22で全国大会のパネルディスカッションのテーマをみると，会社法，金融取引法などが登場せず，法改正の動きに本学会の関心はあまりないようである。本学会の設立趣意書において，法の社会的・経済的影響を広く，正確に分析することは立法や法解釈の精度を高め，法の機能を高める上で意義を持つとされているが，新法の制定にほとんど関心がないような本学会の姿勢は，この設立趣意とどう整合性がとられるのであろうか。

そもそも本学会と同様なアメリカの学会は，1991年設立のLaw and Economics Associationである。1970年代以降アメリカのロースクールで法と経済

図表6.22 法と経済学会のパネルディスカッションのテーマ

年度	イベント名	パネルディスカッション
2002	設立記念シンポジウム	法と経済学の展望
2003	第1回全国大会	司法改革の中での法実務の展望
		構造改革特区の法と経済学
2004	第2回全国大会	刑事法と経済学の接点
		競売の法と経済学
2005	第3回全国大会	法曹の素養としての法と経済学の可能性
2006	第4回全国大会	敵対的買収に関する法学者と経済学者のパネルディスカッション
2007	第5回全国大会	信託法改正を踏まえた信託の新展開——新リバースモーゲージを中心に
		法律問題にどのような経済分析が有効か
2008	第6回全国大会	民による行政（民営化・市場化テスト等を中心に）
2009	第7回全国大会	「法と経済学」教育をめぐって
2010	第8回全国大会	独禁法と競争政策の法と経済学
2011	第9回全国大会	日本の電力産業とエネルギー政策の将来——法と経済学からの視点
2012	第10回全国大会	オリンパス問題と日本のコーポレートガバナンス
		防災と財産権のコントロール
2013	第11回全国大会	法と経済学で，今後どのような研究テーマが重要か
2014	第12回全国大会	雇用法制の法と経済学——限定正社員を考える
		流通市場における不実開示に関する法規制

（出所）学会ホームページにより，筆者作成。

学の教育プログラムが設けられるようになった。シカゴ大学ロースクールの機関紙に掲載された Coase［1960］などを先駆的業績とするシカゴ学派的色彩の強い学問分野である。シカゴ学派的な新自由主義的な指向が強い学会と思われ，そのため規制緩和の論議に積極的なのであろう。本学会も基本的に同様であると思われるが，新自由主義的なファイナンス論を使った金融関係法に関する研究がみられないのが不思議である。本学会の設立時期を考えると，本学会も直接的にはロースクール設立に伴い設立されたという面があり，それが強いためであろうか。なお，本学会では，先にみたように保険に関する分析は少ないが，保険学サイドでは，保険業法の改正，保険法の制定に関わり法と経済学のアプローチがみられ，この点で新自由主義的な影響が出ているといえよう。

6. 保険学の現状

　以上の各学会についての考察から，次のことがいえよう。自由化によって自己責任が求められ，リスクが重要となる社会への変化，それはまた米国化，金融化という社会の変化でもあり，新自由主義的なファイナンス論が優位になる変化であった。その変化に対して，流れに乗っている学会，乗っていない学会，流れに乗って新たに設立された学会に分けることができよう。保険に直接的に関連する学会では，日本アクチュアリー会，ジャリップは大きな影響を受け，この流れに乗っているといえ，特にジャリップはファイナンスの申し子といえるだろう。日本保険医学会は自由化の影響を危険選択の面から受けてはいるが，医学がベースにあるため，考察の方法や中身はファイナンス論の影響をあまり受けていない。日本リスクマネジメント学会は，意図的に米国化・金融化に抗うという点で影響を受けているといえよう。そして，リスクの社会化という形でリスクを認識することでリスク観を進展させている。保険に間接的に関連する学会では，ファイナンスの本家本元といえる日本金融学会にはそれなりの影響がみられるが，考察範囲の広さもあって，もっと直接的にファイナンスに関わる学会が必要とされ，日本ファイナンス学会やジャフィーの設立をみたのであろう。もちろん，両者はファイナンスの申し子といえるだろう。法と経済学会も，この分野自体の登場は新自由主義と密接な関連を有するが，学会設立自体は法科大学院と関係しているため，ファイナンス関係の成果があまり発

揮されていない。日本リスク研究学会は，方法論的にファイナンス論と親和的であるものの，自然科学や医学をベースとするところから独自の世界が広がっているが，リスク重視ということで他分野との接点を有する。そのリスク重視はリスク学構築を目指すほどのものであるが，リスク研究の先行研究から学ぶ姿勢に乏しく，それが一因ともなり，学際的展開もない。社会政策学会は，反新自由主義的という点で新自由主義と最も関わるといっても過言ではないが，自らを学際的な学会であるとするものの，その実閉鎖的で，反対の立場との論争もない。生活経済学会は，生活者の視点からファイナンス，リスクなどを介して既存の学会との関わりを有するという点で最も学際的といっても過言ではないが，未だ生活経済学が体系化されず，学際的な展開がみられない。

　各学会と保険との関わりでは，散発的にしか保険の考察がみられない学会が多いが，傾向として，リスクが重視されるため，保険がリスクマネジメント手段の一つとされ，リスク処理の次元あるいは資金の流れでリスク処理を行っているという金融の次元で把握され，保険と金融を同質的に，保険をより一般的に考察するようになっている。これは，リスクマネジメント手段の一手段とすることで保険を相対化し，保険と金融の同質性を重視し，そのことによって一般的な方法による研究を指向するという意味で保険研究の一般性を指向しているといえる。自由化によって各業態間の垣根が低くなってきていることと整合的でもある。まさに，自由化によってもたらされた保険研究の傾向といえよう。

　リスク重視ということでは各学会は収斂しつつあるといえるものの学際的な展開はみられず，リスク概念の一致さえ見込めないが，保険研究に関しては，保険の相対化，保険と金融の同質性重視，保険分析の一般性指向を指摘できる。リスクが今や学際的な概念となってきたにもかかわらず学際的な研究がみられないのは，リスクをめぐる研究，各学会の動向として好ましくないというに留まらず，リスクの先行研究分野である保険学無視を意味する点が重要である。また，保険分析の一般性指向は保険・保険学の没個性化をもたらし，保険学の衰退となって表れているのではないか。先の保険教育の考察も加えて，本章の考察から，保険教育，保険研究いずれの面からも，保険学の厳しい状況が浮かび上がってくる。

第7章

保険学の課題

　リスクが重要となってきており，リスク学の構築まで試みられるほどになっている。しかし，こうした試みでも保険学は軽視されている。ここでは，2007年に出版された『リスク学入門』シリーズ（全5巻，橘木ほか編［2007］，橘木編［2007］，長谷部編［2007］，今田編［2007］，益永編［2007］）を取り上げて，この点を確認しよう。

　同シリーズでは，「リスク社会」がキー・ワードとされ，リスクに対してこれまでの学問の枠組みではない新たな学際的対応が求められるとし，リスク研究の体系化＝リスク学の構築が必要であるとする。同シリーズは，個別的なリスク論の蓄積を整理し，将来のリスク学構築に備えた試みを企図して編まれたとされる（橘木ほか編［2007］刊行にあたってp.vi）。第1巻はいわば総論でリスク社会の特質と管理の方向性が示され，第2〜5巻は各論としてリスク研究の先進分野であり蓄積もあるとする経済分野と科学技術分野を取り上げ，それらの他に法律分野や社会生活分野も取り上げる。かくして，総論の第1巻は『リスク学とは何か』，第2〜5巻は，第2巻『経済からみたリスク』，第3巻『法律からみたリスク』，第4巻『社会生活からみたリスク』，第5巻『科学技術からみたリスク』となっている。「リスク社会」という用語は，かなり学術的な深い意味を持った用語といえよう。しかし，専門知識のない一般の人々が「リスク社会」と聞いても違和感なく受け入れることができるほど，現代社会はリスクが溢れる社会になってきた。学問としては，単に経済主体がいかに効率的・効果的にリスクに対処するかといった既存のリスクマネジメント論の延長線上では考察しきれない，社会の有り様を問いかける視角が必要と思われる。したがって，現代社会において極めて重要となってきたリスクに対して，リスク学を構築するという目的意識は，まことに時宜に適ったものである。

　リスク社会化に伴いリスクがいろいろな分野で重要となってきたので，これ

まで蓄積されてきた研究の整理をしようというのが同シリーズの内容である。まずは体系化に向けた既存の研究の整理を通じて，土台を作ろうという意図であろう。このような同シリーズの内容や意図は，十分理解できる。しかし，疑問に思うのは，既存の研究の整理を行うに当たって，リスク研究の最先進分野である保険学が無視されていることである。保険が同シリーズで先進分野とされる経済分野に含まれているのかといえば，そうでもない。それでいて，要所に保険に関する記述がみられるのである。図表 7-1 は，同シリーズにおいて保険に関する記述の占める割合をみたものであるが，全体で 15.4％と改めてリスクと保険との密接な関係を確認できる。同シリーズのテーマからいえば，リスクに関する先行研究において，最有力分野といえる保険学から保険研究者が編者に入ってもよいぐらいであるが，それはともかくとして，同シリーズで保険学の成果がほとんど無視されているのである。それは，第 1 巻の社会保険に関する論述で，保険学無視の情報の経済学に依拠した社会保険論が展開されていることに象徴される（第 1 巻 pp.119-121）。

前章でみた保険教育の状況，隣接科学との関係，そしてこの『リスク学入門』における保険学の扱いをみると，保険学の衰退，孤立が心配される。伝統的保険学が保険学の孤立をもたらしたとし，その反省からその後保険研究の一般性

図表 7.1　『リスク学入門』の保険考察

	総頁数	保険関連の記述の頁数	割合（％）
第 1 巻　リスク学とは何か	189	39	20.6％
第 2 巻　経済からみたリスク	178	69	38.8％
第 3 巻　法律からみたリスク	171	21	12.3％
第 4 巻　社会生活からみたリスク	155	1	0.6％
第 5 巻　科学技術からみたリスク	168	3	1.8％
計	861	133	15.4％

（リスク学入門シリーズ）
橘木俊詔＝長谷部恭男＝今田高俊＝益永茂樹編［2007］,『リスク学とは何か』（リスク学入門 1）岩波書店.
橘木俊詔編［2007］,『経済からみたリスク』（リスク学入門 2）岩波書店.
長谷部恭男編［2007］,『法律からみたリスク』（リスク学入門 3）岩波書店.
今田高俊編［2007］,『社会生活からみたリスク』（リスク学入門 4）岩波書店.
益永茂樹編［2007］,『科学技術からみたリスク』（リスク学入門 5）岩波書店.
（出所）筆者作成.

第 7 章　保険学の課題　　　　　　　　　269

が追求されたと思われるが，事態は改善していないようである。その理由はなんであろうか。

　石田重森は，保険研究の動向に対して次のように批判する（石田［1998］）。
（1）経済学をはじめ他の分野の理論を安易に援用して，保険を分析したり論及しようとする風潮がある。
（2）既存の文献・書物に出てくることを一通り網羅し，全般的に記述してあるが，表層的で理論探求の奥深さがみられぬことがままある。逆に，保険について多角的・多面的に論及してある文献から部分的に抽出し，全体像を把握し，全体構成との関連の中で論及すべきところを一部分だけ取り上げて論及している場合がある。
（3）保険に関する実務的な事柄や実際的な諸現象を単に叙述したり，記述するだけに終始している場合がある。
（4）諸外国の保険事情をあれこれ紹介することに終始し，それを日本にどう適用するか，日本の場合はどうかなどに触れないで終わる研究がみられる。
（5）やたら難解な特殊用語や特殊分析を用いて論述した研究論文などがみられる。

　特に（1）に関連して，具体例として市場取引における情報の非対称性を用いた保険市場分析やリスクマネジメントの一つの領域ないしは一手段としての保険の把握を指摘し，批判している。石田［2007］においても，保険金不払問題に関連させて情報の経済学による保険分析を批判している。必ずしも一般性指向の保険研究だけに向けられた批判ではないが，一般性を重視した分析全般に当てはまる鋭い批判といえるのではないか。一般性と特殊性の議論に引きつけると，伝統的保険学に対する批判的な研究動向がいつしか過度な一般性指向となっているのではないか。それは，保険と金融の錯綜ともいえる現象に対する，過度な両者の同質性を重視した融合の議論や安易な最新の理論の適用である。こうした傾向は，私的保険，公的保険という分類で考えると，私的保険ばかりが考察され，公的保険がなおざりにされている状況をもたらしている。一般性と特殊性，私的保険と公的保険，こうした切り口で把握できるバランスが崩れているのではないか。保険と金融の錯綜現象から，何を保険とするか保険の本質を問うことが必要になっているにもかかわらず，保険本質論批判が行き

過ぎて，わが国保険学界は保険本質論アレルギー体質といった状況になっているのではないか。先の佐波，水島の批判にあるように，様々な学説を一々取り上げたり，各自の定義を求めるような保険本質論は無用であろうが，リスクが重視される世の中にあるからこそ，リスクに密接な学問である保険学が，保険の本質・独自性をどこに求めるかは重要なことではないか。本質論アレルギーの過度な一般性指向が，学問分野における保険分野の削減という危機的状況をもたらしていないだろうか。現在の危機的状況を脱するためには，一般性と特殊性の議論を軸にしながら，保険学のアイデンティティをどこに求めるかを考えることが肝要であると考える。

米山［2013］は保険学のアイデンティティという点でも，水島一也の水島保険学を高く評価する。すなわち，ドイツを中心とするヨーロッパで確立した学問としての保険論を輸入して商学の一分野として確立したわが国の保険論（保険学）に対して，「保険経済学という立場から，保険論としてのアイデンティティを保険学者に知らしめたのが水島保険学ではなかろうか」（米山［2013］p.28）とする。しかし，水島保険学が無効になったわけではないが，新しい現状分析のためには，新しい分析手法が必要とされるようになり，Harrington = Niehaus［2004］を高く評価する（同 pp.28-30）。同書が，「リスク概念を通して統計学と交流し，価格形成理論および需要理論を通して新古典派経済学との共通言語を獲得し，またコーポレートファイナンス論に基づくリスクマネジメントに関する基礎的な考え方を明らかにし」，「さらに『リスク概念』，『公正保険料』，『保険需要の理論』，『期待効用仮説とリスクプレミアムの発生』，『リスクの保険可能性』など，保険の仕組みを理解する上で必要な概念を明らかにしており，新しい時代の保険を理解するための基礎理論として必要な要素を備えている」（同 p.30）からである。こうして，今後の保険学の方向性として，リスクを重視すべきとする。

リスク重視の保険学は，保険学の再生を目指している。保険学の再生が求められる状況でそれを目指す保険学の登場は，大変心強いことである。リスク重視の保険学の分野では，先にみた箸方［2003］の問題意識に沿うように，Harrington = Niehaus［2004］（米山 = 箸方監訳［2005］），Doherty［2000］（森平 = 米山監訳［2012］）が翻訳され，テキスト（下和田編［2014］）[1]が発行されている。下和田編［2014］は，リスクマネジメントと保険論の統合を試み，現在の大学

教育の変化や生涯教育の普及にも応えうるスタンダード・テキストを目指し，そのため総論・各論の構成をとる保険関係の類書とは異なる独自の構成をとっているとされる（下和田編［2014］はじめに p.ii）。また，「リスクで始まるわが国初のテキスト」（米山［2008］まえがき p.i）とされる。確かに，総論に続いて各論が登場するのではなく，リスクで始まり，需要者の視点に立って様々な保険を取り上げ，続いて供給者の視点に立って保険経営について述べ，これら需要者，供給者の視点に立った論述が私的保険に関わることから，生活保障システムの三層構造において私的保険に対して土台に位置する社会保障・社会保険を取り上げるという構成である。このように総論，各論という構成ではなく，しかも，従来のテキストではあまり取り上げられなかったリスク・プーリング，デリバティブ，保険の経済分析，公正価値，コーポレート・ガバナンスが含まれる。とはいうものの，需要者の視点に立った保険は損害保険論，生命保険論を切り口を変えて取り上げたともいえ，第Ⅳ部の社会保険と併せれば，定番の保険各論となる。もちろん，だから下和田編［2014］が類書と変わらないといいたいのではない。新たな項目の追加ばかりではなく，既存の項目の再編成といった側面もあるということであり，再編成による新たな構成も新しいテキストの価値であると考える。いずれにしても，下和田編［2014］はリスクで始まり，構成もそれまでのテキストとは異なるが，項目という点では，従来の総論，各論的なものが中心といえよう。

これに対して，米山［2012］は経済学，ファイナンス論に一貫して引きつけた内容のため，リスク重視の保険学のテキストが新たな段階に入ったといえる。統計学，経済学，数理ファイナンス，コーポレート・ファイナンス，保険法実務などと関連させ，この点に下和田編［2014］よりも強くリスク，保険学の一般性重視の姿勢が反映していると思われる。箸方［2003］において望まれている「他の研究分野から孤立している保険学を救い上げるテキスト」とされるであろう。同書最終章「第 28 章 保険とリスクに関する 4 つの研究領域」

1）下和田編［2014］は第 4 版であり，第 1 版は 2004 年，第 2 版は 2007 年，第 3 版は 2010 年の発行である。それぞれの改定はデータなどを最新のものとするのが中心であり，内容的には大きく変わらないが，第 4 版では「第 20 章 保険会社の企業価値」が追加された。国際規制の動向もカバーされた非常に有益な章の追加であり，また，ファイナンス論的な要素が増えたといえよう。

図表 7.2 米山［2012］の「保険とリスクに関する4つの研究領域」

<保険・リスクマネジメント>

```
                    Risk Management and
アクチュアリーの世界                    Insurance
保険の価格付け      保険数理・保険契約・
枯れた技術          保険理論              Cf.Harrington
Cf.山内恒人『生命保険数学の                and Niehaus
基礎』東京大学出版会,2009年

    プライシング                    RMの
    と分散技術      全社的リスク管理    意思決定
    の開発                          IRM

金融工学          リスク移転技術の開発
リスクの価格付け    保険負債の価値評価    Cf. N.Doherty
枯れていない技術                        Brealey, Myers & Allen
                                       Corporate Finance
```

（左側）予定調和・完備市場の世界　（右側）自由競争・不完備市場

<金融・ファイナンス>

（出所）米山［2012］p.229 の図 28-1。

では，「発展的な学習に関する4つの領域を紹介」（米山［2012］p.229）する（図表7-2参照）。中心に「全社的リスク管理」が置かれて，「保険とリスクに関する4つの研究領域」として示される。したがって，発展的な学習に関する領域ではあるが，実務的な課題とも結びついた発展が望まれる研究分野ともされるのであろう。

こうした一般性の追求は，箸方［2003］の危機感にも通じる標準化の要請にも応えるものである。グローバリゼーションは地球一体化とでもいうべき現象であり，国境といった境をなくしてしまう現象といえるが，グローバリゼーションを推し進めたエンジンの一つでもある金融は，金融機関が国境を越え，銀行，証券，保険といった金融分野の境界をも同時に超えて，世界的規模の金融コングロマリットの形成がみられた。こうなると，従来の国別，金融分野別規制，監督体制では不十分となり，規制に関する国際標準，国際標準に則った監督システムの構築が求められる。金融コングロマリットを射程に入れた国際標準の制定と監督が求められるわけである。金融制度の国際標準を設定するためには，その主体になりうる国際機関が必要であるが，銀行，証券には BCBS（Basel Committee on Banking Supervision, バーゼル銀行監督委員会），IOSCO（International Organization of Securities Commissions, 証券監督者国際機構）といった組織

があるのに対して，驚くべきことに，保険にはなかった。金融，保険に関するグローバル・スタンダードの動きは，当初はバーゼル合意に象徴される銀行規制の形で監督・規制の標準化，それはまた金融機関のリスクマネジメント，より具体的にはリスク計量に関わる標準化としての力として働き，銀行監督・規制，銀行業界の後追いとして保険監督・規制，保険経営におけるリスク計量の標準化が生じるとともに，保険の国際監督機関も銀行の後追いとして IAIS（International Association of Insurance Supervisors，保険監督者国際機構）が 1994 年に設立された。IAIS は 1997 年に保険監督原則を完成させ，それを原型に 2000 年には ICPs（Insurance Core Principles，保険基本原則）を採択した。2003 年に大幅改定され，2004 年には各加盟国が ICPs を遵守しているか否かをチェックする自己評価プログラムを実施した（大久保 [2005] p.36）。こうして銀行，証券，保険それぞれの分野に関する国際標準が BCBS, IOSCO, IAIS によりそれぞれ決定されていった。

しかし，2008 年リーマン・ショックによる未曾有の金融危機で状況が変わる。すなわち，金融危機によって，国際標準決定やその枠組みが，BCBS, IOSCO, IAIS が独立してそれぞれ決定するものから，三つの機関を束ねるための FSB（Financial Stability Board，金融安定理事会）で主体的に検討することとなった。金融危機前から，銀行の規制改革に先導される国際金融規制改革の動向が国際的な保険規制の動向に大きな影響を与えていたが，直接的な関わりを持つように枠組みが変更された（三輪＝竹内 [2014] p.5）。こうした流れはより一層標準化を進める流れでもあり，標準として保険会社に ERM（Enterprise Risk Management），ORSA（Own Risk and Solvency Assessment）が求められ，経済資本の概念などが重要となってきた。標準化を支える理論はファイナンス論であり，リスク重視の保険学は標準化を射程に入れており，標準化の要請にも応えるとされるであろう。また，このような規制をめぐる動向も，新しい現状分析として，伝統的保険学にはない概念，理論を要請する。

標準化の動きは，教育，研究の面にまで及んでいる。特に金融教育では OECD（Organisation for Economic Co-operation and Development，経済協力開発機構）が動きをみせており，2003 年に教育プロジェクトを開始し，各国の金融教育を推進するための国際的な指針作りなどを進める形で標準化が進みつつある。ここでも金融危機が契機となった。すなわち，金融危機に対する反省として，

国民の金融知識不足を問題とし，G20 の場で OECD の「金融教育のための国家戦略に関するハイレベル原則」（OECD/INFE［2012］，金融広報中央委員会仮訳［2012］）（2012 年 6 月）が承認された。これを受けてわが国でも「消費者教育の推進に関する基本的な方針」（2013 年 6 月）が閣議決定されるなど，標準化の動きは加速している。その金融教育の一部に，保険教育も含まれている。また，わが国の大学教育改革においても標準化の波が押し寄せている。中央教育審議会答申［2005, 2008, 2012］を受けて，わが国大学教育行政は学士力を保証するという質保証へとシフトした（小川［2013］pp.66-72）。各学問の内容について標準化を求める動きが生じ，文部科学省より日本学術会議は「大学教育の分野別質保証の在り方に関する審議について」と題する依頼を受け，「回答　大学教育の分野別質保証の在り方について」（日本学術会議［2010］）で総論的に回答の上，各論として各分野の標準化のために「大学教育の分野別の教育課程編成上の参照基準」を策定し，図表 7-3 のように公表した。

　この中で，特に経済学分野が注目される。日本学術会議［2010］では，参照基準は抽象性と包括性を備えた考え方を提示するに留めるとしたにもかかわらず，経済学分野の参照基準の原案では，ミクロ経済学，マクロ経済学，統計学が基礎科目とされ，それ以外は応用分野であるとする画一化を求めるような経済学の体系が示されたからである。これでは歴史的考察や制度的考察が排除されるとして，経済学の多様性，創造性を確保するために経済理論学会，社会経済史学会，政治経済学・経済史学会，日本フェミニスト経済学会，日本財政学会，日本国際経済学会，経済教育学会，進化経済学会，日本地域経済学会，基礎経済科学研究所，経済学史学会，社会政策学会などが原案に反対を表明し，是正を求める署名活動まで展開された（田中［2014］）。これを受けて，最終の報告では，是正された経緯がある。新自由主義的な経済学で標準化されそうな動きが，多様性を持つものに是正された。とはいうものの，経済学分野の参照基準をめぐるこの動向が，先に指摘したように，わが国大学教育も米国化・金融化の波に飲み込まれたことを如実に示しているといえよう。言うまでもなく，教育と研究は一体的に進む面があろうから，こうした教育に対する要請は研究に対する要請ともなる。あるいは，研究面における動向が教育の標準化に反映する。米国化・金融化という研究動向が，教育の標準化と互いに導き合いながら，進展している。1984 年の臨時教育審議会以降の新自由主義教育政策

の中で，特に小泉政権，第1次安倍政権，そして，第2次，第3次の安倍政権では，大学教育改革が政治主導・官邸主導により進められ，米国化・金融化が加速しつつある。

図表7.3　分野別参照基準

公表日	分野	報告	
2012.8.31	経営学	大学教育の分野別質保証のための教育課程編成上の参照基準	経営学分野
2012.11.30	言語・文学	大学教育の分野別質保証のための教育課程編成上の参照基準	言語・文学分野
2012.11.30	法学	大学教育の分野別質保証のための教育課程編成上の参照基準	法学分野
2013.5.15	家政学	大学教育の分野別質保証のための教育課程編成上の参照基準	家政学分野
2013.8.19	機械工学	大学教育の分野別質保証のための教育課程編成上の参照基準	機械工学分野
2013.9.18	数理科学	大学教育の分野別質保証のための教育課程編成上の参照基準	数理科学分野
2013.10.9	生物学	大学教育の分野別質保証のための教育課程編成上の参照基準	生物学分野
2014.8.29	経済学	大学教育の分野別質保証のための教育課程編成上の参照基準	経済学分野
2014.9.1	材料工学	大学教育の分野別質保証のための教育課程編成上の参照基準	材料工学分野
2014.9.3	地域研究	大学教育の分野別質保証のための教育課程編成上の参照基準	地域研究分野
2014.9.9	歴史学	大学教育の分野別質保証のための教育課程編成上の参照基準	歴史学分野
2014.9.10	政治学	大学教育の分野別質保証のための教育課程編成上の参照基準	政治学分野
2014.9.30	地域惑星科学	大学教育の分野別質保証のための教育課程編成上の参照基準	地域惑星科学分野
2014.9.30	心理学	大学教育の分野別質保証のための教育課程編成上の参照基準	心理学分野
2014.9.30	社会学	大学教育の分野別質保証のための教育課程編成上の参照基準	社会学分野
2014.9.30	文化人類学	大学教育の分野別質保証のための教育課程編成上の参照基準	文化人類学分野
2014.9.30	地理学	大学教育の分野別質保証のための教育課程編成上の参照基準	地理学分野

(出所）筆者作成。

　このように標準化の動きとは，グローバリゼーションによるグローバル・スタンダード構築の動きであり，その方向性は米国化・金融化である。金融規制，金融教育，大学教育，ひいては，保険研究，保険教育に標準化という潮流が見て取れる。保険学にこの標準化の波が押し寄せ，保険学の米国化・金融化が生じている。保険学の米国化で保険がリスクマネジメントの一手段に成り下がり，保険学の金融化で保険の保障の側面が軽視され，ファイナンス（資金調達）の側面に関心が向かいつつあるのではないか。その結果，保険の保障性を軽視した金融との同質性に軸を置いた，保険の本来的な意義を軽視する過度な一般性の議論に陥ることにならないか。先のOECDの流れに沿う金融教育の標準化も相まって，保険学のファイナンス論への埋没となるのではないか。かつて，一世を風靡した保険と金融の融合は，二つのものが合わさるのではなく，研究，

教育両面において，保険が金融へ溶け込む現象へと向かう危険がある。もちろん，保険学に一つの学問としての存在意義がなくなるならば，ファイナンス論の部分理論に成り下がるのも当然の動きだろう。

　しかし，保障性軽視自体が重要な社会問題として指摘できる。グローバリゼーションの契機である冷戦構造の崩壊は，核戦争への脅威に対する国民統合のための国家に対する福祉国家化の要請を後退させ，国家の退場をもたらしている。国境の消滅は国家間競争をもたらし，今や国家は国民よりも企業第一である。こうした国家の後退，企業の優位性の高まりは，いわゆる経済的保障の三層構造把握における土台の社会保障を後退させ，私的保障の拡大が余儀なくされている。私的保障の拡大は個人の責任の増大と裏腹の関係にあり，リスク社会化は，リスクに対する個人の責任が増していることも背景としている。先に一般性と特殊性，私的保険と公的保険，こうした切り口で把握できるバランスが崩れているとしたが，この崩れの現象は，三層構造把握における社会保障の後退，私的保障の拡大という現象であり，保険の保障性の軽視も同じ脈絡で生じている。グローバリゼーションの原動力の一つであるIT化も加わり，仕事のやり方，社会生活が変わったといえるほどの変化が生じ，色々と便利になったものの，自由の名のもとに自己責任が増大し，暮らしにくい，世知辛い世の中となっているのではないか。経済的保障の体系の有り様を問う問題といえ，正にそこに大きな問題が生じている。この問題に保障制度としての保険を考察する保険学は取り組むべきである。保障制度としての保険を土台にすべきである。これが保険学のアイデンティティとなろう。

　そのために，伝統的保険学の特徴である保険の本質を重視し，それを経済的保障に求め，経済的保障を保険の二大原則に従って把握する。これは，伝統的保険学の特徴を踏襲するという点で特殊性を持った議論となり，閉鎖的な議論に陥る危険性が高い。そこで，隣接分野との対話を通じて，伝統的保険学にない概念や理論の摂取を図りつつ，保険学の孤立を避けるべきである。ただし，重要なことは，米国化・金融化を抗い難い潮流としてそれに流され，米国化・金融化によってどのような社会がもたらされているのかということについて思考停止となるのではなく，また，もっぱら企業の効率的なリスク処理を考えるのではなく，保障制度の見直しを通じて，社会の有り様を考える保険学が求められているということではないか。その方向性は，一般性重視のリスク重視の

保険学と逆方向の特殊性重視の保険学となろう。この保険学における一般性と特殊性をめぐる方向性の対立は，結局は，資本主義観によるのではないか。

そもそも資本主義に対する見方は，大きく二つに分かれるとされる（岩井［2009］pp.88-89）。資本主義を安定した経済制度とする資本主義観と不安定な経済制度とする資本主義観である。米国化・金融化を促す新自由主義的経済学は，言うまでもなく，資本主義を安定的なものとする資本主義観である。それに対して，資本主義を不安定とする資本主義観がある。両者の違いは，投機に対する見方の違いと結びついている。前者は，投機は安く買って高く売る，または，その逆であるから，その投機が存在するということは投機が儲けていることであり，投機が儲けることは投機が価格変動を抑える機能を果たすことになるので，それ故，資本主義は安定的とする。後者は，ケインズ（John Maynard Keynes）の美人投票の考え方であり，プロの投機家がたくさん参加する金融市場を想定し，金融市場は平均的な投票者が平均的な投票者をどのように予想するかを予想しなければならない美人投票と同じなので，客観的な美の基準からも主観的な判断からも切り離されるように，客観的な需給条件や主観的な需給予測とは独立にあやふやな噂で乱高下する本質的な不安定性を投機は持つとする（同 p.90）。それ故，資本主義は不安定であるとする。

投機，資本主義に対する二つの見方の違いから，経済学も保険学も大きく二つに分けられるのではないか。一つは，投機，資本主義を安定的なものとする現在主流の考え方で，保険学ではリスク重視の保険学である。もう一つは，投機，資本主義を不安定なものとする保険学である。それは，投機，資本主義を不安定とするので，投機に批判的な，資本主義の純粋化に批判的な，したがってまた，米国化・金融化に批判的な保険学となろう。

米国化・金融化に批判的であるためには，保険の特殊性を重視し，保険の金融的把握に批判的でなくてはならない。保険の特殊性は保険の本質から導かれ，それは保険が経済的保障制度であるという点にある。保障は正に投機と逆であり，「保険の歴史は投機を排除する歴史」といわれた。

保険の過度な一般性の議論は，保険の経済的保障制度としての側面を軽視することで保険の本来の意義を軽視し，投機と保障の区別がつかなくなる危険性がある。保険をオプションとする議論に既にみられるのではないか。保険を一種のオプションとして分析することは，時と場合によっては有益であろうが，

その考察目的は限られよう。保険・保障と投機との峻別の視点を失ったとき，保険の分析は金の流れに関する分析に堕するのではないか。また，保障が投機に飲み込まれることになるのではないか。それは，本来安定のためのものが価格差という不安定を求めるものに飲み込まれることで，社会経済の不安定性を一層高める金融化の動きに同調し，金融肥大化に加担することにならないか。既に，投機が保障に侵食する懸念すべき動きは生じている。

先の金融危機では，保険会社 AIG（American International Group）が一種の保険とされる CDS（Credit Default Swap）の取引で失敗し，実質的に破綻した。しかし，AIG はリーマン・ブラザーズのように潰されることはなく，再生した。金融危機に対して，米国の中央銀行 FRB（Federal Reserve Board）は QE（Quantitative Easing）1，2，3 といわれる非伝統的金融政策，前代未聞の量的金融緩和政策によって，米国経済の立て直しを図り，2014 年 10 月の FOMC（Federal Open Market Committee，連邦公開市場委員会）で QE3 終了が宣言された。こうして，米国金融政策は非伝統的金融政策から，出口戦略によりながら伝統的金融政策への回帰・正常化へと向かい始めた。ART（Alternative Risk Transfer）が保険と金融の融合として注目されて久しいが，今回の前代未聞の金融緩和による余剰資金は，ART の一種である CAT ボンド（Catastrophe Bond）などに向かっているといわれる。新たなバブルが生成されている危険性があり，保障ニーズを充足するための市場でバブルが弾けることとなるかもしれない。

これは保障と投機が錯綜する現象といえよう。このような動向に警鐘を鳴らす保険学が求められているのではないか。それは，投機と一線を画した保険の保障性を軸とする保険学となるのではないか。投機と一線を画すというのは，投機が資本主義の不安定性を高めると捉え，資本主義を不安定な経済制度とするという資本主義観に結びつくものである。それはまた，経済的保障の三層構造把握において，土台の社会保障の役割を重視するものであり，金融自由化以降の自己責任の増大傾向に批判的な立場である。

そのような立場に基づく保険学とは，投機と一線を画し，資本主義の不安定性を前提とした資本主義観に基づく，経済的保障体系に根を張った保険学である。伝統的保険学の再評価に基づく，二大原則をアイデンティティ・根本原理とする保険学である。保険が金融に，保障が投機に溶け込むことのないよう警鐘を鳴らす保険学である。ここに，資本主義観をめぐる対立的な捉え方から二

つの保険学の方向性を提示したが，まずは保険学の危機的状況に対して，保険学についての活発な議論が待たれる。そのために，二点提案したい。

　保険研究の中心的な学会である日本保険学会頼みのような提案となるが，いずれも日本保険学会絡みである。一つは，第6章で取り上げた大学における保険教育のアンケートの実施である。前回から8年経過しており，ぜひ実施してその後の保険学をめぐる動向を考える材料を提供してほしい。もう一つは，日本保険学会版「保険学分野の参照基準」の作成である。もちろん，これは保険学の標準化を行うためではない。そのような試みは，既にみた経済学分野の失敗を繰り返すだけである。経済学分野の教訓からは，参照基準は抽象性と包括性を備えた考え方にすべきとなろう。それでも，参照基準の作成は，今進んでいる大学教育改革を主体的に考え，関連領域との関係を整理しながら，保険学の体系に向き合う作業を求めることになる。保険研究を志す者が保険学の体系に向き合うことは重要であり，さらに，作成された参照基準を日本保険学会員外の社会保障論やファイナンス論で保険の考察を行っている研究者向けに発信し，学際的な活動を行うことが，保険研究の活性化につながるのではないか。いずれにしても，保険学のあり方を積極的に問いかけることになるのではないか。

　保険研究，保険教育の有り様を大学教育改革に流されることなく，保険学の一般性と特殊性を軸に考察すべきではないか。

参考文献

粟津清亮［1921］,『保険学綱要』改訂版,巖松堂。
馬場克三［1950］,『保険経済概論』文化評論社。
Borch, Karl Henrik［1990］(Edited and Completed after Professor Borch's Death by Aese, Kunt Kristian=Angar Sandmo), *Economics of Insurance,* Amsterdam, North-Holland.
Breit, William=Spencer, Roger W.［1986］, *Lives of the Laureates Seven Novel Economists,* Cambridge, The Massachusetts Institute of Technology〔佐藤隆三＝小川春男＝須藤晃一訳［1988］,『経済学を変えた七人――栄光のノーベル経済学賞受賞者』勁草書房〕.
―――― ＝――――［1990］, *Lives of the Laureates Ten Novel Economists,* 2nd ed., Cambridge, The Massachusetts Institute of Technology.
―――― ＝――――［1995］, *Lives of the Laureates Thirteen Novel Economists,* 3rd ed., Cambridge, The Massachusetts Institute of Technology.
―――― ＝Hirsch, Barrt T.［2004］, *Lives of the Laureates Eighteen Novel Economists,* Cambridge, The Massachusetts Institute of Technology〔村中健一郎訳［2008］,『金融経済の進化に寄与したノーベル賞経済学者たち――碩学の学究生活講演録』金融財政事情研究会〕.
―――― ＝――――［2009］, *Lives of the Laureates Twenty-Three Novel Economists,* 5th ed., Cambridge, The Massachusetts Institute of Technology.
Coase, Ronald Harry［1960］, "The Problem of Social Cost", *Journal of Law and Economics,* Vol.3, The University of Chicago Press.
Doherty, N.A.［2000］, *Integrated Risk Management,* McGraw-Hill〔森平爽一郎＝米山高生監訳［2012］,『統合リスクマネジメント』中央経済社〕.
後藤 William 牧人［2004］,「将来の審査時の臨床検査法の可能性」『日本保険医学会』第102号第3号,日本保険医学会。
原司郎＝酒井泰弘編［1997］,『生活経済学入門』東洋経済新報社。
Harrington, Scott E.=Gregory R.Niehaus［1999］, *Risk Management and Insurance,* Boston, Mc-Graw-Hill.
―――― ＝――――［2004］, *Risk Management and Insurance,* 2nd ed., Boston, McGraw-Hill〔米山高生＝箸方幹逸監訳［2005］,『保険とリスクマネジメント』東洋経済新報社〕.
箸方幹逸［1962］,「保険市場と価格形成」『保険学雑誌』第417号,日本保険学会。
――――［2003］,「保険学の現状と課題――ディータ・ファーニーの "Versicherungswissenschaft － Quo vadis?" によせて」『東京経大学会誌――経営学』No.232,東京経済大学経営学会。
Herrmann, Emanuel［1868］, *Die Theorie der Versicherung vom wirtschaftl. Standpunkte,* Graz.

―――― [1869], *Die Theorie der Versicherung vom wirtschaftlichen Standpunkte*, 2.verm. Aufl., Graz, J. Pock.

―――― [1897], *Die Theorie der Versicherung vom wirtschaftlichen Standpunkte*, 3.verm. Aufl., Graz, C. konegen.

平尾政治 [2002],「日本保険医学会誌第100巻に寄せて」『日本保険医学会誌』第100号第1号, 日本保険医学会。

保険研究所編 [1978],『保険辞典』改定新版, 保険研究所。

本田守 [1978],『保険総論』成文堂。

堀田一吉 [2003],『保険理論と保険政策――原理と機能』東洋経済新報社。

池尾和人 [1985],『日本の金融市場――金融ミクロ経済学』東洋経済新報社。

―――― [1996],「金融変革の中での保険制度改革」『保険学雑誌』第552号, 日本保険学会。

井村喜代子 [2010],『世界的金融危機の構図』勁草書房。

印南博吉 [1941a],『保険経営経済学』笠原書店。

―――― [1941b],「レクシスの保険原理」『明治大学商学論叢』33巻4・5号, 明治大学商学研究所。

―――― [1950],『保険経済』東洋書館。

―――― [1951],「保険に関するレクシスの原理」『保険学雑誌』第378号, 日本保険学会。

―――― [1952],『保険論』三笠書房。

―――― [1954],『保険経済』改定版, 白桃書房。

―――― [1956],『保険の本質』白桃書房。

―――― [1966],「保険における等価原則」『所報』第13号, 生命保険文化研究所。

―――― [1967],『保険経済』新訂版, 白桃書房。

―――― [1974],「保険総論」日本経済学連合編『経済学の動向（下）』東洋経済新報社。

―――― [1982],「印南博吉名誉教授最終講義　保険の基本原則」『創価経営論集』第7巻第1号, 創価大学経営学会。

石田重森 [1998],「保険学発展への庭田保険学の貢献」『保険研究』第50巻, 慶應義塾大学保険学会。

―――― [2007],「保険の原理原則に基づく事業展開と保険活用」『保険学雑誌』第598号, 日本保険学会。

石名坂邦昭 [2009],「総合司会」『保険学雑誌』第605号, 日本保険学会。

磯野正登 [1937],『保険学総論』保険経済社。

岩井克人 [2009],「グローバル経済危機と二つの資本主義」学術の動向編集委員会編『月刊　学術の動向』金融危機特集号, 日本学術協力財団。

岩間六郎 [1915],『通俗生命保険数理』保険通信社。

岩佐寧 [2002],「21世紀の保険医学――保険医学の医学と危険選択情報収集・評価の課題」『日本保険医学会』第100号第2号, 日本保険医学会。

岩崎利一 [1941],「ウィルヘルム・レクシス保険の経済的概念」『保険評論三十三年――小山君慰藉会報告』米谷隆三。

亀田豊治朗 [1933],『保険数学』共立社書店。

亀井利明 [1992],『リスクマネジメント理論』中央経済社。

―――― [1993],『保険総論――リスクマネジメントと保険の理論』同文舘。

―――― [2004],『リスクマネジメント総論』同文舘。
―――― ＝亀井克之 [2009],『リスクマネジメント総論』増補版, 同文舘。
金子卓治 [1977],「近藤文二先生をしのんで」『保険学雑誌』第 477 号, 日本保険学会。
加藤和明＝才津芳昭 [1997],「リスク概念――概念規定の現状とその本質に関する考察」『日本リスク研究学会誌』第 9 巻第 1 号, 日本リスク研究学会。
加藤由作 [1947a],『保険論（総論）』実業教科書。
―――― [1947b],『保険論（各論）』実業教科書。
―――― [1948],『保険概論』新訂 3 版, 巖松堂。
刈屋武昭 [2005],「『日本保険・年金リスク学会』創刊にあたって」『日本保険・年金リスク学会』Vol.1, No.1, 日本保険・年金リスク学会。
樫村良平 [1992],「祝　アクチュアリージャーナル第 10 号刊行」『アクチュアリージャーナル』第 10 号, 日本アクチュアリー会。
危機管理事典編集委員会編 [1995],『危機管理事典』近代セールス社。
木村栄一＝高木秀卓＝庭田範秋＝近見正彦 [1980],『保険の知識』有斐閣。
―――― [1983],「保険学雑誌第 500 号に寄せて」『保険学雑誌』第 500 号, 日本保険学会。
―――― ＝近見正彦＝安井信夫＝黒田泰行 [1993],『保険入門』有斐閣。
木下冨雄 [1992],「リスクの楽しみ」『日本リスク研究学会誌』第 4 巻第 1 号, 日本リスク研究学会。
金融学会編 [1984],『金融学会の創立と初期の活動』（40 周年記念）東洋経済新報社。
小林惟司 [1989],『日本保険思想の生成と展開』東洋経済新報社。
―――― [1994],「保険教育の曙」『文研論集』第 106 号, 生命保険文化研究所。
―――― [1997],『保険思想の源流』千倉書房。
小林三代治 [2002],「学会誌第 100 巻発行に際して」『日本保険医学会誌』第 100 巻第 1 号, 日本保険医学会。
小島昌太郎 [1914],「フプカノ保険学説」『京都法学会雑誌』第 9 巻第 9 号, 京都法学会。
―――― [1915],「保険学説の発展（1）」『経済論叢』第 1 巻, 第 6 号, 京都法学会。
―――― [1916a],「保険学説の発展（2, 完）」『経済論叢』第 2 巻, 第 2 号, 京都法学会。
―――― [1916b],「保険本質論（1）」『経済論叢』第 3 巻, 第 1 号, 京都法学会。
―――― [1916c],「保険本質論（2, 完）」『経済論叢』第 3 巻, 第 4 号, 京都法学会。
―――― [1918],『保険ト経済』法律学経済学研究叢書第 22 冊, 京都法学会。
―――― [1925],『保険本質論』有斐閣。
―――― [1928],『保険本質論』改訂再版, 有斐閣。
―――― [1929],『保険学要論』日本評論社。
―――― [1935],『総合保険学』日本評論社。
近藤文二 [1939],『保険経済学』第 2 巻（保険学の本質), 甲文堂書店。
―――― [1940],『保険学総論』有光社。
―――― [1948],『保険論』東洋書館。
―――― [1963],『社会保険』岩波書店。
今野浩 [1999],「金融工学ブームとジャフィ」今野浩編『金融技術とリスク管理の展開』東洋経済新報社。
Krosta, Benno [1911], *Über den Begriff Versicherung und zu den Möglichkeiten der wirtschaftlichen*

Entwicklungsformen cles privaten Versicherungswesens in Deutschland, Berlin, Puttkammer & Mühlbrecht.
Lexis, Wilhelm［1909］,„Begriff,wirtschaftlich", in Manes, Alfred Hg. *Versicherungs Lexikon: Ein Nachschlagewerk für alle Wissensgebiete der Privat-und der Sozial-Versicherung insbesondere in Deutschlard, Oesterreich und der Schweiz,* Tübingen, J.C.B. Mohr.
Lowenstein, Roger［2000］, *When Genius Failed,* Harper Collins Publishers［東江一紀＝瑞穂のりこ［2005］,『最強ヘッジファンド LTCM の興亡』日本経済新聞社］.
米谷隆三［1929］,『保険経済の研究』同文舘.
─────［1960］,「保険の研究」米谷隆三選集刊行会編集委員会編『米谷隆三選集』第 1 巻,「米谷隆三選集」刊行会.
Manes, Alfred［1905］, *Versicherungswesen,* Leipzig, B.G. Teubner.
─────［1930a］, *Versicherungswesen: System der Versicherungswirtschaft,* 5. Aufl., Bd. 1(Allgemeine Versicherungslehre), Leipzig, B.G. Teubner.
─────［1930b］,„Begriff", Manes, Alfred Hg. *Versicherungs Lexikon: Ein Nachschlagewerk für alle Wissensgebiete der gesamten Individual- und Sozial-Versicherung,* 3. Aufl., Berlin, E.S. Mitteler & Sohn.
Marshall, John M.［1974］, "Insurance Theory: Reserves versus Mutuality", *Economic Inquiry,* XII (4), December.
真屋尚生［1987］,「保険制度をめぐる自由と平等──予備貨幣説の再検討」真屋尚生＝石田重森編『新時代の保険』庭野範秋博士還暦記念論集, 成文堂.
─────［1991］,『保険理論と自由平等』東洋経済新報社.
ミラー, マートン・H［1993］,「金融市場の規制」『金融経済研究』第 5 号, 日本金融学会.
三浦義道［1935］,『保険学』改訂 11 版, 巌松堂.
三輪純平＝竹内秀輝［2014］,「今後の国際規制の日本の保険会社への影響」『リスクと保険』第 10 号, 日本保険・年金リスク学会.
水島一也［1967］,『保険の競争理論』千倉書房.
─────［1970］,「近代保険の生成」近藤文二編『保険の基礎理論』千倉書房.
─────［1974］,「保険論の課題」神戸大学経済経営学会編『経営学・会計学・商学研究のために』増補改訂版, 神戸大学経済経営学会.
─────［1979］,『現代保険経済』千倉書房.
─────［1994］,「保険学における"神話"」『創立 60 周年記念　損害保険論集』損害保険事業総合研究所.
─────［1999］,『現代保険経済』第 6 版, 千倉書房.
森棟公夫＝刈屋武昭編［1995］,『金融・証券投資戦略の新展開』東洋経済新報社.
薙野久法［2002］,「新たな保険医学会季刊誌に期待します」『日本保険医学会誌』第 100 号第 1 号, 日本保険医学会.
中村喜代治編［1916］,『生命保険数理一斑』保険新聞社.
─────［1925］,『生命保険数理教程』巌松堂書店.
根井雅弘［2009］,『市場主義のたそがれ──新自由主義の光と影』中央公論新社.
日本保険医学会編［2001］,『日本保険医学会 100 年史』日本保険医学会.
日本金融学会編［2005］,『日本金融学会 60 年の歩み』東洋経済新報社.

日本リスク研究学会編 [2000]，『リスク学事典』初版，ティービーエス・ブリタニカ。
―――― 編 [2006]，『リスク学事典』増補改訂版，阪急コミュニケーションズ。
―――― 編 [2008]，『リスク学用語小辞典』丸善。
日本リスク研究学会誌編集委員会 [2006]，「日本リスク研究学会誌投稿方法」『日本リスク研究学会誌』第19巻第4号，日本リスク研究学会。
西川俊作編 [1995]，『経済学とファイナンス』東洋経済新報社。
庭田範秋 [1960]，『保険経済学序説』慶應通信。
―――― [1970]，『保険経営論』有斐閣。
―――― [1972]，「保険学説史上における園乾治先生の位置」『三田商学研究』第15巻，第2号，慶應義塾大学商学会。
―――― [1985]，『保険教育論――その社会学と教育学の融合』好学社。
―――― [1995]，『新保険学総論』慶應通信。
野口悠紀雄 [2010]，『経済危機のルーツ――モノづくりはグーグルとウォール街に負けたのか』東洋経済新報社。
野津務 [1923]，『保険政策論』有斐閣。
小川浩昭 [1987]，「保険業法第86条準備金の経済分析」『損害保険研究』第49巻第3号，損害保険研究所。
―――― [2005]，「保険学と隣接科学――社会保障論・社会政策学の社会保険」『西南学院大学商学論集』第52巻第1号，西南学院大学学術研究所。
―――― [2008]，『現代保険学――伝統的保険学の再評価』九州大学出版会。
―――― [2013]，「自由化を考える――大学と損害保険業界の類似性」『西南学院大学商学論集』第60巻第3号，西南学院大学学術研究所
岡部寛之 [1969]，『保険政策――その現状とあり方』保険研究所。
奥村英夫 [1912]，『保険通論』第3版，東京博文館。
大林良一 [1956]，「アメリカの保険学会」『保険学雑誌』第394号，日本保険学会。
―――― [1957]，「米国の大学における保険教育」日本生産性本部『生命保険』別冊。
―――― [1960]，『保険理論』春秋社。
―――― [1995]，『保険理論』第3版第10刷，春秋社。
大久保亮 [2005]，「IAIS（保険監督者国際機構）の最近の動向について――保険基本原則と主要3分野を中心に」『生命保険経営』第73巻第2号，生命保険経営学会。
大村敬一＝浅子知美＝池尾和人＝須田美矢子 [2004]，『経済学とファイナンス』第2版，東洋経済新報社。
―――― [2010]，『ファイナンス論――入門から応用まで』有斐閣。
大谷孝一編 [2007]，『保険論』成文堂。
―――― 編 [2008]，『保険論』第2版，成文堂。
―――― 編 [2012]，『保険論』第3版，成文堂。
Organisation for Economic Co-operation and Development/International Network on Financial Education (OECD/INFE) [2012], *High-Level Principles on National Strategies for Financial Education*〔金融広報中央委員会仮訳 [2012]，「OECD/INFE 金融教育のための国家戦略に関するハイレベル原則」〕。
Rejda, George E. [2005], *Principles of Risk Management and Isurance*, 9th ed., Boston, Addison-

Weslsy.
西藤雅夫［1942］,『保険学新論』立命館出版部。
酒井正三郎［1934］,『保険経営学』森山書店。
―――［1939］,『保険経済学』平野書店。
酒井泰弘［2010］,『リスクの経済思想』ミネルヴァ書房。
佐藤洋＝庄谷邦幸＝中田信正［1980］,「小島昌太郎先生著書論文目録について」『桃山学院大学経済経営論集』第21巻第4号,桃山学院大学経済経営学会。
佐藤峯太郎［1934］,『通俗生命保険数学』生命保険数学会。
佐波宣平［1951］,『保険学講案』有斐閣。
関伊右衛門［1912］,『最近生命保険数学』保険評論社。
生命保険文化研究所［1999］,「わが国の大学における『保険分野に関する教育』について――第6回アンケート調査結果」『保険学雑誌』第566号,日本保険学会。
生命保険文化センター［1977］,『生命保険物語――助け合いの歴史』生命保険文化センター。
―――［2009］,『学校教育における保険教育の現状と展望』生命保険文化センター。
Sharpe, William F.［1981］, *Investments*, 2nd ed., Englewood Cliffs, Prentice-Hall〔日本証券アナリスト協会訳［1983］,『現代証券投資論』日本証券アナリスト協会〕.
柴官六［1931］,『保険学概論』賢文館。
下和田功編［2004］,『はじめて学ぶリスクと保険』初版,有斐閣。
―――編［2007］,『はじめて学ぶリスクと保険』改訂版,有斐閣。
―――編［2010］,『はじめて学ぶリスクと保険』第3版,有斐閣。
―――編［2014］,『はじめて学ぶリスクと保険』第4版,有斐閣。
志田鉀太郎［1926］,「保険の基本精神を論ず」『明大商学論叢』第1巻第1号,明治大学商学部研究所。
―――［1927］,『保険学講義』明治大学出版部。
忍田又男［1933］,『実用生命保険数学』生命保険数学会。
白杉三郎［1949］,『保険学総論』千倉書房。
―――［1954］,『保険学総論』再訂版,千倉書房。
園乾治［1942］,『保険学』慶應出版部。
―――［1954］,『保険学』泉文堂。
―――［1955］,『保険学』慶應通信。
―――［1961］,「保険の進化――保険の制度と学説」園乾治編『現代保険学の課題』東洋経済新報社。
相馬勝男［1963］,『保険講義要領』邦光書房。
Stiglitz, Joseph［2010］, *Freefall*, W.W. Norton〔楡井浩一＝峯村利哉訳［2010］,『フリーフォール――グローバル経済はどこまで落ちるか』徳間書店〕.
末高信［1932］,『私経済保険学』明善社。
―――［1936］,「保険科学の意義,その方法及その対象」『保険学雑誌』第348号,日本保険学会。
―――［1941］,『保険経済の理論』明善社。
勝呂弘［1939］,『保険学』叢文閣。
鈴木辰則編［1982］,『保険論――私達の暮らしと保険』初版,成文堂。

―――― 編 [1984], 『保険論――私達の暮らしと保険』第 2 版, 成文堂。
―――― 編 [1985], 『保険論――私達の暮らしと保険』第 3 版, 成文堂。
―――― 編 [1987], 『保険論――私達の暮らしと保険』第 4 版, 成文堂。
―――― 編 [1988], 『保険論――私達の暮らしと保険』第 5 版, 成文堂。
―――― 編 [1990], 『保険論――私達の暮らしと保険』第 6 版, 成文堂。
―――― 編 [1992], 『保険論――私達の暮らしと保険』第 7 版, 成文堂。
―――― 編 [1995], 『保険論――私達の暮らしと保険』第 8 版, 成文堂。
―――― 編 [1997], 『保険論――私達の暮らしと保険』第 9 版, 成文堂。
―――― 編 [2000], 『保険論――私達の暮らしと保険』第 10 版, 成文堂。
―――― 編 [2003], 『新保険論――暮らしと保険』初版, 成文堂。
―――― 編 [2005], 『新保険論――暮らしと保険』第 2 版, 成文堂。
鈴木敏一講術 [1923], 『生命保険数理』保険講習会。
―――― [1934], 『保険数学』岩波書店。
高橋一編 [2001], 『金融工学の新展開』東洋経済新報社。
高尾厚 [1987], 「学界展望 保険市場と『応用ミクロ経済学』」『国民経済雑誌』第 155 巻第 4 号, 神戸大学経済経営学会。
武井勲 [1983], 『リスク理論』海文堂出版。
武川正吾 [1998], 「転換期の社会政策学」『社会政策叢書』編集委員会編『社会政策学会 100 年――百年の歩みと来世紀にむかって』啓文社。
瀧谷善一 [1935], 『火災保険料率論』實文館。
田中周二 [2006], 「JARIP の新体制と今後の方向性」『日本保険・年金リスク学会誌』Vol.1, No.2, 日本保険・年金リスク学会。
田中洋子 [2014], 「『経済学分野の参照基準』について」『社会政策学会 Newsletter』通巻 78 号, 社会政策学会。
田島正一＝相馬良馬 [1937], 『新訂数学概論』4 版, 長門屋出版部。
田村祐一郎 [1979], 「保険本質論と生保史における保険加入者」『保険学雑誌』第 485 号, 日本保険学会。
―――― [2009], 「リスクをめぐる基本用語について」『日本リスク研究学会誌』第 19 巻第 4 号, 日本リスク研究学会。
近見正彦＝前川寛＝高尾厚＝古瀬政敏＝下和田功 [1998], 『現代保険学』有斐閣。
――――＝吉澤卓哉＝高尾厚＝甘利公人＝久保英也 [2006], 『新・保険学』有斐閣。
――――＝堀田一吉＝江澤雅彦編 [2011], 『保険学』有斐閣。
谷山新良 [1979], 「小島昌太郎先生を悼んで」『保険学雑誌』第 484 号, 日本保険学会。
宇沢弘文＝内山節 [2010], 「対談 資源制約下での人間の行き方を問う」『経済学セミナー』No.652, 2・3 月合併号, 日本評論社。
Wagenführ, Horst [1938], *Wirtschaftskunde des Versicherungswesens: Versichrung und Volkswirtschaft,* Stuttgart, Ferdinand Enke Verlag.
Willett, Allan H. [1901], *The Economic Theory of Risk and Insurance,* New York, Columbia University Press.
渡邉明彦 [1998], 「レクシスの原理の再検討――『保険法の経済分析』の基礎」『インシュアランス』損保版第 3783 号, 保険研究所。

山口義行編 [2009],『バブルリレー』岩波書店.
山本明=大坪寛子=古川肇行 [2004],「リスクおよび関連概念における定義の不一致に見る論点」『日本リスク研究学会誌』第15巻第4号,日本リスク研究学会.
家森信善 [2010],「金融論の研究・教育における保険」『保険学雑誌』第609号,日本保険学会.
米山高生 [2005],「保険学の将来と高等教育機関における保険教育の方向性——(財)生命保険文化センター助成プロジェクトの成果」『生命保険論集』第153号,生命保険文化センター.
——— [2008],『物語で読み解くリスクと保険入門』日本経済新聞社.
——— [2012],『リスクと保険の基礎理論』同文舘出版.
——— [2013],「大学院教育における保険・リスクマネジメント教育の体系化と組織的活用——欧米の大学院教育の経験を踏まえて」『保険学雑誌』(保険教育特集号)第623号,日本保険学会.
吉川貫二 [1940],『保険経済概論 総論』沢田書店.
吉澤嘉壽之丞 [1912],『生命保険数理汎論』森田氏蔵.

(保険教育調査)
第1回調査 松島宏 [1966],「わが国の大学における保険教育の現状」『保険学雑誌』第433号,日本保険学会.
第2回調査 保険学雑誌編集委員会 [1978],「わが国の大学における保険教育の現状」『保険学雑誌』第482号,日本保険学会.
第3回調査 生命保険文化センター [1983a],「大学における保険教育に関するアンケート集計結果(昭和56年度)」『くらしのインフォメーション』創刊号,生命保険文化センター.
——— [1983b],「大学における保険教育に関するアンケート集計結果(昭和56年度)」『くらしのインフォメーション』2号,生命保険文化センター.
第4回調査 生命保険文化研究所編 [1988],「調査 わが国の大学における生命保険教育について」『文研論集』第82号,生命保険文化研究所.
第5回調査 生命保険文化研究所編 [1994],「特集 わが国の大学における保険教育」『文研論集』第107号別冊,生命保険文化研究所.
第6回調査 日本保険学会=生命保険文化研究所 [1999],『大学における「保険分野に関する教育」についてのアンケート調査報告書』日本保険学会・生命保険文化研究所.
第7回調査 日本保険学会=生命保険文化センター=損害保険事業総合研究所 [2008],『大学における「保険分野に関する教育」についてのアンケート調査報告書』日本保険学会・生命保険文化センター・損害保険事業総合研究所.

(日本保険学会会員名簿)
日本保険学会 [1966],「会員名簿(昭和41年5月現在)」『保険学雑誌』第433号,日本保険学会.
——— [1978],「会員名簿(昭和53年6月現在)」『保険学雑誌』第481号,日本保険学会.
——— [1981],「会員名簿(昭和56年6月現在)」『保険学雑誌』第493号,日本保険学会.

―――― [1987],「会員名簿(昭和62年6月現在)」『保険学雑誌』第561号,日本保険学会。
―――― [1993],「会員名簿(平成5年6月現在)」『保険学雑誌』第541号,日本保険学会。
―――― [1998],「会員名簿(平成10年6月現在)」『保険学雑誌』第561号,日本保険学会。

(リスク学入門シリーズ)
橘木俊詔=長谷部恭男=今田高俊=益永茂樹編 [2007],『リスク学とは何か』(リスク学入門1)岩波書店。
橘木俊詔編 [2007],『経済からみたリスク』(リスク学入門2)岩波書店。
長谷部恭男編 [2007],『法律からみたリスク』(リスク学入門3)岩波書店。
今田高俊編 [2007],『社会生活からみたリスク』(リスク学入門4)岩波書店。
益永茂樹編 [2007],『科学技術からみたリスク』(リスク学入門5)岩波書店。

(中央教育審議会,日本学術会議)
中央教育審議会答申 [2005],「我が国の高等教育の将来像」。
―――― [2008],「学士課程教育の構築に向けて」。
―――― [2012],「新たな未来を築くための大学教育の質的転換に向けて――生涯学び続け,主体的に考える力を育成する大学へ」。
日本学術会議 [2010],「回答 大学教育の分野別質保証の在り方について」。

初 出 一 覧

1. 「保険教育と保険学の体系——カリキュラムの考察」『西南学院大学商学論集』第55巻第1号，西南学院大学学術研究所，2008年6月，pp.99-150。
 …第6, 7章
2. 「保険教育と保険学の体系——テキストの考察（戦前）」『西南学院大学商学論集』第55巻第4号，西南学院大学学術研究所，2009年3月，pp.91-178。
 …第1章
3. 「保険原理論——レクシスの原理と二大原則」『西南学院大学商学論集』第56巻第1号，西南学院大学学術研究所，2009年6月，pp.29-60。 …第4章
4. 「保険教育と保険学の体系——テキストの考察（戦後初期）」『西南学院大学商学論集』第56巻第2号，西南学院大学学術研究所，2009年9月，pp.1-34。
 …第2章
5. 「保険本質論の研究動向」『西南学院大学商学論集』第56巻第3・4合併号，西南学院大学学術研究所，2010年3月，pp.155-214。 …第3章
6. 「保険研究の動向」『生命保険論集』第171号，生命保険文化センター，2010年6月，pp.61-113。 …第5, 6, 7章
7. 「保険研究の動向——保険に直接的に関連する学会の動向」『西南学院大学商学論集』第57巻第3号，2010年12月，西南学院大学学術研究所，pp.47-72。
 …第6章
8. 「保険研究の動向——保険に間接的に関連する学会の動向」『西南学院大学商学論集』第57巻第4号，2011年3月，西南学院大学学術研究所，pp.95-129。
 …第6章
9. 「書評　近見正彦＝堀田一吉＝江澤雅彦編『保険学』有斐閣」『西南学院大学商学論集』第58巻第2号，2011年9月，西南学院大学学術研究所，pp.77-91。
 …第6章
10. 「書評　米山高生『リスクと保険の基礎理論』同文舘」『西南学院大学商学論集』第59巻第2号，2012年9月，西南学院大学学術研究所，pp.49-59。 …第7章
11. 「自由化を考える——大学と損害保険業界の類似性」『西南学院大学商学論集』第60巻第3号，2013年12月，西南学院大学学術研究所，pp.61-102。 …第7章

事項索引

あ行

ICPs（Insurance Core Principles, 保険基本原則）, 273
IT（information technology, 情報技術）革命, 217, 218, 243
アクチュアリー学, 3, 7, 36, 140, 231, 235
アクチュアリージャーナル, 215, 231, 232, 233, 240
アクチュアリアル・サイエンス, 231
新しい金融論, 185, 186
新しい保険論, 186
アルフィナンツ（Allfinanz）, 185
安全の科学, 253
ERM(Enterprise Risk Management), 181, 184, 221, 232, 234, 235, 240, 241, 273
一般性, 25, 26, 28, 33, 79, 126, 174-176, 180, 186, 192, 199-201, 208, 212, 235, 266, 268-272, 275-277, 279
International Review of Finance, 215, 258
営業保険料, 69, 74, 165
営利組織, 55
営利保険, 8, 11, 15, 22, 24, 29, 39, 41, 54, 59, 65, 69, 74, 78, 85
ART(Alternative Risk Transfer), 197, 278
LTCM（Long Term Credit Management）, 221, 229
ORSA（Own Risk and Solvency Assessment）, 273

か行

会社法, 264
海上貸借, 26, 38, 72
海上保険, 3, 4, 6, 11-13, 15, 16, 21, 22, 24-28, 31, 34-36, 38, 39, 41, 54, 56, 59, 67, 69, 71, 73, 79, 87, 88, 110, 124, 132, 137, 142, 193, 204, 207
確定保険料主義, 74
火災保険, 4, 9, 11, 12, 15, 16, 21, 22, 24, 25, 31, 35, 38, 39, 41, 53, 54, 56, 59, 62, 66, 69, 73, 79, 142, 158, 168, 193, 204, 207
家政学, 250, 275
仮装売買契約, 38
株式会社, 8, 11, 15, 16, 32, 41, 44, 55, 65, 68, 74, 125, 126, 197, 221
簡易生命保険, 20, 39, 251
簡易保険, 20
企業価値最大化, 240
危険, 5-9, 17, 22, 23, 26-28, 31, 33, 34, 39, 44, 46, 47, 54-58, 67-69, 71, 72, 75, 78-81, 85, 86, 88, 94, 95, 102, 112, 113, 120, 125, 145, 147, 152, 158, 166, 168, 170, 174, 190, 193, 195, 239, 276
危険選択, 19, 82, 236, 237, 265
危険大量の原則, 74
危険同質性の原則, 27, 74
危険分散の原則, 74
技術的限界, 22, 37, 46, 55, 81
期待効用理論, 196, 263
逆選択, 175, 196
客観的危険, 80
キャッシュ・フロー・アンダーライティング, 180
CATボンド（Catastrophe Bond）, 278
QE（Quantitative Easing）, 278
給付・反対給付均等の原則, 32, 43, 64, 71,

75, 77, 80, 136, 139, 143, 145, 147-158, 160, 163-165, 167, 170-172, 176, 178, 179, 194, 195, 197, 200
強制保険, 11, 15, 22, 39, 74
共通準備財産, 13, 16, 22, 26, 48, 67, 86-88, 103, 105, 119-121, 123, 124, 125
協同組合保険, 35, 74
共同保険, 45, 69, 75, 198
業務のアンバンドリング化, 185
業務分野規制, 185
ギルド, 5, 7, 30, 59, 67, 73
銀行窓販, 198, 221
近代保険, 3, 15, 24, 50, 55, 79, 111, 144, 166, 178, 231
金融革命, 217, 229
金融機能, 82, 195
金融教育, 273-275
金融経済学, 222, 223, 225-227, 258
『金融経済研究』, 215, 247
金融経済肥大化, 217
金融コングロマリット, 185, 272
金融資本, 38, 39, 47, 60, 68, 81
金融仲介機能, 198
金融と保険の融合, 198
金融取引法, 264
偶然, 5, 6, 10, 11, 13, 14, 16, 26, 27, 29, 33, 37, 38, 46, 48, 64, 70, 76, 81, 85-87, 89, 90, 95, 96, 99, 101, 104, 105, 110, 119, 149, 153, 166, 168, 194, 205
組合保険, 63
グラム＝リーチ＝ブライリー法（Gramm-Leach-Bliley Act), 185, 221
グリーンスパン・プット, 218
経済資本, 273
経済準備, 13, 14, 61, 63, 64, 99
経済準備の社会化, 107
経済的限界, 22, 55
経済の金融化, 217, 246

健康保険, 20, 35
原始的保険, 3, 7, 15, 29, 30, 38, 50, 55, 73, 74, 79, 81, 101, 111, 127
『現代ファイナンス』, 215, 258, 260
公営保険, 15, 18, 22, 24, 25, 39, 50, 59, 69, 73-75, 78
交互保険組合, 74
公示主義, 25, 27
厚生経済学, 224, 225, 227, 250
公的扶助, 69, 210
行動経済学, 196
公平の原則, 150, 151, 157, 162-164, 166, 170, 171, 177
公保険, 11
合理的保険料, 34, 46, 111, 178, 179, 188, 231
国営保険, 16, 20, 41
国際金融規制改革, 273
国際標準, 272, 273
告知義務, 27
個人保険, 39, 41, 60, 67, 69, 73, 79
個人保険業, 41, 73
ゴットル理論, 45, 58, 94
個別保険料, 59
コレギア・テヌイオルム（Collegia Tenuiorum), 7

さ行

財産保険, 11, 15, 16, 22, 23, 34, 35, 39-41, 59, 72, 114
再保険, 11, 13, 16, 18, 21, 24, 27, 30, 35, 41, 56, 69, 75, 78-80, 82, 198
財務管理, 238, 239
The Society for the Equitable Assurance on Lives and Survivorships, 35, 39, 178
サッチャー政権, 220, 222
The Royal Exchange Assurance Corporation, 15, 35, 38, 139, 145

事項索引　　*295*

The London Assurance Corporation, 15, 35, 38, 139, 145
産業組織論, 186, 223
産業融合, 198
参照基準, 274, 275, 279
CDS（Credit Default Swap）, 278
私営保険, 15, 16, 18, 24, 39, 50, 74, 75
シカゴ学派, 222, 223, 230, 265
自家保険, 10, 17, 22, 29, 31, 34, 38, 49, 61, 71, 77, 111
自己資本規制, 241
死差益, 237
自助, 18
市場原理主義者, 222
失業保険, 35, 41
実質的監督主義, 25, 27
疾病保険, 9, 31, 41
質保証, 274, 275
自動車保険, 20, 35, 41, 56
死亡表, 24, 73, 81
私保険, 11, 55
社会経済的立場, 62, 95
社会政策, 15, 20, 69, 207, 211, 242-245
社会政策学, 211, 242, 243, 250, 251
社会福祉, 69, 209, 210
社会保険, 3, 4, 11, 13, 15, 22, 23, 25, 35, 39, 41, 44, 50, 55, 56, 59, 60, 62, 63, 67, 69, 71, 78, 97, 98, 106, 156, 170, 172, 190, 191, 200, 207, 211, 216, 246, 251, 252, 263, 268, 271
社会保障, 55, 60, 62, 63, 67, 69, 80, 106, 191, 205-207, 209-212, 234, 242, 243, 245, 246, 252, 253, 271, 276, 278
射倖契約, 6, 10, 11, 34, 119
射倖性, 10, 11, 42
『ジャリップ・ジャーナル』, 215, 240, 241
集合科学, 3, 4, 13, 70, 75, 101, 133, 134, 138-140, 144, 145, 188, 189, 200

主観的危険, 55, 80
準拠主義, 25
純保険料, 47, 68, 69, 158, 165, 168, 177, 179
商業学的保険学, 3
情報の経済学, 180, 186, 211, 222, 223, 225, 227, 247, 268, 269
情報の非対称性, 180, 196, 222, 225, 269
新種保険, 4, 21, 205, 207
人保険, 6, 9, 11, 15, 16, 22, 23, 30, 31, 34, 35, 39, 41, 50, 59, 69, 78, 80
生活経済学, 210, 247, 249-251, 266
『生活経済学研究』, 215, 251, 252
生活保障, 24, 245, 251, 252, 271
静態論的保険本質論, 43
生保危機, 185, 221, 237
生命保険, 3, 11-13, 15, 16, 19, 21, 22, 24-27, 29, 31, 34-36, 39, 41, 42, 45, 47, 49, 50, 54, 56, 59, 62, 66, 69, 71, 73, 79, 87, 98, 106, 111-114, 119, 123, 165, 166, 168, 169, 181, 183, 191-194, 197, 198, 208, 211, 216, 235-238, 252
生命保険金融, 41
生命保険証券の売買, 238
『西洋旅案内』, 4
責任準備金, 19, 47, 61, 69, 79, 197, 221
責任保険, 11, 31, 35, 41, 56, 221
総合科学, 17, 28, 137, 145, 191, 207, 208
総合的政策科学, 253
総合保険学, 3-5, 18, 20, 24, 134, 140, 191, 192, 199, 200
相互会社, 8, 15, 18, 32, 41, 55, 59, 68, 74, 181, 182, 197
相互組合, 35, 41, 74
相互主義, 14, 16, 34, 37, 48, 49, 77, 85, 89, 90, 96, 118
相互組織, 8, 22, 29, 55
相互扶助, 6-9, 11, 12, 17-19, 21, 29, 30, 42,

49, 50, 55-57, 68, 78, 134, 138, 139, 141, 144-146, 176, 179, 188, 189, 200
相互保険, 6, 8, 11, 15, 16, 18, 24, 29, 39, 44, 74
ソーシャル・リスクマネジメント, 240
損害塡補, 15, 26, 38, 71, 87, 110, 114
損害保険, 3, 6, 9, 11, 15, 18, 20, 22, 25, 29, 31, 34, 39, 41, 45, 47, 50, 55, 66, 71, 78, 106, 111, 113, 166, 190, 191, 194, 197, 198, 208, 210, 211, 216, 252

た行

大学教育改革, 205, 230, 274, 275, 279
大数(の)法則, 14, 17, 46, 54, 59, 60, 66-68, 75, 81, 147, 148, 152-154, 156, 158, 160, 168-170, 176, 194, 195, 197
多数の経済主体, 13, 14, 19, 76, 86, 96, 97, 103, 119, 120, 122, 194
頼母子講, 14, 29, 46, 49
団体保険, 20
担保責任, 27
貯蓄, 8, 10, 14, 17, 22, 23, 29, 31-34, 37, 46, 48, 49, 68, 71, 76, 111, 118, 125, 126, 224
定額保険, 6, 9, 11, 18, 22, 29, 39, 50, 55, 78, 166
出口戦略, 219, 278
デリバティブ, 217, 225, 230, 240, 247, 258-260, 263, 271
伝統的学科目, 209, 213, 214
伝統的金融政策, 278
伝統的保険学, 1, 14, 49 51, 80, 82, 83, 86, 95, 103, 128, 133, 146, 148, 159, 172-176, 180, 186, 187, 192, 195, 201, 203, 210, 268, 269, 273, 276, 278
ドイツ総合保険学, 205
等価の原則, 46, 59, 171
投機, 14, 38, 217, 277, 278

道徳的危険, 31, 32, 50
道徳的限界, 55
特殊性, 16, 25, 26, 28, 33, 41, 56, 79, 103, 174-176, 180, 186, 192, 199, 201, 208, 212, 269, 270, 276, 277, 279
賭博保険, 3, 23

な行

内部モデル, 240
ニクソン・ショック, 217, 220
二大原則的把握, 45, 78, 79, 81, 82, 148, 151, 152, 155, 156, 159-161, 163-165, 167-170, 172
二大特許会社, 59, 101, 138, 139, 142, 145
日米保険協議, 219, 220
日本型福祉社会論, 243
『日本保険医学会誌』, 236, 237
任意保険, 11, 15, 22, 39, 69, 74
ノーベル経済学賞, 217, 222-224, 227, 229, 230, 258

は行

バッド・リスク, 69
バブルリレー, 218
バンカシュランス (bancassurance), 185, 263
BCP(Business Continuity Plan), 197
非営利保険, 22, 50, 65, 69, 74, 78
非伝統的金融政策, 278
被保険, 13, 17, 23, 26, 27, 36, 50, 149, 150, 153, 161, 164, 171
標準化, 272-275, 279
不確実性の経済学, 186
賦課方式, 74
付加保険料, 47, 68, 165
福祉国家, 241-244
付随的機能, 68, 136
普通保険, 11, 19, 32, 35, 50, 55, 62, 78

事項索引

物保険, 6, 9, 30, 31, 50, 69, 78
扶養主義, 62
ブレトンウッズ体制, 217
平均の法則, 67
平均分散法, 217
平均保険料, 9, 59
米国化・金融化, 223, 230, 265, 274-277
Bedürfnis（欲望）, 103, 108, 115, 116, 126
Bedarf（入用）, 103, 104, 108, 115-117, 126
ベバリッジ報告, 60
ペリル (peril), 28, 190, 193
冒険貸借, 5, 7, 12, 15, 30, 38, 67, 73
『法と経済学研究』, 215, 263
法律的限界, 55
保険医, 216, 235, 236
保険医学, 5, 7, 10, 20, 37, 54, 137, 140, 191, 235, 236
保険会計, 37, 75, 82, 192, 199
保険価額, 27
保健学, 253, 254
『保険学雑誌』, 5, 157, 182, 183, 204, 206, 215, 236
保険学説, 6, 12, 14, 18, 22, 29, 30, 33, 37, 43, 48-50, 54, 57, 59, 61, 63, 65, 67, 71, 77, 79-81, 83-116, 118, 120-124, 126-131, 133, 134, 138-141, 143-145, 147, 174, 176, 187-189, 191, 193, 194, 200
保険学の再生, 1, 176, 180, 270
保険学の衰退, 211, 214, 266, 268
保険各論, 5, 10, 16, 21, 25, 32, 33, 35, 36, 49, 50, 56, 134, 137-140, 142, 144, 145, 187-189, 191, 192, 200, 204, 205, 271
保険監督法, 6, 56, 181, 182, 197
保険技術, 6, 13, 19, 29, 37, 46, 59, 60, 73, 76, 81, 134, 152, 174, 197
保険技術的危険, 80, 193, 195
保険技術的公平の原則, 80, 170-172

保険規制, 197, 199, 273
保険機能, 82, 195
保険教育, 4, 12, 176, 182, 183, 203-205, 266, 268, 274, 275, 279
保険行政, 27, 182
保険協同体理論, 58
保険業法, 44, 48, 56, 79, 181-185, 191, 197, 198, 220, 221, 233, 236, 263, 265
保険金額, 27, 71, 154, 157, 158
保険金総額, 59, 148, 150, 152, 154, 155, 157, 162-164, 177, 178
保険金融, 9, 16, 20, 21, 41, 44, 47, 50, 56-58, 61, 136, 138, 139, 143-146, 188, 189, 198, 200
保険金融論, 19, 27, 73
保険経営, 9, 20, 22, 24, 29, 41, 44, 55, 58, 59, 65, 66, 68, 74, 75, 79-82, 152, 169, 197, 199, 271, 273
保険経営学, 4, 26, 70, 74, 76, 140
保険経済学, 4, 24, 37, 70, 76, 133, 134, 137-140, 144, 145, 174, 175, 179, 180, 188, 189, 191, 192, 199, 200, 241, 270
保険契約, 3, 9, 11, 13, 26, 28, 32, 34, 54, 56-58, 61, 66, 75, 86, 112, 117, 119, 120, 123, 147, 161-163, 169, 194, 197, 199
保険契約法, 6, 22, 56, 79, 181, 184, 191, 197
保険原理, 66, 147, 148, 160, 161, 172, 195
保険国営論, 41, 55, 56
『保険雑誌』, 5
保険史, 5, 12, 14, 18, 24, 34, 35, 38, 50, 59, 60, 67, 72, 73, 79, 81, 101, 120, 136, 138, 139, 142, 144-146, 166, 188, 189, 193, 200
保険事業, 6-9, 12, 15, 16, 19-21, 24, 27, 29, 36, 42-45, 47, 62-64, 80, 82, 90, 135, 138, 139, 141, 143-145, 161, 169, 180-

事項索引

184, 188, 189, 200, 216, 220, 231
保険事業の社会化, 62, 63
保険資金, 12, 21, 41, 47, 56, 136, 198
保険事故, 22, 27, 28, 31, 77, 117, 136, 147, 151, 162, 163, 193
保険市場, 68, 191, 196, 198, 199, 240, 269
保険思想, 20, 21, 42
保険資本, 8, 39, 44, 48, 60
保険者, 6, 10, 12, 13, 16, 23, 26, 28, 32, 39, 45, 56, 60, 65, 67, 68, 75, 86, 151, 157, 159, 162, 167, 170, 171, 175, 178, 179, 190, 194, 198
保険社会学, 54, 57
保険主義, 62
保険需要, 68, 179, 196, 197, 270
保険心理学, 54, 57
保険数学, 3, 5, 10, 37, 42, 54, 57, 69, 70, 75, 82, 137, 153, 154, 157, 159-161, 165-170, 172, 192, 197, 199, 200, 205, 208, 212, 231
保険数理, 19, 21, 29, 69, 166-168, 191, 234, 236
保険政策, 12, 24, 54, 56, 58, 72, 75, 76, 82, 136, 138, 139, 142, 144-146, 188, 189, 197, 199, 200
保険制度, 8, 17-20, 28-30, 32, 55, 56, 75, 78, 125, 147, 174-176, 192-194, 197
保険成立の限界, 9
保険総論, 5, 10, 21, 25, 33, 36, 49, 56, 134, 137-140, 142, 144, 145, 187-189, 191, 200, 204, 205, 210
保険貸借, 26, 38
保険代替市場, 198
保険団体, 3, 9, 16, 18, 19, 26, 34, 39, 43, 45, 46, 59, 65, 77, 82, 88, 104, 105, 111, 113, 123, 125, 134, 138, 139, 141, 144, 145, 147, 148, 150-152, 154-156, 160, 163, 164, 167, 168, 170, 175-179, 188, 189, 197, 200
保険団体の自足性, 64, 65, 77, 155, 156, 160
保険統計学, 10, 37
保険と金融の錯綜, 269
保険と金融の融合, 127, 180, 232, 235, 261, 275, 278
保険取引, 57, 147, 148, 150, 151, 153-155, 157, 158, 160, 163-165, 167, 168, 170, 171, 176-179, 181, 184, 196
保険の機能, 9, 25, 51, 57, 68, 107, 136, 138, 139, 142, 143-146, 188-190, 195, 200, 241
保険の近代化, 15, 59, 60, 73, 79, 136, 138, 139, 142, 144-146, 188, 189, 200, 231
保険の金融的機能, 41, 56, 127, 143
保険の経済的保障機能, 127, 277
保険の限界, 12, 22, 37, 46, 48, 54, 76, 103, 135, 196
保険の相対化, 186, 235, 266
保険の二大原則, 9, 45, 61, 65, 79, 82, 136-139, 143-147, 152, 153, 155, 156, 172, 173, 187-189, 195, 200, 201, 276
保険の分類, 6, 9-12, 15, 18, 21, 22, 24, 25, 30, 31, 35, 36, 39, 40, 44, 49-51, 54, 55, 58, 59, 61, 63, 69, 72, 78, 79, 81, 82, 101, 103, 135, 138, 139, 141-145, 188-190, 194, 200
保険の本質, 3, 6, 12-14, 17, 21, 22, 26, 29, 30, 33, 34, 36, 37, 39, 43, 45-49, 51, 54, 59, 60, 62, 65, 67, 70, 71, 76, 79, 82, 84-86, 88-90, 95, 96, 98, 101, 103-107, 109, 113, 115, 119, 127, 135, 136, 141, 150, 165, 174, 192, 269, 270, 276, 277
保険の要件, 6, 10, 12, 16, 17, 33, 45, 50, 61, 63, 64, 76, 80, 90, 119, 133-135, 138, 139, 141, 144, 145, 149, 153, 155, 178, 187-190, 200, 231

事項索引

保険法学, 3, 4, 10, 19, 32, 36, 37, 54, 56, 57, 70, 75, 133, 134, 137-139, 144, 145, 191, 192, 199, 204
保険補助学, 54, 57
保険本質論, 1, 4, 6, 8, 14, 16, 26, 29, 34, 37, 42, 61, 62, 65, 67, 76, 81-86, 88-92, 94, 95, 99-101, 103, 104, 106-108, 118, 120, 121, 126-129, 134, 138-140, 143-147, 161, 169, 172-175, 180, 184, 186-189, 191, 192, 200, 269, 270
保険利潤, 61
保険料, 3, 8, 12, 13, 15, 16, 19, 25, 29, 30, 39, 41-44, 46, 47, 50, 56-59, 65, 66, 68, 71, 74, 75, 79, 80, 82, 98, 105, 136, 147, 149-155, 157, 158, 161-165, 167, 169-171, 177-179, 197
保険料個別化の原則, 46, 75
保険料総額, 148, 150, 152, 154, 155, 157, 162-164, 177, 178
保険料積立金, 19, 68
保険料適性の原則, 74
保険料率, 15, 27, 39, 69, 71, 73, 157, 158, 195, 197
保険理論, 45, 46, 58, 124, 136, 147, 148, 176
保険類似制度, 7-12, 14, 17, 21, 22, 29, 34, 39, 46, 48, 49, 61, 76, 79, 103, 133, 135, 138, 139, 141, 143-145, 188, 189, 200
保証, 7, 8, 11, 14, 17, 22, 31, 34, 38, 46, 71, 77, 274
保障, 1, 11, 24, 27, 29, 67, 250, 275-278
補償, 8, 11
保証貯蔵, 62-64
ボルカー・ルール, 218
本来的機能, 68, 143

ま行

水島保険学, 175, 270

民営保険, 20, 22, 69, 78
無尽, 10, 14, 17, 29, 34, 46, 49, 71, 76
無認可共済, 181, 184
モダン・ポートフォリオ理論（Modern Portfolio Theory, MPT）, 258
元受保険, 16, 30, 78
モラル・ハザード, 9, 11, 12, 175, 181, 183, 196, 197

や行

ユニバーサル・バイキング, 185
予定利率, 19, 41, 69

ら行

リスク, 17, 28, 54, 66, 68, 85, 134, 176, 179, 181, 183, 184, 186, 190-196, 198-201, 203, 210, 211, 213, 216, 218, 219, 222, 231, 232, 235, 238, 240, 241, 245, 246, 253-261, 263-268, 270-273, 276
リスク学, 219, 253-258, 266-268
『リスク学事典』, 253
『リスク学入門』シリーズ, 267, 268
リスク・ガバナンス体制, 197
リスク管理, 233-235, 240, 241, 248, 253, 262, 272
リスク研究, 253, 266-268
リスク・コントロール, 196, 232
リスク社会, 203, 219, 267
リスク重視の保険学, 176, 180, 186, 193-195, 200, 201, 270, 271, 273, 277
『リスクと保険』, 232, 234, 235, 240, 241
リスク・ファイナンシング, 196
リスク・フリー, 219
リスク・プレミアム, 179, 180
リスク分析, 253-257
リスクマネジメント, 57, 175, 191, 196, 198-200, 205, 207, 208, 210, 212-214, 216, 230, 235, 238-240, 247, 253, 255-257,

259, 262, 269, 270, 273, 275
リスクマネジメント手段, 17, 57, 266
隣接科学, 76, 133, 180, 203, 206, 214, 231, 268
隣保共同の精神, 78
レーガン政権, 220, 222
レクシスの原理, 32, 34, 37, 45, 48, 60, 65, 75, 78, 139, 143, 145, 148-157, 159-161, 163-165, 167, 169, 170, 172, 177, 179

レバレッジ, 217
ロイズ , 38, 73
ロイヤル・エクスチェンジ, 24
労働保険, 7, 140
ロンドン・アシュアランス, 24, 26
ロンドン大火, 24, 39, 73

わ行

割引計算 , 29

人名索引

あ行

粟津清亮, 2, 5, 7, 17, 20, 84, 137, 236
イェッセン (Gerhard Jessen), 43, 104
池尾和人, 182
石田重森, 269
磯野正登, 2, 30, 151
岩間六郎, 166
印南博吉, 2, 42, 49, 65, 81, 90, 106, 121, 152, 155, 157, 160
ヴィヴァンテ (Cesare Vivante), 109, 117, 119
ウィレット (Allan H. Willett), 43, 104, 112
ウェーランド (Francis Wayland), 4
ウェディンゲン (Walter Weddingen), 104
ヴェルネル (Gerhard Wörner), 33
エルステル (エルスター) (Ludwig Elster), 43, 104, 111
太田坦士郎, 20
太田哲三, 20
大林良一, 53, 79, 98, 175
小川鐵堂, 20
奥村英夫, 2, 5, 84

か行

加藤由作, 53, 57, 94
亀井利明, 240
熊谷憲一, 20
グリーンスパン (Alan Greenspan), 218
クロスタ (Benno Krosta), 43, 94, 104
ケインズ (John Maynard Keynes), 277
コーラー (Josef Kohler), 106
小島昌太郎, 2, 13, 17, 43, 70, 86, 88, 101, 121, 137

ゴットル (Friedrich von Gottl-Ottlilienfeld), 42, 43
ゴッビ (Ulisse Gobbi), 33, 43, 61, 85, 89, 90, 94, 102-104, 115, 116, 119, 126
近藤文二, 2, 36, 43, 53, 58, 89, 94, 104, 121, 152, 170

さ行

西藤雅夫, 2, 45, 90, 154
酒井正三郎, 2, 25, 62, 87, 95, 96
佐藤峯太郎, 168
佐波宣平, 53, 66, 95, 173
志田鉀太郎, 2, 5, 10, 17, 43, 85, 121, 137, 150, 155, 236
篠原昌治, 20
忍田又男, 168
柴官六, 2, 16, 17, 86
白杉三郎, 53, 61, 70, 95
末高信, 2, 21, 87, 96
勝呂弘, 2, 33, 89
鈴木敏一, 161, 166
スミス (Adam Smith), 7
関伊右衛門, 165
相馬勝男, 53, 80, 99
相馬良馬, 169
園乾治, 2, 48, 90
ゾンバルト (Werner Sombart), 105

た行

高山圭三, 20
瀧谷善一, 168
武川正吾, 241
田島正一, 169

玉木為三郎, 5, 236
トレネリー (Charles Farley Trenerry), 59
ドロッパーズ (Garrett Droppers), 4

な行
ナイト (Frank Hyneman Knight), 222
中村喜代治, 166, 167
庭田範秋, 76, 129, 172, 175

は行
箸方幹逸, 176
馬場克三, 105
ヒュルセ (Friedrich Hülsse), 43, 104, 117-120
深萱宗助, 20
福沢諭吉, 4
福田徳三, 243
フプカ (Joseph Hupka), 43, 61, 86, 89, 90, 94, 117-123, 126
ベルヌーイ (Jakob Bernouilli), 162, 169
ヘルペンシュタイン (Franz Helpenstein), 43, 104
ヘルマン (Emanuel Herrmann), 43, 89, 95, 100, 104, 108-110, 117
ボーシュ (Karl Henrik Borch), 177, 179
ボルカー (Paul Volcker), 218

ま行
マーコヴィツ (Harry Max Markowitz), 217, 229, 258
マーシャル (John M. Marsall), 177
マーネス (Alfred Manes), 26, 33, 36, 46, 61, 85, 89, 94, 102-104, 115-117, 119, 126, 128, 137, 148, 190
米谷隆三, 21, 90, 95, 96, 127, 137
真屋尚生, 129
マルクス (Karl Marx), 62, 95
三浦義道, 6, 21, 24, 32, 88, 137
水島一也, 22, 23, 174, 270
ミル (John Stuart Mill), 7
村上隆吉, 20
村瀬春雄, 5
モーブレイ (Albert Henry Mowbray), 62
森荘三郎, 20

や行
吉澤嘉壽之丞, 165
米山高生, 176

ら行
リーフマン (Robert Liefmann), 43, 104
リンデンバウム (J. Lindenbaum), 43, 104
レーガン (Ronald Wilson Reagan), 218
レクシス (Wilhelm Lexis), 43, 45, 46, 59, 65, 77, 148, 150-153, 155, 157, 160, 163, 164, 167, 170, 171, 177-179
ローテ (Bodo Rothe), 43, 104
ロールベック (Walter Rohrbeck), 58, 137

わ行
ワーゲンフュール (Horst Wagenführ), 36
ワグナー (Adolf Wagner), 33, 43, 61, 85, 89, 104, 111
ワルラス (Marie Esprit Léon Walras), 177

学説名索引

あ行
一元的解釈不能説, 49, 92, 93, 97

か行
確保説, 37, 43, 81, 89, 107
確保入用充足説, 43, 92
稼得確保説, 61, 77, 95-98, 100, 128, 129
危険転嫁説, 18, 49, 77, 89, 92, 93, 98, 100, 102, 104, 112, 113, 115, 121, 122, 129
機構説, 90-92, 127, 139
技術説, 31, 49, 54, 88, 89, 92-94, 97, 100, 108-110, 123
技術尊重説, 109
技術的特徴説, 71, 93, 96, 98, 100, 102, 108, 117, 118, 121, 122, 129
客観的危険説, 37, 43, 88, 89, 92, 104, 105
給付説, 108, 110
共通準備財産説, 26, 31, 49, 50, 77, 86-88, 90-94, 97, 98, 100, 118, 120, 123-129, 138, 139, 188, 189
共通準備財産説＋相互金融機関説, 91, 92, 96, 97, 127, 129, 139
共通準備財産蓄積説, 88, 92
共同準備財産作成説, 54
協同体説, 98, 100
ギルド起源説, 59
金融機関説, 77, 96-98, 100
金融説, 71, 88, 92, 96, 100, 127, 138
偶発の欲望充足説, 18, 92, 93, 102, 119, 121, 122
偶発的欲望説, 33, 71, 89, 92, 96, 100
経済安定説, 97, 100, 128, 129
経済準備説, 62-64, 81, 82, 95, 98-100, 106, 107, 128, 129, 144, 145
経済生活確保説, 18, 29, 43, 61, 71, 77, 80, 83, 86, 87, 89-93, 95-100, 102-107, 117-123, 126-129, 140, 143, 191, 193, 200
経済生活平均説, 71, 96, 97, 100, 124, 127, 129
経済的保障説, 129, 175
経済必要充足説, 98, 100, 128
現在欲望説, 43, 92
交換取引説, 37, 43, 89, 92

さ行
災害経済準備説, 99, 100
財産形成確保説, 96, 98, 100, 128, 129
財産形成説, 71, 96, 100, 147
財産保全説, 43, 77, 92, 98, 100-102, 122, 128
充足説, 116
需要説, 29-31, 54, 57, 87, 88, 92-94, 100, 116, 126, 128, 168, 169
所得構成説, 31, 88, 92, 117
所得構造説, 92, 93, 102, 103, 117, 121, 122
所得説, 117
人格保険説, 112, 113
生命保険即慰籍保険説, 92
生命保険二重性格説, 106
生命保険否認説, 18, 31, 37, 43, 49, 71, 77, 88, 89, 92, 93, 96-98, 100, 102, 104-106, 111-115, 121, 122, 129
相互金融機関説, 49, 50, 83, 90-93, 96, 97, 125, 127, 129
相互金融説, 91, 127
損害契約説, 18, 77, 92, 98, 110

損害説, 31, 49, 71, 77, 84, 85, 87, 88, 91-94, 96-98, 100, 108, 113-115, 119, 134, 165, 166, 169
損害説変形説, 114
損害塡補契約説, 83, 84, 104, 110, 111, 115, 123, 129
損害塡補説, 8, 33, 37, 49, 61, 71, 89, 92, 93, 96, 100-102, 105, 106, 110, 112, 122, 138, 166
損害賠償説, 119
損害分担説, 18, 37, 43, 49, 71, 77, 84, 85, 89, 91-93, 96, 98, 100-102, 104-106, 111-115, 121-124, 129, 138, 166

た行

蓄積原理説, 62, 95, 100, 125, 126, 127, 129
貯蓄説, 37, 71, 77, 89, 92, 96-98, 100, 104, 105, 108, 117, 118, 129
貯蓄不経済除去説, 118
統一可能説, 93, 115
統一説, 71
統一不能説, 18, 31, 71, 88, 92, 93, 96, 98, 100, 102, 106, 115, 121, 122
賭博説, 37, 43, 89, 92, 104, 105, 108, 109, 110

な行

二元説, 77, 97, 98, 100, 104, 111, 113-115, 129
入用充足説, 7, 10, 33, 43, 54, 61, 64, 77, 79, 83-85, 87, 90-92, 94, 95, 98-100, 106, 107, 112, 115, 116, 118, 121, 126, 128, 129, 138-140, 143-145, 150, 155, 190, 191, 193, 194, 200

は行

不利益説, 31, 88, 92
分担救援説, 87, 91, 92, 123
保険基金説, 95, 100
保険金融説, 26, 43, 62, 95
保険経済安定説, 96, 97
保証貯蔵説, 62, 95, 100, 128, 129, 144
保全説, 87, 92, 93

や行

欲望充足説, 49, 54, 77, 92-94, 97, 98, 100, 104, 115, 116, 118, 129
欲望説, 46, 108
欲求充足説, 37, 89, 104, 126
予備貨幣再分配説, 129
予備貨幣説, 129

機関名索引

あ行

IAIS（International Association of Insurance Supervisors, 保険監督者国際機構）, 273

IOSCO（International Organization of Securities Commissions, 証券監督者国際機構）, 272, 273

Asian Finance Association, 258

AFIR（Actuarial Approach for Financial Risks）, 231, 235

SPA（The Society for Risk Analysis, リスク分析学会）, 253

FSB（Financial Stability Board, 金融安定理事会）, 273

FOMC（Federal Open Market Committee, 連邦公開市場委員会）, 278

OECD（Organisation for Economic Co-operation and Development, 経済協力開発機構）, 273-275

か行

金融制度会, 246

国際アクチュアリー会（International Actuarial Association, IAA）, 231

さ行

社会政策学会, 215, 216, 241, 244, 251, 266, 274

生活経済学会, 215, 216, 247, 266

た行

通貨制度研究会, 246

な行

日本アクチュアリー会, 215, 216, 231, 232, 234, 236, 238, 240, 261, 265

日本医学会, 236

日本学術会議, 215, 274

日本金融学会, 215, 216, 246-249, 254, 259, 261, 265

日本金融・証券計量・工学学会（The Japanese Association of Financial Econometrics and Engineering, JAFEE, ジャフィー）, 215, 216, 241, 261, 262

日本証券アナリスト協会, 229

日本ファイナンス学会, 215, 216, 258, 263, 265

日本保険医学会, 183, 215, 216, 236, 247, 265

日本保険学会, 5, 157, 159, 173, 180, 181, 186, 203-216, 236, 252, 254, 279

日本保険・年金リスク学会（The Japanese Association of Risk, Insurance and Pensions, JARIP, ジャリップ）, 215, 216, 232, 240

日本リスク研究学会, 215, 216, 230, 253, 256, 266

日本リスクマネジメント学会, 215, 216, 238, 253, 265

は行

BCBS（Basel Committee on Banking Supervision, バーゼル銀行監督委員会）, 272, 273

法と経済学会, 215, 216, 263, 265

ら行

Law and Economics Association, 264

著者紹介
小川浩昭（おがわ・ひろあき）

1960年　東京都生まれ
1982年　日本大学商学部卒業
1982年　日産火災海上保険株式会社入社
1995年　九州大学客員助教授
　　　　（日産火災社を休職して出向，1997年まで）
2000年　西南学院大学商学部助教授
2005年　西南学院大学商学部教授
2011年　九州大学博士（経済学）
2013年　西南学院大学商学部長

主な業績
『現代保険学――伝統的保険学の再評価』九州大学出版会，2008年
『保険事業のイノベーション――商品開発・事業展開と経営革新』慶應義塾大学出版会，2008年（共著）
『経営危機管理論』三恵社，2013年（共著）など。

保険学における一般性と特殊性

2015年3月31日　初版発行

著　者　小　川　浩　昭
発行者　五十川　直　行
発行所　一般財団法人　九州大学出版会
　　　　〒812-0053　福岡市東区箱崎7-1-146
　　　　　　　　　九州大学構内
　　　　電話　092-641-0515（直通）
　　　　URL　http://kup.or.jp
　　　　印刷／城島印刷㈱　製本／篠原製本㈱

Ⓒ Hiroaki Ogawa 2015　　　　　　　ISBN978-4-7985-0156-7

現代保険学
── 伝統的保険学の再評価 ──

小川浩昭　　　　　　　　A5判・316頁・本体3,800円

保険と金融を同質とみなした議論が優勢となり，金融論的保険論やリスクマネジメント論が盛んとなっている。しかし，こうした同質性の議論はどこか便宜性を帯びたものであり，両者の異質性を重視した議論が求められる。そのために，保険本質論重視の伝統的保険学の再評価を行う。

九州大学出版会